Im ewigen Strom der Zeit

Roman
Jonas Halbig

Im ewigen Strom der Zeit
Roman
Jonas Halbig

Das Buch

Hast du dich auch schon einmal gefragt, was passiert wäre, wenn du in der Vergangenheit eine Entscheidung anders getroffen hättest? Wäre dein Leben, das Leben anderer Menschen oder sogar das der gesamten Menschheit anders verlaufen? Könnten zukünftige Technologien unser ›Jetzt‹ beeinflussen?

In Boston eskaliert die Auseinandersetzung zwischen zwei Drogenkartellen. Mit modernster, auf künstlicher Intelligenz basierender Technologie unterstützt der IT-Konzern ISF das FBI im Kampf gegen die Gewalt auf den Straßen. Joscha Halberstadt, Leiter der ISF-Zweigstelle in Berlin, fliegt zum Hauptsitz in Boston, um sich zu den neuesten technischen Projekten abzustimmen. Zusammen mit seinem amerikanischen Kollegen Ramesh Kumari gerät er in das Visier der Drogenmafia.

In einer weit entfernten Zukunft befassen sich Forscher mit der Möglichkeit eines Zeitsprungs. Sie planen, Daten in die Vergangenheit zu transferieren. Kommt es zu einer Wechselwirkung zwischen beiden Zeitsträngen?

Der Autor

Jonas Halbig wuchs östlich von Dortmund auf. Er studierte Informatik und arbeitet in einem international tätigen Unternehmen im IT-Umfeld.

Seiner Leidenschaft zum Erfinden und Schreiben von Geschichten geht er erst seit Kurzem nach. Als Basis dienen ihm unter anderem seine berufliche Erfahrung und Einblicke in verschiedene soziale Schichten.

Jonas Halbig schreibt und lebt mit seiner Frau und zwei Kindern im Norden Deutschlands.

Danke an Jörg und Verena für die hilfreiche Unterstützung.

Impressum

Copyright © 2024 Jonas Halbig
Alle Rechte vorbehalten.
Der Text darf, auch auszugsweise, nur mit Genehmigung des Autors wiedergegeben werden.

Jonas Halbig
C/o Block Services
Stuttgarter Str. 106
70736 Fellbach
www.jonas-halbig.de
kontakt@jonas-halbig.de

INHALT

Kapitel 1 – Boston 11

Kapitel 2 – Lab Alpha 63

Kapitel 3 – Entführungen 97

Kapitel 4 – Befreiung 174

Kapitel 5 – Die Überwindung der Zeit 216

Kapitel 6 – Die neue Realität? 240

Die Zukunft basiert auf dem, was wir heute tun.

Mahatma Gandhi

Vorwort

In Vorbereitung auf diesen Roman habe ich mich in den aktuellen Stand von Softwaresystemen eingelesen, die künstliche Intelligenz zur Verfügung stellen. Wer hat nicht schon einmal von ChatGPT, Googles Gemini oder Bildgeneratoren wie Midjourney oder Adobes Firefly gehört? Auf eines dieser genannten oder andere derartige Systeme stößt man in den Medien immer häufiger; viele Leser haben sicherlich selbst intensive Erfahrungen gesammelt. Mittlerweile werden vermutlich schon wieder neuere Tools gehypt.

Mir ist aufgefallen, dass diese Systeme einen gewaltigen Bedarf an Speicherkapazität haben, und ich habe mir den Stand der Technik angeschaut. Dabei bin ich auf sehr interessante Ansätze für künftige Speicherungstechnologien gestoßen: Schon seit Längerem wird an der Sicherung von Daten in DNA-Strukturen und in Kristallen geforscht. Das fand ich so interessant, dass ich dies zu einem Thema dieses Romans gemacht habe (keine Sorge – auf Details der technischen Umsetzung der Technologien wird verzichtet).

Ach ja, bei den Recherchen bin ich auch über ein Thema im Umfeld der Quantenphysik gestolpert: Ein Forscherteam behauptet, man könne den Zustand von Photonen in der Vergangenheit rückwirkend verändern. Das fand ich ebenfalls spannend, wenn auch nur schwer vorstellbar. Was ist mithilfe solch einer Technologie in der Zukunft denkbar? Wir wissen es (noch) nicht.

September 2024

Verzeichnis der wichtigsten Personen

Joscha Halberstadt – Teamleiter Firma ISF-Berlin
Vera Halberstadt – Frau von Joscha
Marcel Becker – Mitarbeiter von Joscha in Berlin
Ramesh Kumari – Teamleiter ISF in Boston
Mala Kumari – kleine Tochter von Ramesh
Fawad Khora (FAW) – Mitarbeiter von Ramesh
Jack Waters – CEO ISF in Boston
Jorge Blanco (El Patron, Jefe) – Drogenkartell Juarez, Kopf des Kartells
Miguel Rodríguez – Drogenkartell Juarez, Teamleiter
Mateo Hernandez – Drogenkartell Juarez, Mitarbeiter von Miguel
Max Bickel – Chef-Ingenieur CERN
Boris Hradek – Mitarbeiter von Bickel
Melanie Honsak – Kommissarin in Berlin
Ilkay Polat – Kommissar in Berlin

KAPITEL 1 – BOSTON

Berlin, Freitagmittag, 9. August 2024

1 Joscha

»Joscha, was machen deine Vorbereitungen für den Flug nach Boston ... alles erledigt? Visum, Mietwagen, Hotel?«

Joscha Halberstadt stand grübelnd am Fenster des Großraumbüros und schaute auf den gut gefüllten Parkplatz, zwei Stockwerke unter ihm. Er drehte sich zu seiner Mitarbeiterin um. »Danke, Ann-Kathrin, ich hab alles im Griff, keine Sorge. Ich überlege gerade, wie es um einige Projekte hier bei uns in Berlin steht. Ich lass euch ungern eine ganze Woche alleine.«

»Bei mir läuft alles, keine Probleme zu erwarten.« Sie nickte ihm beruhigend zu.

»Das weiß ich ... denke auch eher an Marcel. Der steht kurz vor dem Durchbruch mit unserer neuen Speichertechnologie. Da muss ich dringend an einigen Stellen unterstützen, wenn er so weit ist.« Joscha schüttelte den leicht gesenkten Kopf – seine dichten, dunklen Haare fielen über seine Augen und er strich sie aus der Stirn. »Ich freue mich total, unser Headquarter in Boston zum ersten Mal zu besuchen ... aber eigentlich müsste ich hier im Office bleiben.«

»Fliegst du denn wenigstens Business?«

»Leider nicht, wir haben unser Reisebudget für dieses Jahr schon annähernd durchgebracht – Holzklasse ist angesagt. Ich bin ja nur 1,85 groß. Ich denke jetzt schon an meinen Rücken.« Er schaute verschmitzt in ihre Richtung und zog die Augenbrauen nach oben.

»Na ja, du bist doch schlank genug für die schmalen Sitze, da gibt es andere Fälle«, dabei sah sie verstohlen in Richtung des Platzes von Marcel, ihrem Kollegen. »Das wird bestimmt cool in Boston. Da triffst du endlich mal einige Kollegen persönlich.« Sie streckte beide Hände nach vorn und die Daumen nach oben. Als sie ihren Kopf nach hinten nickte, fielen ihre pink gefärbten Haare in den Nacken.

Joscha erwiderte die Geste mit einem mürrischen Blick – ihm war nicht wohl bei dem Gedanken, eine ganze Woche unterwegs zu sein. Er leitete seit etwa einem Jahr eine IT-Abteilung des amerikanischen Unternehmens ISF mit Hauptsitz in Boston, USA. Er war bereits einige Jahre als Teamleiter für das Unternehmen tätig gewesen, hatte dann vor zwölf Monaten die Position seines damaligen Vorgesetzten Norbert Siegel übernommen, der damals einem Mord zum Opfer gefallen war.

Seit sein CEO Jack Waters die Ausrichtung des Unternehmens auf künstliche Intelligenz und neue Speichertechnologien ausgerichtet hatte, boomte das Geschäft. Joscha hatte im Gegensatz zu einigen Konkurrenzfirmen eine Menge Personaleinstellungen vornehmen dürfen – aus seinen zwanzig Mitarbeitern am Standort Berlin waren in den vergangenen zehn Monaten vierzig geworden.

Dann wurde es ein wenig geräuschvoller. »Na, Halberstadt. Bekommt dir das Chef sein nicht? Ich sehe dich so oft aus dem Fenster gucken. Überforderung?« Von Weitem sah Joscha Ben Budde mit seinem Rollstuhl anfahren; laut wie meistens beschallte er mit seiner Stimme das gesamte Großraumbüro.

Joscha lächelte ihn an. »Ben, wie geht's dir? Wenn du mit deinen Aufgaben fertig bist, zeige ich dir den tollen

Ausblick auf den Alexanderplatz. Da hinten am Horizont ist der Fernsehturm wunderbar zu sehen.«

»Verarschen kann ich mich auch alleine«, schnaubte Ben, dessen Gesicht errötete. Er kurbelte hektisch an den Rädern und stand mittlerweile direkt vor Joscha. »Du fliegst nach Boston und lässt dein Team allein? Jetzt … so kurz vor Abschluss einiger Projekte? Das hätte ich mir mal erlauben sollen.«

Ben hatte sich nach dem Tod des gemeinsamen Chefs auf die Position des Abteilungsleiters beworben, die Joscha nun innehatte. Ben war dagegen degradiert worden.

Wie seit Jahren. Mit dem Spruch ›aus dem Fenster schauen‹ habe ich gerade ein Déjà-vu. Ein ständiger Unruheherd, dachte Joscha, *auch ein Grund hierzubleiben. Der Kerl tyrannisiert mit Sicherheit die ganze Woche lang meine Leute.* »Ben, die Kollegen arbeiten eigenständig. Zudem bin ich jederzeit erreichbar. Aber danke, dass du dir Sorgen machst.« Joscha strich sich seine Haare aus der Stirn und schaute Ben in die Augen. Er blickte in ein blasses, ausgemergeltes Gesicht, in das dünne Haarsträhnen fielen, die zum Teil feucht wirkten.

Ben schaute zur Seite und drehte dann mit dem Rollstuhl ab. »Wenn du einen Vertreter benötigst, melde dich.« Damit war er schon wieder auf dem Durchgang und nahm Kurs auf seinen einige Meter entfernten Arbeitsplatz.

»Ann-Kathrin vertritt mich – wie immer«, rief Joscha ihm nach und er erkannte, wie Ben den Kopf schüttelte.

Joscha sah daraufhin in Richtung Ann-Kathrin, die ihn mit runden Augen angrinste und er zog fragend die Schultern hoch. Dann setzte er sich wieder an seinen Arbeitsplatz, um Mails zu beantworten und weitere Vorbereitungen für seine Abwesenheit zu treffen.

Der Bürostuhl direkt neben Joscha war seit einiger Zeit verwaist. Marcel Becker, einer der Leuchttürme in seinem Team, hatte dort seinen Arbeitsplatz, war aber vor einer Stunde in einen Meetingraum gegangen, um ungestört mit Kollegen aus Boston zu telefonieren. Mit dem Laptop unter seinem Arm schleppte er sich gerade wieder in Richtung seines Platzes.

»Joscha, ist alles erledigt für deine Reise?« Er quälte sich über den Gang und ließ sich mit einem intensiven Keuchen auf seinen Stuhl fallen. Marcel hatte in der Zeit der Pandemie monatelang seine Wohnung nicht mehr verlassen. Die Folgen seiner psychischen Probleme gipfelten in Spielsucht und Drogenabhängigkeit. Joscha half ihm damals, wieder in die richtige Spur zu kommen; die Körperfülle hatte er noch immer nicht komplett abgelegt.

»Klar, alles im Lot. Mit dir wollte ich allerdings noch das weitere Vorgehen abstimmen. Wie läuft's mit der Entwicklung der Speicheranbindung? Und mach bitte nicht wieder so viele Überstunden, während ich unterwegs bin. Der Betriebsrat sitzt mir seit Monaten im Nacken.« Joscha schaute ernst in Marcels Augen und wippte seinen Zeigefinger mehrfach vor und zurück.

Marcel sah ihn kurz mit einem desinteressierten Gesichtsausdruck an und spielte dann mit einer Münze, die er auf den Tisch fallen ließ und sie beim Trudeln beobachtete, bevor sie liegen blieb. Danach sah er wieder Joscha an – er wirkte mit seinem runden Kopf und den braunen Augen wie ein Teddybär. »Mach dir keine Sorgen, Chef. Ich habe immer noch meine regelmäßigen Therapie-Sitzungen und sportlich betätige ich mich mittlerweile auch, wie du weißt. Vierundzwanzig mal sieben kann ich somit nicht an die Firma denken.« Er machte große Augen und lachte dann.

»Wenn du Hilfe benötigst, ruf an. Ich habe ja auch ein paar Aufgaben in dem Projekt zu erledigen, wenn du erst mal den technischen Durchbruch geschafft hast.« Joscha blickte wieder auf seinen Monitor und fing an zu tippen.

Er beschäftigte sich zunächst noch mit den wichtigsten Dingen und stellte sich nach einigen Minuten in die Mitte des Bürobereiches und klatschte zweimal kurz in die Hände. Er wandte sich an die Kollegen, die sich noch im Office aufhielten. Nicht alle Plätze waren heute belegt, aber etwa zwanzig Mitarbeiter schauten ihn jetzt an. »Leute, ich verschwinde in ein paar Minuten. Übermorgen, am Sonntag, geht mein Flug nach Boston. Meldet euch, wenn ihr Unterstützung benötigt – ich bin für euch erreichbar. Bis zur übernächsten Woche.« Er schaute in die Runde und verharrte kurz auf den meisten Gesichtern. Es kam vereinzelt ein ›Gute Reise‹ als Feedback. *Also bleibt nichts Wichtiges liegen*, dachte er.

Er hängte eine Schlaufe des Rucksacks über seine rechte Schulter und ging bis an das Ende des langen Büros. Dann verschwand Joscha durch die Glastür.

2 Miguel

Boston, Massachusetts, Sonntagmittag, 11. August 2024

Das Handy ringte. Miguel Rodríguez saß vor seinem ausladenden Schreibtisch aus Tropenholz und blickte auf die Anzeige seines Smartphones, auf der er nun den liebevollen Namen ›El Patron‹ las. Er hatte bereits den ganzen Tag überlegt, wie er sich rechtfertigen sollte – die Geschäfte schienen ihm von Tag zu Tag mehr zu entgleiten und in diesem Augenblick war vermutlich die Zeit der Rechenschaft gekommen.

Er sammelte sich, blickte nach rechts aus dem bodentiefen Fenster, wo er die zweiundzwanzig Stockwerke bis hinunter zum Jachthafen schauen konnte.

Von hier oben wirkten die zumeist weißen Schiffsrümpfe auf dem Wasser wie ein Spiegelbild des Himmels, auf dem längliche Wölkchen wie Wattetupfer vor blauem Hintergrund waberten. Inmitten der wankenden Boote, viele davon in der Preisklasse von einer Million Dollar oder mehr, sah er mit Stolz auch seinen Katamaran ›El Flaco‹. Diesen Blick genoss er mindestens stündlich, wenn er hier oben arbeitete. Den Namen seines Bootes trug er ebenfalls als Spitznamen – ›El Flaco‹, ›Der Dünne‹. Seine Leute nannten ihn seit Jahren so. Miguel wog trotz seiner stattlichen Körpergröße von 1,90 Metern nicht viel mehr als seine zierliche Lebensgefährtin Sofia, die ihm nur bis zu den Schultern reichte.

Der Anblick seiner Jacht hauchte ihm, wie immer, wieder Leben und Selbstvertrauen ein und er nahm das Gespräch an: »El Jefe, schön dich zu hören. Alles in Ordnung in Juarez?« Er stand auf und wanderte nervös vor dem Fenster hin und her.

»Miguel, das wollte ich eigentlich dich fragen. Was machen die Geschäfte an der Ostküste? Hast du Boston unter Kontrolle?«

Miguel hatte seinen Chef lange nicht mehr gesehen und stellte sich jetzt den kleinen, untersetzten, zumeist einen Anzug tragenden Mann mit der Halbglatze und dem ausladenden Schnauzer bildlich vor. Er sah ihn dabei in Gedanken gebückt auf dem großen Schreibtischstuhl hocken und während des Gesprächs seine Unterlagen studieren. Miguel überlegte kurz, ob er Probleme zugeben sollte, von den getöteten Drogenkurieren oder den konkurrierenden Banden berichten sollte – denn der Patron war jederzeit über alle Details seiner Leute informiert, das wusste er. *Die beste Strategie wird wahrscheinlich sein, ich stecke ihm nur die positiven Informationen, nur die guten Dinge erwähne ich.* »Bestens. Danke, der Nachfrage. Wir machen zwölf Prozent mehr Umsatz in den letzten drei Monaten.«

»Wie viele Männer hast du in der Zeit verloren, Miguel? Drei, vier? Und welchen Anteil nehmen uns die Tijuana-Bastarde von Tag zu Tag mehr ab?« Der Patron sprach unaufgeregt und komplett ohne Betonung.

Miguel blieb stehen, schaute noch einmal auf seinen Katamaran und tappte dann wieder mit kleinen Schritten vor der Fensterfront auf und ab. Der imposante Anblick interessierte ihn nicht mehr. Er wusste, es ging ums Überleben. So war das Geschäft. *Ich muss jetzt ehrlich sein. Der Chef ist schlau und wird mich durchschauen, das wäre mein Ende. Aber Optimismus ... ja, Optimismus will er spüren, das weiß ich.*

»Jefe, zwei unserer Kuriere hatten ein Gefecht mit den Tijuanas; von den anderen Bastarden liegen gleich drei auf der Müllkippe. Und José ist den Drogenfahndern ins Messer gelaufen. Ich bekomme das geregelt, wir haben den Kurs verschärft. Keine Probleme.« Miguel spürte selbst, dass seine Stimme zitterte und hoffte, dass es über die Leitung nicht bemerkbar war.

Der Patron flüsterte fast. »Du weißt, José war wie ein Sohn für mich. Zeig den Bullen, was sie zu lassen haben. Und der Konkurrenz erst recht. Ich erwarte Ergebnisse. Wir wollen von Boston nach Europa expandieren, das Thema kennst du, Miguel. Ohne den nötigen Respekt haben wir in Berlin nichts verloren. Ich schicke dir noch heute Abend Verstärkung.«

»Ich bin dran ...«. Er kam nicht dazu, den Satz zu beenden und fasste sich mit der linken Hand an die Stirn, auf der er kühle Feuchtigkeit spürte.

Die Stimme des Jefe wurde jetzt eindringlich, nicht laut, aber deutlich bestimmter. »Und Miguel, hast du schon von den beiden Kollegen gehört? Die beiden, die die Region Mesa nicht im Griff hatten. Die hingen vorgestern hier in Juarez an einer Brücke ... an den Füßen aufgehängt. Kopf nach unten – wie Schlachtvieh. Und

ihre Hälse waren aufgeschnitten – ausgeblutet wie Schweine, dreckige Schweine. Hatten Pech, die beiden.«
»Oh, ähm – nein. Aber ...«, Miguel hörte nur noch das Freizeichen. *Scheiße, ich muss handeln, sofort. Mateo werde ich losschicken, um aufzuräumen. Der Kerl verdankt mir sein Leben. Wenn der nicht spurt, ist er dran.*
Intensive Angst hatte seine Unsicherheit inzwischen abgelöst. Zu viele seiner Vorgänger und Kollegen waren in den vergangenen Jahren plötzlich nicht mehr aufgetaucht. Er wischte zum wiederholten Male über seine Stirn und schüttelte winzige Schweißperlen in Richtung Boden. Nachdem er das Handy entsperrt hatte, begann er zu texten:

* Mateo, nimm die Tijuana Jungs im Stadtteil Mattapan ins Visier. Rache für José und Bird. Ich will das Geschäft in der Gegend zurück – Miguel

* Geht klar. Ich nehme drei Leute mit. Im Woodhaven Park fange ich an – Mateo

* Warte bis morgen. Wir bekommen Verstärkung aus der Heimat. Der Patron schickt Leute aus Juarez. – Miguel

Miguel war erleichtert. Sein Untergebener Mateo hatte sofort geantwortet und so wie er ihn einschätzte, würde er alles für die Sache geben. Vor Jahren hatte er ihn aus der Gosse geholt und eine Chance in seinem Team gegeben. Schnell war Mateo seine rechte Hand geworden und er befehligte seitdem die Straßen-Dealer. Miguel ließ ihn mehr und mehr mit der Arbeit allein, vor allem mit der schmutzigen. Auch in der Angelegenheit Woodhaven-Park würde er die Drecksarbeit gut erledigen.
Jetzt wandte sich Miguel vom Fenster ab und ging ins Bad. Er bückte sich über das Waschbecken und goss sich kaltes Wasser ins Gesicht. Der dann folgende Blick in den

Spiegel machte ihm Sorgen. Er sah sich blass und mit dunklen Rändern unter den Augen. Der lange, schwarze Bart, der den kompletten Bereich unterhalb des Mundes bedeckte und bis zum Brustbein reichte, wirkte ungepflegt. Er packte ihn von der Bartwurzel an, drückte ihn zusammen und ließ die Hand bis nach unten zur Bartspitze gleiten. Dann knetete Miguel die dichten Haare zwischen seinen Fingern, was beruhigend auf ihn einwirkte. Die Form gefiel ihm jetzt ein wenig besser.

Der Schädel war zudem nicht kahl poliert, wie er es gewohnt war, sondern glich mit den gerade austretenden Stoppeln dem Kopf eines Elefantenbabys. *Ich muss dringend meinen türkischen Barbier besuchen – noch heute. Mein Umfeld darf nicht denken, ich lasse die Zügel schleifen. Vor allem nicht in dieser Situation.*

Er wollte sich gerade wieder an seinen Schreibtisch setzen, um die Planung und die Buchhaltung weiterzuführen, als er die Klingel hörte. Miguel zuckte stark zusammen. Er lief mit langen Schritten zum Schreibtisch, zog die Schublade auf und nahm seine Glock 18 in die linke Hand. Er ging zur Tür und betätigte die Gegensprechanlage. »Bitte?«

»Sofia hier, wir wollten doch die Bootstour machen.«

Er erkannte die Stimme seiner Geliebten und war erleichtert. »Komm erst einmal hoch. Dann sehen wir weiter.«

Vorsichtshalber steckte er die Pistole hinten in den Gürtel und wartete an der Eingangstür. Als er den Aufzug anhalten hörte, dieser war nur zwei Meter entfernt auf der anderen Seite des Flurs gelegen, öffnete er die Tür einen Spaltbreit und schaute vorsichtig in Richtung Lift. Die Schiebetür öffnete sich und er war froh, die dunklen langen Haare Sofias, ihr Lächeln und sonst niemanden zu sehen.

Gemeinsam gingen sie in die Suite.

Bevor er sich mit ihr beschäftigte, nahm er wieder das Handy und schrieb:

* Jefe, morgen Mittag wird der Woodhaven Park wieder uns gehören. Ich hole jeden verlorenen Meter für unser Team zurück – Miguel

Er fühlte wieder Leben in sich einkehren und die Angst verflog oberflächlich. Jetzt konnte er sich erst einmal um seine Verlobte kümmern.

3 Joscha

›Cabin Crew, prepare for landing‹. Eine kaum verständliche männliche Stimme war im Hintergrund nur zu erahnen; durch viele unterschiedliche Geräusche wurde sie fast komplett verdeckt. Es folgte eine lautere, von einer weiblichen Stimme vorgetragene Durchsage: ›Wir befinden uns im Landeanflug auf den Boston Logan International Airport. Bitte klappen Sie die Tische hoch, stellen Sie Ihren Sitz in eine aufrechte Position und öffnen Sie wieder ihre Fensterblenden.‹

Joscha öffnete abrupt seine Augen und schob die Verdunkelungsvorrichtung mit einem Ruck nach oben. Sofort schmerzten die seit zwei Stunden geschlossenen und an die Dunkelheit gewöhnten Augen, die er nun zu minimalen Schlitzen formte. Die Sonne strahlte noch so hell von der Seite kommend, dass sie die Reihen an der linken Seite des Airbus 350 in einem herrlichen gelben Licht erstrahlen ließ.

Er war am Sonntagmittag in Berlin gestartet, hatte in London Heathrow zwei Stunden Aufenthalt gehabt und war jetzt gegen Abend kurz vor seinem Ziel – Boston, Massachusetts. Die letzten beiden Stunden waren ausgesprochen erholsam für Joscha! Er konnte den schmerzenden Rücken und die geschwätzige ältere Dame rechts neben sich vergessen und in einen oberflächlichen Schlaf fallen. Das war in diesem Moment aber vorbei. Alles drei. Er war wach, der Rücken und die Knie machten sich ebenso wieder bemerkbar wie seine Nachbarin.

»Sie haben aber lange geschlafen. Es wurde mir schon fast langweilig, ohne Ihre gute Unterhaltung. Und ich kann gar nicht mehr sitzen. Gut, dass wir bald landen. Jetzt geht's gleich nach unten! Schauen Sie mal …«, dabei drückte die Dame ihren Oberkörper auf Joschas rechte Schulter und fuchtelte mit ihrer Hand vor seinem Gesicht in Richtung Fenster, »Da ist schon die Downtown. Ein herrlicher Anblick.«

»Ja, großartig«, erwiderte Joscha wortkarg und neigte sich ein wenig nach vorn, um den Körperkontakt abzuwehren.

Er sah aus dem Fenster und musste der Nachbarin innerlich recht geben. Was für ein Anblick! Die in der untergehenden Sonne erstrahlende Downtown war einfach sehenswert: Skyscraper ragten aus dem mit Wasserläufen durchzogenen Zentrum – die als grüne Farbtupfer in die Landschaft eingelassenen Parks bildeten einen wunderschönen Kontrast. Wie ein Schutzwall schlängelten sich einige längliche grüne Inseln vor der mit Buchten und kleinen Häfen durchsetzten Küstenlinie. Ein wirklich beeindruckendes Panorama.

Es waren jetzt nur noch wenige Stunden, bis Joscha am Ziel war. Er konnte es kaum erwarten: Noch nie hatte er das Headquarter seines Arbeitgebers besuchen können, noch nie hatte er die vielen amerikanischen Kollegen von Angesicht zu Angesicht zu sehen bekommen. Einige sprach er annähernd täglich per Zoom-Konferenz, gelegentlich war dann auch die Kamera eingeschaltet, aber ein direkter Kontakt war etwas anderes, etwas ganz

Besonderes. Dem CEO des Unternehmens, Jack Waters, hatte er vor einigen Monaten bereits in Berlin die Hand schütteln können, mit einigen anderen wollte er dies während der kommenden Woche nachholen.

Der Flieger setzte sanft zur Landung an. Joscha bemerkte, dass die ältere Dame inzwischen immer stiller geworden war und sich mit verkrampfenden Bewegungen tief in den Sitz drückte; die Hände griffen fest auf die beiden Lehnen. Als die Reifen den Boden touchierten, war ein Quietschen von Gummi zu hören und es wurde holprig. Er hörte ein ängstliches Stöhnen, gefolgt von einem tiefen Atemzug aus Richtung seines rechten Nachbarsitzes.

Zur Beruhigung der älteren Dame sagte er: »Jetzt haben wir es geschafft. Gleich stehen wir wieder auf festem Boden.« Er blickte sie mit sicherem Blick an und nickte.

»Gott sei Dank, länger hätte ich es auch nicht ausgehalten.« Sie schaute immer noch verängstigt aus. »Ich freue mich auch schon sehr darauf, meine Enkel zu sehen. Habe ich ihnen schon erzählt …«

Den halben Flug über, ich kenne alle Namen, dachte Joscha und unterbrach: »Ja, das ist wirklich ein schöner Gedanke, seine Lieben wiederzusehen.«

»Sie haben so wenig von sich erzählt. Ich habe ein ganz schlechtes Gewissen, dass ich Sie nicht habe ausreden lassen. Machen Sie Urlaub?«

»Nein, nein«, antwortete Joscha, und begann schon einmal sich abzuschnallen und seinen Rucksack unter dem Vordersitz hervorzukramen. »Ich bin beruflich unterwegs, um unseren Firmensitz hier in Boston zu besuchen. Wir forschen im Umfeld künstlicher Intelligenz.«

»Oh, künstliche Intelligenz – das macht mir fast Angst, wenn ich von diesen Themen höre. Bald steuern die Maschinen uns alle, denke ich dann immer.« Sie sah ihn mit großen Augen an und machte eine kreisende Bewegung mit ihrer rechten Hand.

»Nein, machen Sie sich keine Sorgen. So weit ist noch kein Unternehmen mit ihren Ansätzen. Das sind alles nur Assistenzsysteme, die im Einsatz sind«, erwiderte Joscha mit einem warmen Lächeln, kam dabei aber ins Grübeln: *Na ja, eigentlich sind wir mit unseren Forschungsprojekten ja vor einem Durchbruch und dann ändert sich vielleicht die Welt.*

Nachdem der Flieger in der Halteposition fixiert wurde und die ›Anschnall‹-Lämpchen deaktiviert wurden, war es plötzlich betriebsam. Die Dame ließ Joscha an ihr vorbei auf den Gang, damit er ihr ihre Tasche aus dem oberen Fach reichen konnte. Das gab ihm die Chance, vor ihr in Richtung Ausgang und Gepäckband zu hasten.

Er war dann auch einer der Ersten, die in den Immigration-Bereich gelangten. Er suchte sich den Schalter aus, an dem die wenigsten Menschen warteten; es waren nur drei Passagiere vor ihm. An den anderen Schlangen war mehr Betrieb zu erkennen.

Bei dem Pärchen, das dann an der Reihe war, schien es Probleme zu geben. Sie diskutierten mit dem Officer und waren immer wieder wild am Gestikulieren. Nach einigen Minuten kam Verstärkung, die die beiden in einen angrenzenden Raum führte. *Was da wohl los war? Hoffentlich stellt der Beamte mir keine hochtrabenden Fragen. Beruflich war ich noch nie in den USA*, dachte Joscha. Die Sorgen waren unberechtigt – die drei, vier Fragen, die auf ihn einprasselten, konnte er schnell beantworten und nachdem er Fingerabdrücke hinterlassen und man ihn fotografiert hatte, durfte er passieren. Er war auf amerikanischem Boden.

Joscha blickte noch einmal in die Runde und sah seine Sitznachbarin am Nebenschalter – sie war gerade in der Befragung und hatte fast aufgeholt. Er scheute sich vor einer weiteren zeitraubenden Konversation und legte daher wieder Tempo zu und stand wenig später am Schalter der Autovermietung.

Joscha sollte eine komplette Woche in Boston verbringen, um sich mit den neuen Projekten seines Arbeitgebers hier in der Zentrale noch enger vertraut zu machen. Zwar sollte er am kommenden Morgen von einem Kollegen abgeholt werden, musste aber heute Abend noch zu seinem Hotel kommen. Da er zudem plante, einige Sightseeing-Touren auf eigene Faust zu unternehmen, hatte er den Wagen für die komplette Woche gebucht.

Am Schalter war er zum Glück sofort an der Reihe; das hatte er schon anders erlebt und teilweise über eine Stunde in derartigen Menschenschlangen der Vermietstationen verbracht, bis er dann bedient wurde. Hier lief alles problemlos und effizient – er war darüber erleichtert.

Der freundliche Mitarbeiter von Alamo fragte ihn, während dieser seit einiger Zeit damit beschäftigt war, ein Formular auszufüllen: »Möchten Sie den vollen Versicherungsschutz?«

»Selbstverständlich«, antwortete Joscha und bekam wenige Sekunden später den fertigen Vertrag mit dem Hinweis vorgelegt, wo er überall seine Initialen hinterlassen sollte. Vor der Unterschrift zögerte Joscha kurz. Er hatte den Wagen im Voraus gezahlt, und jetzt stand unten rechts neben dem Unterschriftfeld ein noch höherer Betrag als der, den er bereits in Deutschland berappt hatte.

»Ähm, der Wagen ist schon bezahlt. Weshalb die hohe Summe?«

»Ihre Zusatzversicherungen.«

»Aber ich habe alles inklusive.«

»Sie wollten doch vollen Versicherungsschutz, da kommen noch diverse Leistungen dazu: Gepäck,

Unterboden, Steinschlag, Erhöhung Haftpflicht, Diebstahlschutz ...«

»Moment ...«, unterbrach Joscha und sagte »Ich habe alle Versicherungen, die ich benötige, das war gemeint. Bitte nehmen Sie alles wieder raus. Ich muss nicht doppelt oder überversichert sein!«

Der Mitarbeiter von Alamo schien ein wenig ungehalten und grummelte etwas Unverständliches, schüttelte mit dem Kopf und begann ein neues Formular auszufüllen. Das dauerte nun. Als Joscha sich umsah, erkannte er die ältere Dame durch den Ausgang verschwinden. Er war noch fast zwanzig Minuten durch die Verleihabwicklung gebunden und musste sich immer wieder stark konzentrieren, um die Müdigkeit zu unterdrücken und die Augen noch aufzuhalten.

Er konnte es kaum erwarten, seiner Frau Vera eine WhatsApp zu schreiben – er hatte jetzt ausreichend Zeit dazu. Joscha dachte dabei daran, wie sie höchstwahrscheinlich seinen Flug und die Landung per Flightradar24 App mitverfolgt hatte; er kannte ihre Gewohnheiten. Bei dem Gedanken freute er sich und musste schmunzeln.

Eine weitere Stunde später hatte er es geschafft: Der Check-in im Marriott-Hotel ging vorbildlich schnell und er lag kurz darauf tief schlafend im Bett.

4 Joscha

Boston, Massachusetts, Montagmorgen, 12. August 2024

Sein Schlaf war gut und intensiv, aber leider auch kurz. Joscha lag bereits eine Stunde wach im Bett. Er schaute zum vierten Mal auf den neben ihm auf einer kleinen Nachtkonsole stehenden Radiowecker. Die roten Ziffern stachen ihm in die Augen und er musste sie zukneifen – 04:35 Uhr.

Er drehte sich noch einmal um, überlegte es sich dann aber sofort wieder anders. Er spürte, dass keine weitere Minute Schlaf mehr zu holen war. *In meiner Heimat zeigen die Uhren es sechs Stunden später an, also Montagmorgen kurz nach halb elf.*

Mit beiden Handrücken rieb Joscha sich intensiv durch die Augen. Dann schwang er die Füße auf den Boden und nahm sein Handy. Vera war nur drei Tasten entfernt. Er freute sich auf ihre Stimme und die Verbindung war schnell aufgebaut.

»Joscha, mein Schatz. Bei dir müsste es mitten in der Nacht sein.«

Noch einmal rieb er mit einer Hand durch beide Augen. »Der Jetlag, aber gleich ist es ja schon fünf. Ist bei dir alles in Ordnung?«

»Mach dir keine Sorgen um mich. Hast du denn wenigstens etwas schlafen können?«

Während sie sprach, gähnte Joscha unterdrückt. »Doch. Hab ich. Jetzt ist aber Schluss, mein Körper meint, es ist mitten am Tag. Ich rufe nach unserem Gespräch erst mal ein paar Kollegen in Berlin an.«

»Schau lieber, dass du dir nicht einen zu großen Berg an Arbeit mit nach Berlin nimmst. Du wolltest doch kürzertreten. So wie in den vergangenen Jahren kann das nicht weitergehen.«

Du hast recht, dachte Joscha, *aber die Führungsposition mit nun vierzig Mitarbeitern hätte ich dann nicht annehmen dürfen.*

Dabei kamen Joscha die Ereignisse der letzten beiden Jahre in den Sinn: Nachdem sein Vorgesetzter Norbert Siegel umgebracht wurde, sollte er seine Position, die Leitung der IT-Abteilung in Berlin, übernehmen. Nach langen Überlegungen und Diskussionen zusammen mit seiner Frau nahm er vor etwa einem Jahr an. Die Arbeit hatte ihm immer Spaß gemacht; gerade der Mix aus Forschung an hochinnovativen Themen und die Führung eines motivierten Teams machten ihm die Entscheidung leicht.

»Jaja. Keine Angst, du wirst nicht zu kurz kommen. Mach dir einen schönen Abend. Ich schaue erstmal in meine Mails. Wir sprechen uns später.«

»Geh aber wenigstens gut Frühstücken. Im Hotel gibt es bestimmt leckere Sachen«, in Veras Stimme konnte er ein wenig Besorgnis erkennen.

»Bestimmt, aber erst ab sechs. Jetzt telefoniere ich noch ein wenig. Hab dich lieb, Schatz!« Nachdem er ein Küsschen gehört hatte, legte Joscha auf und wählte die nächste Nummer. Nach drei weiteren Unterhaltungen mit seinen Mitarbeitern und dem Beantworten einiger Mails war es Zeit für das Frühstück; in gut einer Stunde sollte er in der Lobby abgeholt werden.

Joscha erhörte die Bitte seiner Frau und nahm sich am Buffet ein üppiges Frühstück mit Bacon, Spiegeleiern und Toast mit Marmelade; dann ging er noch einmal nach draußen vor die Eingangspforte, um sich die Füße zu vertreten und ein wenig frische Luft zu bekommen. Außerdem hatte er im Gebäude gefroren, denn die Klimaanlage war in allen Räumen für sein Empfinden deutlich zu kühl eingestellt. Hier, außerhalb der Lobby, war es trotz der frühen Zeit bereits angenehm warm. Er schaute in die Ferne und konnte am Horizont einige der großen Hochhäuser der Downtown sehen, zwischen denen die hellen Sonnenstrahlen den Tag ankündigten und sich wie goldene Streifen einer Sonnenkorona den Weg auf die Erde bahnten.

Von der linken Seite hörte er dann eine bekannte Stimme.

»Joscha? Joscha Halberstadt?«, er drehte sich in die Richtung und erkannte ihn sofort, obwohl sie sich bisher nur in Videokonferenzen gesehen hatten – Ramesh schaute ihn mit einem freundlichen Gesichtsausdruck an und zeigte dabei sein perfekt weißes Gebiss, das sich vom dunklen Teint deutlich abhob.

»Ramesh, was freu ich mich, dass wir uns jetzt endlich persönlich kennenlernen.« Joscha ging auf seinen Kollegen zu – sie umarmten sich fast freundschaftlich und gaben sich dann die Hände mit einem festen Druck.

»Das geht mir genauso. Herzlich willkommen in Boston. Wie war der Flug, Joscha … und die erste Nacht hier bei uns? Ich hoffe, du konntest dich ein wenig ausruhen. Wir haben schon heute ein volles Programm.« Wieder lächelte er ihn an.

So kenne ich Ramesh von den Videokonferenzen, immer ein Lächeln im Gesicht. Und dann noch so ähnlich gekleidet wie unser Oberchef Jack, Stoffhose, Businesshemd, Lackschuhe. Joscha stand knapp vor ihm und schaute, bedingt durch seine Körpergröße, ein wenig runter in das sympathische Gesicht. Joscha fiel dabei das extrem schwarze und volle Haar von Ramesh auf. *Ich kenne mittlerweile einige Inder, alle haben diese fantastischen dichten Haare – beneidenswert.* »Na ja, hätte besser sein können. Wenn man nicht in der Businessclass fliegt, hat man schon Probleme, die Beine unterzubringen. Und ich hatte eine lange Unterhaltung mit meiner Flugnachbarin – eine zu lange Unterhaltung. Aber mir geht es gut und ich freu mich, endlich bei euch im Headquarter zu sein.«

»Du kannst gespannt sein, Joscha, wir haben ausgezeichnete Neuigkeiten und spannende Themen für dich.«

Joscha war wirklich neugierig. In seinem Standort Berlin bekam er als Führungskraft zwar eine Menge Informationen und war mit seinem Team an einigen innovativen Projekten beteiligt, aber hier im Hauptsitz tickten die Uhren schneller und es gab sicher noch unbekannte Forschungsgebiete für ihn, war er sich sicher.

»Ja, Jack hatte bei seinem Besuch in Berlin im letzten Monat bereits Andeutungen gemacht«, Joscha nickte in Richtung Ramesh und dachte an die neuen KI-Ansätze, von denen er gehört hatte. »Lass uns keine Zeit verlieren. Ich habe auch einen Wagen, soll ich hinter dir herfahren?«

»Nein, nein. Ich fahre und bringe dich dann später hierher zurück. Du kannst morgen deinen Wagen nehmen, wenn du magst … dann bist du unabhängiger.«

Joscha hatte seine Notebooktasche schon während des Frühstücks dabei und konnte Ramesh somit direkt folgen. Sie stiegen in einen Ford Explorer ein. Joscha fielen die unzähligen Spielsachen auf der Rückbank auf. »Hast du Kinder Ramesh? Wir haben uns bisher wenig über private Angelegenheiten unterhalten.«

»Wir haben eine Tochter, Mala. Unser Ein und Alles. Sie ist sechs, kommt nach den Sommerferien in die Schule.«

»Passt deine Frau auf die Kleine auf?«

»Nein, Benisha arbeitet auch. Mala wird tagsüber in einer Kita betreut – Preschool nennen wir diese Einrichtungen bei uns. Wir wechseln uns mit dem Abholen abends ab. In dieser Woche bin ich aber raus – deinetwegen«, Ramesh sah erneut mit breitem Mund zu Joscha rüber und hob den Daumen, »ich soll mich um dich kümmern, sagt Benisha.«

»Danke, das ist nett. Ich habe mir zwar den Mietwagen genommen, aber wenn du mir in den nächsten Tagen Boston und Umgebung zeigen möchtest, umso besser.«

Ramesh startete nun seinen Ford und bog nach wenigen hundert Metern auf den Highway ab, der Boston umfuhr – vier Spuren pro Richtung. Voll war es trotzdem. Die Autos schlängelten sich auf jeder der Bahnen gemächlich über den Asphalt. Aus Deutschland kannte Joscha Drängler, die mit ihren Wagen dem vorausfahrenden Auto fast auf der Stoßstange saßen, von Spur zu Spur hüpfende Fahrer oder aufblitzende

Lichthupen gefolgt von akustischen Nötigungen. Hier ging es anders zu – gelassener. Auf jeder Fahrbahn annähernd die gleiche Geschwindigkeit – ob rechts oder links überholt wurde, war egal.

Die Hochhäuser der Downtown waren längst an ihnen vorbeigezogen. Nun sah Joscha sich rasch ändernde Gebiete. Nach Gemeinden, die moderne Wohnblocks um gepflegte Parks arrangiert hatten, folgten Wohnviertel mit maroden Fassaden – bei einigen Häusern ragten nur noch Glassplitter aus den Blendrahmen, die ehemals Fensterscheiben hielten. Dazwischen Ruinen alter Fabrikgelände oder verlassene, mit Unkraut überwucherte Bahnhöfe, Schulen oder ausrangierte Bürogebäude.

Dann, nachdem sie kleinere Grünstreifen, die mit Flüssen durchzogene Wiesen, Wälder und Wanderwege erkennen ließen, hinter sich gelassen hatten, sah Joscha wieder Vororte Bostons, die wie eigenständige Städte wirkten und ihren Reichtum nicht verbargen.

Nach etwa zwanzig Minuten Fahrzeit zeigte Ramesh mit dem Arm nach halbrechts auf ein nur wenige hundert Meter entferntes Gebäude. »Der hohe Glasturm, das ist unser Standort hier in Boston. Direkt am Stadtrand, dahinter ist massenhaft Grün – Wald, Wiesen, Golfplätze. Dort auf dem nächstgelegenen Golfplatz spiele ich zwei, dreimal in der Woche.«

Joscha sah das komplett verglaste Hochhaus, das an der obersten Etage riesige blaue Lettern trug: ›ISF – IT & Storage Force‹, der Firmenname. Der Wagen bog auf eine etwa fünfzig Meter lange Zufahrt zu dem riesigen Parkplatz vor dem Gebäude ein, bevor Ramesh an einer Schranke hielt. Er zeigte seinen Firmenausweis einem Mitarbeiter in der Pforte und durfte passieren.

Im Empfangsbereich wurde Joschas deutscher Firmenausweis für die Gebäudeteile freigeschaltet, die er betreten durfte – eine Genehmigung lag bereits vor. *Gute Planung*, dachte er, *das ist bei uns in Berlin nicht immer der Fall.* Ramesh führte ihn in einen ebenerdigen Seitentrakt, in dem die Forschungsabteilungen untergebracht waren, öffnete mit seinem Ausweis einen Besprechungsraum und bat Joscha einen Platz an.

Joscha war beeindruckt. Sein Standort in Berlin war klein, mit wenigen Mitarbeitern, die Gebäude waren alt und unmodern. Zumindest sein erster Eindruck von der Firmenzentrale war ausgesprochen positiv. Er blickte auf neue, moderne Möbel; an etlichen Stellen sah er gepflegte Pflanzen; die Fassade bestand hauptsächlich aus Verglasung, die mit durchsichtigen Vorhängen abgehängt waren.

»Gleich um zehn kommt Jack, er wird uns, genauer gesagt dir, über die neusten Aktivitäten berichten. Bediene dich inzwischen«, dabei zeigte Ramesh in eine Ecke des Raumes, in der ein mannhoher Kühlschrank, ein Getränkeautomat und eine Kommode, auf der frisches Obst und Süßigkeiten lagen, zu sehen waren.

»Danke. Ich habe zwar gut gefrühstückt, aber ein Kaffee geht immer. Ich bin gespannt, was es für Neuigkeiten gibt.«

Joscha packte sein Notebook aus und machte es sich am Tisch bequem.

5 Mateo

Sommer in Boston – es war bereits gegen zehn Uhr morgens warm genug, um eine Jacke nicht zu vermissen. Die Sonne stand schon so hoch am Himmel, dass nur kurze Schatten geworfen wurden.

Mateo lehnte abseits des Woodhaven Parks an einer Hauswand, bekleidet mit Jeans, einem weißen T-Shirt und dunkler Sonnenbrille, und kaute auf einem Zahnstocher. Sein Chef Miguel hatte ihm einen Auftrag erteilt – diesen galt es nun umzusetzen. Wie ein Grundschullehrer den Pausenhof beobachtete er den nördlichen Parkeingang, der hinter einer Kirche lag und durch ein hohes Tor die Sicht auf den lang gezogenen Hauptweg hinein in das Grün des Parks freigab. Viele Bäume, dichte Hecken und Sträucher säumten den Weg.

Er wusste, dass etwa hundert Meter weiter ein kleiner Trampelpfad nach rechts das Dickicht durchbrach und in einem runden, etwa fünf Quadratmeter großen Platz, auf dem die Pflanzen durch Passanten niedergetreten waren, mündete. Diese Passanten waren ausschließlich Drogendealer und ihre abhängigen Kunden – andere Menschen trauten sich seit Jahren nicht in Regionen abseits des Hauptweges. Der Platz war durch das ringsum stehende Gestrüpp gut vor Blicken anderer Parkbesucher geschützt.

Bis vor einigen Tagen war dies das Revier des Juarez Kartells und die Mateo unterstellten Dealer hatten hier gute Geschäfte gemacht. Seit Monaten war mit den auf Fentanyl, Methamphetamin und Xylazin Basis hergestellten Tabletten und Pulvern eine extrem hohe Marge zu erzielen. Dass die Nebenwirkungen eklatant waren – rasant schnelle Abhängigkeit, Psychosen, irreversible Organschäden, Herzversagen, Absterben von Körperteilen – war ihm bekannt. Daher hielt er sich beim Konsum seines eigenen Produktes zurück und riet es auch jedem seiner Dealer. Die, die seinem Rat nicht folgten, lagen inzwischen beschäftigungslos in der Gosse oder waren bereits tot.

Nun hatte aber der Tijuana-Clan die Hoheit übernommen – er drängte an vielen Stellen die Konkurrenz aus dem Weg. Blutig. In der vorletzten Woche hatte es in dieser Umgebung fünf tote Dealer und zwei Opfer einer Überdosis gegeben.

Mateo blickte immer wieder unauffällig von links nach rechts. Vor zwanzig Minuten nahmen zwei Dealer der Konkurrenz ihre tägliche Arbeit auf – mehr verdächtige Personen hatte er nicht wahrgenommen. Er war angespannt, seine massigen Oberkörpermuskeln drohten fast sein weißes T-Shirt zu sprengen. Die schwarzen Tattoos – eine große Schlange und geschnörkelte Schrift – schienen sich auf dem Bizeps zu spannen und wirkten gedehnt. An seinem schwarzen Schnauzer rannen, genau wie aus seinen kurz geschnittenen Haaren, kleine Schweißtropfen herab.

Er wusste, dass es nicht lange dauern würde, bis es hier zu brutalen Szenen kommen könnte – neben dem Clash mit den Tijuana Leuten befürchtete er auch Polizeieinsatz. Zu viele Tote ließ sich das FBI nicht gefallen – aber er musste handeln, sonst war er selbst und auch sein Teamleiter Miguel Rodríguez durch die ›interne Revision‹ gefährdet, das wusste er. Miguel hatte ihn vor Jahren aus der Gosse geholt, das hatte er ihm nie vergessen. Ihm zu helfen war ihm so wichtig, wie der Familie und sich selbst zu helfen.

Mateo gab nun Anweisung per Textnachricht. Dazu schob er seine komplett schwarze Ray-Ban hoch, die Halt in den dichten, kurzen Haaren fand und tippte auf seinem Handy die Instruktion ein.

* Nur zwei Tijuanas sind im Park, mehr nicht. Legt los –
Mateo

Mateo hatte drei Dealer-Kollegen hierher beordert. Zwei von ihnen waren vom Patron geschickt und erst gestern Abend aus Mexiko kommend in Boston eingetroffen – er kannte sie bereits von vergangenen gemeinsamen Tätigkeiten, daher war die Zusammenarbeit kein Problem. Der Dritte war einer seiner Männer. Die Drei sollten auf sein Zeichen warten und dann aufräumen – den Tijuanas zeigen, dass dies noch lange nicht deren Revier war. Schon kamen die Drei in schnellem Schritt hinter der Kirche hervor und gingen in Richtung Parkeingang. Alle kräftig, mit Bodybuilder Statur, Jeans, dicke Steppjacken, unter denen ihre gepolsterten, schusssicheren Westen nicht sofort auffielen. Mateo sah bei einem der Dealer das lange Stichmesser in der Sonne blinken. *Du sollst die Waffen unter der Weste tragen, du Idiot, das lernt man am ersten Tag*, dachte er, und ging gereizt im Abstand von etwa zwanzig Metern langsam und ohne aufzufallen hinter dem Dreier-Tross her. Sein gelangweilt wirkender Blick schwang immer wieder von links nach rechts.

Er sondierte permanent die Umgebung – immer noch keine weiteren Verdächtigen. Nur wenige Passanten sah er: zwei Mütter mit Kinderwagen; drei ältere Herren, vermutlich Rentner, die sich hier zum Plaudern trafen; wenige Männer in Businesskleidung, die auf dem Weg in ihre Büros zu sein schienen.

Dann fielen ihm noch vier bis sechs, die Anzahl konnte er nicht exakt ausmachen, der ›Zombies‹ auf – so nannten sie ihre Kundschaft, die hinter dem Wendepunkt angekommen war; die ihre Gesundheit nie wieder erlangen würde. Diese Leute schleppten sich jetzt wie lebende Leichen in den Park hinein, um nach Versorgung zu flehen oder diese zu kaufen, wenn sie anderen Mitmenschen Geld abgenommen oder von ihnen erbettelt hatten. Gerade gehen konnte aus dieser Kaste niemand mehr. Sie schlappten vornüber gebückt, mit schlurfenden Schritten, hatten wunde Stellen an Armen, Beinen oder dem Kopf notdürftig mit dreckigen Laaken verbunden und nahmen von der Umwelt anscheinend kaum noch Details wahr. *Das sind keine Menschen mehr*, dachte Mateo, *die werden nie wieder auf die Beine kommen – kläglich krepieren werden die, und zwar bald. Das sind alles unsere Opfer, die stellen heute keine Gefahr dar.*

Nach höchstens einer Minute hatten die drei Dealer die Stelle erreicht, wo zur rechten Seite der Trampelpfad vom

Wegesrand ins Dickicht führte. Mateo setzte sich etwa dreißig Meter entfernt auf eine Parkbank und tippte gelangweilt und unauffällig auf seinem Handy. Die Gruppe seiner Leute hatte er trotzdem jederzeit im Blick. Alles wirkte noch idyllisch – ein Montagmorgen in einem verschlafenen Park. Er beobachtete, wie einer der Drei auf dem Hauptweg stehen blieb; die anderen beiden verschwanden über den ausgetretenen Pfad im Dickicht.

Wenige Wimpernschläge später änderte sich die Lage dramatisch. Die Idylle war Geschichte. Mateo hörte Schreie mehrerer Personen und glaubte, mindestens eine der Stimmen zu erkennen. Gehölz brach unter dumpfem Knacken. Trampeln von Schuhen auf Äste, Blätter und Sträucher. Wieder Schreie. Dann sah er, wie Menschen aus dem Dickicht liefen, stürzten und krochen; geschubst wurden, zu Boden fielen, sich aber im selben Augenblick wieder auf die Menschentraube warfen – ein Gewusel von sich hektisch bewegenden Männern, fast wie ein Scrum im Rugby. Er sah, wie sie mit Messern auf sich einstachen – alle hatten ähnliches Aussehen, unterschieden sich aber durch die Tattoos, einige trugen Adler, andere Schlangen auf Armen und Schädeln, wenn dieser glattrasiert war.

Scheiße. So viele Gegner – wie konnte ich das nur vorher übersehen? Das hab ich verkackt, dachte Mateo, sprang auf und spurtete mit gezogener Smith & Wesson Pistole auf den Pulk zu, um seinen in Unterzahl befindlichen Leuten beizustehen.

Während er lief, sah er, wie sich einer seiner Dealer den blutüberströmten Bauch hielt; das Messer steckte noch. Einer der Gegner zog es heraus und stach wieder tief zu. Mateos Mann fiel zu Boden und blieb regungslos liegen.

Mateo lief weiter. Schnell. Die Waffe immer noch nach vorn gerichtet. Schussbereit. Seine Sinne befanden sich in höchster Alarmbereitschaft. Sein Blick fokussierte ausschließlich die Menschenmenge. Er hörte seine knirschenden Tritte auf dem Schotterboden. Jeder Schritt ließ Steinchen mit einem Zischgeräusch zu den Seiten spritzen.

Aus dem Knäuel aus Menschen drangen die Schreie von fast allen Beteiligten inzwischen lauter heraus – drohend, aber auch ängstlich und schmerzbehaftet – und mischten sich mit dumpfen Schlag- und Stichgeräuschen.

Mateo war vielleicht noch zehn Meter entfernt – er hob die rechte Hand, in der er die Pistole führte, nun in Augenhöhe und zielte auf einen der Adlertätowierten.

Plötzlich hörte er dröhnende Motorengeräusche, wie von einem Bulldozer, gleichzeitig ein lautes Krachen von Holz und Metall. Er sah von der linken Seite einen schwarzen Hummer Geländewagen den Zaun durchbrechen, über die Reste des von seiner Front und den dicken Reifen umgemähten und zu allen Seiten wirbelnden Materials holpern und in die Richtung der Kampfszene rollen. Der Wagen sank bedingt durch sein enormes Gewicht tief in die Oberfläche der Wiese ein und zog eine dunkle Spur hinter sich her – wie ein bulliger Traktor, der das Feld bestellt. Mateo war perplex, er konnte diese Situation in einem Erholungspark wie diesem zunächst nicht einordnen. Dann sah er die dicken Lettern ›SWAT‹ an der Seite des Fahrzeugs.

6 Harry

Eine Stunde zuvor

Harry Blake hatte eine imposante Statur: eins neunzig, durchtrainiert, kurzes blondes Stoppelhaar. Das dunkle T-Shirt mit der Aufschrift ›Boston PD‹ spannte über seiner muskulösen Brust. Er saß an seinem Schreibtisch und starrte auf einen aufgeschlagenen Aktenordner, als sein Telefon klingelte. Es war sein Einsatzkoordinator:

»Harry, es geht los. Wir haben Hinweise vom FBI: In etwa einer Stunde gehen die beiden Kartelle aufeinander los, im Woodhaven Park. Lass dieses Mal keine Flüchtigen zu. Nutzt die Chance und nehmt alle fest. Denk an unsere Reputation – die Presse hat uns im Visier!«

»Hat das FBI Hinweise zur Anzahl?«

»Etwa zwei oder drei auf jeder Seite.«

Harry schlug den Ordner zu und rieb sich die Hände. *Action ist besser als im Büro rumzuhängen*, dachte er und bewegte sich in den Mannschaftsraum.

In dem circa zwanzig Quadratmeter messenden Zimmer stand in der Mitte ein großer, schlichter Tisch, an dem vier Stühle platziert waren, an zwei Wänden alte, ausgesessene Sofas und an der Frontwand hing ein Fernseher, der gerade die Nachrichten zeigte. Es wurde das warme Wetter thematisiert, das gerade in Boston herrschte, und dann berichtete die Sprecherin über einige Gewaltdelikte und Todesfälle im Drogenmilieu. In dem Raum lungerten sieben Einsatzkräfte, die entweder auf den Fernseher blickten oder in einer Zeitung blätterten.

»Leute, sofort bereit machen, vier Mann, Team zwei. Ich bin auch dabei. Wagen Delta ist uns zugeteilt.«

Spontan sprangen vier der Männer auf und preschten in den Nebenraum. Harry folgte ihnen.

Jeder hatte im Ankleideraum einen zugeteilten Platz mit einem kleinen Stahlschrank. Es hingen schwarze Sicherheitswesten, Hosen mit dicken Schutzpolstern und Helme mit Sichtblende in jedem Spind. Wie auch die anderen zog Harry seine Einsatzkleidung in geübten Bewegungen an. Es war ruhig in dem Raum, nur Harrys souveräne Stimme gab Informationen und Anweisungen zum Einsatz. *Meine Leute freuen sich auf die Action, wie ich*, dachte Harry, *klasse, wie ich die Mannschaft im Griff habe – perfekte Organisation.*

Fünf Minuten später fuhr ein dick gepanzerter, schwarzer Hummer SUV mit der fetten Aufschrift

›SWAT‹ vom Dienstgelände und war wenig später an der Westseite des Woodhaven Parks.

Es war noch genug Zeit, daher hatte Harry geplant, zunächst unbemerkt die Lage zu sondieren. Er beorderte den Fahrer an eine Position, von der aus er zwischen dem Grün den Park genau beobachten konnte, aber von innen kaum wahrgenommen wurde.

Er drückte den Knopf des Sprechfunkgerätes und erkundigte sich nach der Lage: »Zentrale, gibt es aktuelle Hinweise?« Gleichzeitig schaute Harry intensiv auf den Weg, der den Park durchzog, um ungewöhnliche Aktivitäten zu erkennen.

»Keine Neuigkeiten. Laut unseren Informationen habt ihr noch eine halbe Stunde Ruhe.«

Harry erinnerte sich an die vorletzte Woche. Bei einer ähnlichen Aktion hatten seine Leute zwei Dealer töten müssen, Notwehr. Das Ergebnis kam bei der Presse und damit bei seinen Vorgesetzten allerdings nicht gut an. Er stand in der Kritik. Harry dachte jetzt an die vor ihnen liegende Aktion. Einerseits war diese Art Außeneinsatz sein Leben, andererseits wurden die Dealer immer aggressiver; er vermutete die verhaltensändernden Drogen als Grund. Dann war da noch seine Partnerin, die bald ihr erstes Kind erwartete. Bei dem Gedanken wurde er wieder unruhiger, als er es von sich kannte.

Bisher hatte Harry nur aus einem der Fenster des Hummers geschaut, öffnete nun aber die Tür und ging zu dem Holzzaun, der diese Parkseite eingrenzte, um eine bessere Übersicht zu bekommen. Er ließ seinen Blick zum wiederholten Male über den Weg im Park ziehen. Dabei duckte er sich einige Male, um unter hohen, dichten Büschen hindurchzusehen; in anderen Richtungen streckte er seinen Körper und nahm den Kopf so hoch es ging, um über andere Pflanzen hinwegzuschauen, die das Sichtfeld störten.

Es war alles ruhig. Er sah nur wenige Passanten – einige Mütter mit Kinderwagen, zum Glück fern ab, am Parkeingang; einige ältere Herren, die sich unterhielten. Verdächtige erkannte er nicht. So ruhig hatte er den Park selten gesehen.

Dann kam hinter einem dichten Busch eine kleine Schar, vielleicht drei, vier Mann, in sein Blickfeld, die in der Parkmitte ziellos umherschlenderte. Mit gesenkten Köpfen und schlurfendem Schritt bewegten sie sich voran. *Das sind die Ärmsten, alle süchtig und körperlich am Ende. Keine Bedrohung, wenn die sich gleich heraushalten.*

Als er dann aber von rechts, aus Richtung des Haupteingangs hinter der Kirche, eine Gruppe Männer sah, die in schnellen Schritten in Richtung Parkmitte eilten, zuckte Harry zusammen. Er war geschockt. Nicht wegen der Fußgänger, sondern von seiner Reaktion – Angst kannte er bisher nicht.

Er konnte die Passanten besser erkennen, als diese im Zentrum des Parks angekommen waren – drei Männer vorweg, einer in Abstand von einigen Metern dahinter. Der Kleidung nach zu urteilen – Jeans, aufgeplusterte Steppjacken, unter denen vermutlich Waffen versteckt waren – konnten das ihre Zielpersonen sein.

»Leute fertig machen. Wir fahren zum Haupteingang … dann über den Weg zur Parkmitte. Da nehmen wir die vier hoch.« Er kam auf die offene Tür des Einsatzwagens zu und zeigte nach rechts zum Parkeingang. »Vermutlich sind noch ein, zwei Leute der Konkurrenz im Dickicht. Alles harmloses Dealer-Pack, denke ich.« Dann hob er den Zeigefinger, ließ ihn kreisen und richtete ihn dann auf seine Truppe. Er sprach jetzt mit langsamer und eindringlicher Stimme. »Leute, passt auf, dass keiner entkommt und nach Möglichkeit niemand ernsthaft verletzt wird – die ganze Brut festnehmen. Wir benötigen nach der Pleite von vorletzter Woche Erfolge.

Konzentriert euch. Ich hab keinen Bock, wieder von den Politik-Luschen angeschossen zu werden, dass wir zu hart vorgehen ... aber bekommen müssen wir sie alle, das ist das Wichtigste!« Er sah jedem Mitglied seines Teams in die Augen und erntete von allen ein Kopfnicken.

In dem Augenblick, als er den Satz ausgesprochen hatte, wurde die Ruhe unterbrochen. Die vier Männer im Park waren nun nicht mehr allein – es war eine Traube von mindestens acht, neun Personen zu erkennen, die aufeinander losgingen. Die genaue Anzahl konnte Harry nicht erfassen. Er sah, wie sie mit Messern auf sich einstachen, hörte Schreie, Flüche und Schlaggeräusche, sah eine weitere Person von der Seite des Parkeingangs mit einer Pistole im Anschlag auf den Pulk zustürmen.

Jetzt wurde auch Harry laut und hektisch und schrie mit eindringlicher Stimme:»In den Wagen, auf direktem Weg zu den Chaoten. Denkt daran, keine Toten.« Er lief mit drei schnellen Schritten zur rechten Tür des Hummers und sprang gewandt auf den Vordersitz. Die Tür hatte er in derselben Bewegung bereits wieder an sich gezogen.

Sekunden später saß die komplette Mannschaft mit voller Konzentration im Wagen. Noch während jemand auf der Rückbank eine der Hintertüren zuzog, trat der Fahrer das Gaspedal komplett durch und drehte scharf nach rechts ab.

Der für Einsätze in rauer Natur hochgezüchtete, extrem leistungsstarke Motor heulte mit lautem Klagen auf und die Hinterräder ließen Erdklumpen in die Luft spritzen. Das Heck drehte sich fast auf der Stelle zur Seite und dann schnellte der Koloss wie von einem Katapult abgeschossen schnurgerade in Richtung Parkmitte.

Unter der Last des Hummers zerbarst der den Park einrahmende Zaun wie ein unter eine Schuhsohle geratenes Schneckenhaus und nahm links und rechts die benachbarten Zaunelemente ähnlich umgerissenen Dominosteinen mit auf den mit Büschen bepflanzten

Boden. Der Wagen mähte etliche Hecken und Sträucher nieder und raste über eine sumpfige Wiese in Richtung der kämpfenden Gruppe.

Mit aufgerissenen Augen starrte Harry aus der Frontscheibe und zeigte mit seiner rechten Hand in die Parkmitte. Dabei hob er den Kopf, streckte ihn nach hinten an die Stütze und drückte sich fest in den Beifahrersitz.

Der Motor brummte wieder mehrfach laut auf. Immer, wenn der Untergrund feuchter und sumpfiger wurde, drehten die Räder durch und ließen Matsch, Erde und Placken der Grasnarbe wie zerborstene Gegenstände während einer Explosion durch die Luft wirbeln und der Hummer zog einen dichten Regenschauer brauner Brocken hinter sich her. Der Fahrer glich bei jedem der sumpfigen Bereiche die fehlende Traktion durch einen Kick-Down des Gaspedals aus. Der Motor drehte immer höher und kreischte in hoher Frequenz. Die hinterlassene Schneise glich der Spur eines kleinen Tornados.

Harry schüttelte während der wilden Fahrt mehrfach seinen Kopf, schaute aber permanent gebannt nach vorn und hielt sich krampfhaft mit der rechten Hand am Griff der Beifahrertür fest.

7 Joscha

Mit einem schwungvollen Ruck wurde die Tür des Besprechungsraums von außen geöffnet; ein Mann mittleren Alters mit rotem Kopf und gedrungenem Körperbau hechtete herein und hatte mit derselben Bewegung die Tür bereits wieder ins Schloss fallen lassen.

»Joscha, schön, dich hier im Headquarter begrüßen zu dürfen. Das erste Mal hier?«, er hielt ihm den ausgestreckten Arm entgegen.

Sie gaben sich die Hände und Joscha spürte den selbstbewussten Druck, ähnlich einer Schraubzwinge, der ihm die Hand fast schmerzen ließ.

»Jack, ja. Ich freue mich unendlich, hier sein zu dürfen.« Er musterte seinen CEO und erkannte, dass er auf andere Art gekleidet war als noch bei seinem Besuch in Berlin vor einigen Monaten. Dort trug er einen formellen, edlen Anzug mit Krawatte – hier in seinem Reich schien es legerer zuzugehen. Er hatte zwar schwarze Lackschuhe und eine Anzughose an, trug aber weder Krawatte noch Jackett und das blaue Hemd spannte über seiner nicht gerade kleinen Bauchkugel. Seine Halbglatze, die Joscha noch aus der Zeit seines Besuchs in Berlin kannte, verdeckte er jetzt mit einer blauen Baseballkappe, die an der Stirnseite in großen Lettern das Firmenlogo ›ISF‹ zeigte.

In den wachen Augen seines Gegenübers spürte Joscha eine fast greifbare Energie. Er hatte großen Respekt vor dem CEO des Unternehmens, für das er gerne arbeitete. Den enormen Aufschwung der letzten Jahre hatte er miterlebt und wusste, dass Jack Waters der Vater des Erfolges war – aus einem mittelständischen Unternehmen mit wenigen Hundert Mitarbeitern hatte er einen Konzern mit etwa vierzigtausend Beschäftigten geformt, der nun im Konzert der IT-Riesen mitspielte.

»Joscha, Ramesh, setzt euch. Ich möchte dir, Joscha, von unseren neuen Aktivitäten berichten. Ramesh ist bereits im Bilde, aber bleib gerne hier im Raum.« Jack sah vor dem Tisch stehend, abwechselnd mit scharfem Blick auf seine beiden Zuhörer hinab.

»Ich fokussiere seit Monaten stark auf künstliche Intelligenz. Darin liegt die Zukunft. Ja, das machen alle großen IT-Unternehmen, das ist mir klar. Aber wir sind weiter als andere: Wir haben mehr als nur eine generative KI, mit der man sich zwar unterhalten kann und die Ratschläge gibt, aber die nicht eigenständig entscheidet. Darüber sind wir hinausgelangt. Wir arbeiten zurzeit an drei extrem innovativen Projekten, Joscha, die allesamt kurz vor dem Abschluss stehen. Erstens ...«, dabei drehte er den gehobenen Zeigefinger über seine Schulter und zeigte hinter sich in Richtung der Labore. Jack schaute kurz hinter seinem Finger her, um dann wieder seine beiden Zuhörer anzusehen. »Unser KI-System wird neben den herkömmlichen statischen Trainingsdaten auch mit minutenaktuellen Daten aus sozialen Apps gefüttert – permanente Datenzufuhr sozusagen. Da fallen immense Datenmengen an. Daher Projekt zwei.« Jetzt streckte er Zeige- und Mittelfinger nach oben. *Wie ein in Peace-Zeichen,* Joscha grinste innerlich, *er meint aber sicherlich einfach nur die Zahl Zwei.*

Jack schaute einige Sekunden stumm in die Runde und fuhr fort. »Wir sind kurz vor der Einführung einer komplett neuen Storage-Technologie. Datenspeicherung und Zugriffsgeschwindigkeit werden mit den enormen Datenmengen immer wichtiger – wir haben als Einzige die Lösung. Details später. In Berlin beschäftigt ihr euch ja ebenfalls mit einem ähnlichen Thema, Joscha, nur auf einer anderen technologischen Basis. Mal sehen, wer als Erstes den Durchbruch schafft. Drittens: Auf dieser Grundlage greifen wir im Bereich ›general AI‹ oder später sogar ›Superintelligenz‹ an. Das Thema Bewusstsein eines KI-Systems spielt dabei eine große Rolle, das weißt du sicherlich, Joscha.«

Jack war so in seinen Themen gefangen, dass er wenig auf seine beiden Zuhörer achtete und auch nicht wahrnahm, dass Joscha bereits einige Sekunden per Handzeichen eine Zwischenfrage ankündigte.

Er fiel Jack nun schüchtern ins Wort: »Jack, kurze Frage. In Berlin sind wir auch im Bereich KI-Forschung tätig, aber nur, um die bestehenden generative KI zu optimieren und zu trainieren. Können wir die anderen Themen unterstützen? Ich habe gute Leute im Team, wir schaffen mit Sicherheit Mehrwert.«

»Darum bist du hier, Joscha«, Jack nickte ihm freudig zu und blickte daraufhin in Richtung Ramesh. »Ramesh führt dich gleich durch zwei unserer Labore und gibt dir erste Einblicke in die Projekte. Am Ende der Woche beratschlagen wir dann gemeinsam über die Unterstützung deines Teams.« Jetzt legte Jack einen ernsten Blick auf. Er wartete wieder stumm einige Zeit und nickte dann Joscha zu. »Das dritte Lab ist erst einmal tabu – da arbeiten wir an einem extrem komplexen Thema, das ... sagen wir mal ... bislang nicht weit genug ist. Außerdem hat es höchste Geheimhaltungsstufe.«

Jacks Armband schien zu vibrieren – Joscha sah ihn darauf schauen und hatte den Eindruck, er denkt über seine mögliche Reaktion nach. Nach kurzer Zeit wendete er sich wieder seinen beiden Zuhörern zu: »Es tut mir leid, ich erwarte einen wichtigen Kunden. Joscha, wir sehen uns morgen. Viel Erfolg hier in Boston.« Jack hob die Hand und eilte zur Tür, die er genauso schnell von außen schloss, wie er sie von innen geöffnet hatte.

»So ist er – Jack hat nie Zeit, immer Busy.« Ramesh grinste in Joschas Richtung und zeigte auf den Ausgang. »Komm, Joscha, lass uns keine Zeit verlieren. Ein paar Räume weiter ist Lab ›Alpha‹.« Dann stand er auf und öffnete Joscha die Tür. Der ließ nicht lange auf sich warten und trat auf den Gang.

Eine Schleuse versperrte nach wenigen Metern den Weg. Der Flur war durch ein komplett verglastes Doppeltor abgeriegelt. Ramesh schaute mit seinem rechten Auge in einen Irisscanner, kurz danach zeigte ein leiser Piepton einen Countdown an.

»Nach Erkennung der Iris öffnen sich die Türen erst zehn Sekunden später. Wenn wir innen in der Schleuse stehen, kommt das gleiche Spiel. Unsere Security-KI hat somit ausreichend Zeit zu reagieren und den Einlass zu blocken, falls sie etwas Verdächtiges bemerkt«, Ramesh ging schon in die Schleuse, während die Türhälften noch zu beiden Seiten fuhren. Die Tür schloss sich wieder ad hoc. Joscha war mulmig zumute. Sie standen mittlerweile in einem verglasten Durchgang, der zu allen Seiten komplett luftdicht abgeschottet war. Joscha hatte zum ersten Mal gehörig Respekt, fast Angst, einer KI ausgeliefert zu sein. Ramesh wiederholte den Iris-Scan und wenig später standen beide auf dem hinteren Flurbereich.

Joscha schätzte nun die Länge des Ganges auf dieser Seite der Schleuse ab – es waren nicht mehr als dreißig Meter; an jeder Seite waren drei Eingangstüren zu erkennen, die ebenfalls mit Scannern gesichert waren. Fenster waren nicht zu sehen. Eine angenehme, künstliche Beleuchtung erhellte den Flur und erzeugte ein Tageslicht ähnliches Ambiente. Und es war still. Kein Ton war zu vernehmen. Joscha fühlte sich wie in einem hochisolierten Tonstudio und dachte, *auch Stille kann man hören.*

Ramesh fuhr mit seiner Führung fort: »Schau, Joscha. Auf der linken Seite sind die Labore Alpha und Beta, rechts hinten Omega. Dort ist allerdings abgesperrt, das ist das Hochsicherheitslabor, von dem Jack sprach. Wir nennen es auch ›King Castle‹. Ein paar Infos dazu werde ich dir während der Woche sicherlich noch geben. Ich zeige dir zunächst Lab Alpha.«

Ramesh hielt sein Auge wieder an den Scanner der ersten Tür links und nach drei Sekunden klickte die Tür auf. Beide traten ein.

8 Miguel

Zur gleichen Zeit lag Miguel Rodríguez auf seinem Katamaran in der Sonne und starrte immer wieder auf das Smartphone in seinen Händen. Das Boot schaukelte in dem geschützten Hafenbecken sacht auf und ab, was ihn beruhigte.

Er war nur mit Shorts bekleidet und trug eine dunkle Sonnenbrille. Der nackte, braun gebrannte Oberkörper war lediglich durch die dichten, schwarzen Brusthaare vor der Sonneneinstrahlung geschützt. Kleine Schweißperlen kugelten bei jeder Bewegung an seinem Oberkörper seitlich herab; einige schafften den Weg bis auf das Frotteehandtuch.

Sein Blick ging hoch zur Spitze des Hauptmastes, auf dem er den sich langsam drehenden Windmesser beobachtete. Auch dieser Anblick beruhigte ihn weiter.

Trotzdem verspürte Miguel eine innere Unruhe. In diesen Minuten sollte sein bester Mann Mateo den Tijuanas beibringen, dass Boston nicht ihr Revier war. Falls etwas schiefgehen sollte, befürchtete er ungebetenen Besuch aus Juarez – sein Boss, der Patron, war nicht zimperlich, das wusste Miguel. Es hatte in den vergangenen Jahren immer wieder tote Kollegen gegeben – die waren nicht von der Polizei oder der Konkurrenz erwischt worden, sondern durch interne Säuberungsaktionen.

Wenn er nicht auf sein Handy oder die Mastspitze sah, blickte er hoch zu seiner Wohnung im zweiundzwanzigsten Stockwerk. Seinen eleganten Balkon konnte er von hier unten wunderbar beobachten. Vielleicht würden dort heute ungebetene Gäste auftauchen, dachte er sich. Diese Befürchtungen, nicht etwa das sonnige Wetter, waren sein Hauptgrund, hier auf dem Boot zu liegen.

Dann hatte er noch die Polizei im Sinn. Seit einigen Wochen waren Einsatzkräfte oft früher an Tatorten als gewohnt. Hörten Sie die Handys der Gruppe ab? Vorsorglich hatte Miguel sein Telefon oben in der Wohnung gelassen und schaute seit einiger Zeit permanent nervös auf ein ›frisches‹ Wegwerfhandy mit anonymer SIM-Karte.

Sein Patron hatte in der letzten Woche einmal erwähnt, dass die Behörden nun KI-gestützte Ermittlungen durchführen würden – gemeinsam mit einem Tech-Konzern aus Boston, also aus direkter Nachbarschaft. Er behauptete, gute Kontakte zu einigen polizeilichen Stellen zu haben, von denen er regelmäßig wertvolle Informationen bekam, die ihn allerdings auch große Summen an Geld kosteten. Der Patron erwähnte ihm gegenüber auch, er wolle sich in das Thema KI mal näher hineindenken. Miguel war die KI-Nummer zu hoch, davon verstand er nichts und konnte sich auch nicht vorstellen, was das mit seinem Job zu tun haben könnte.

Rings um sein Boot schaukelten zig weitere teure Jachten, die er aus dem Augenwinkel wahrnahm. Plötzlich klingelte das Telefon. Wieder der Chef, sein Patron. Miguel wurde flau im Magen.

Er nahm wie automatisiert eine sitzende Haltung ein und wäre fast zur Seite gekippt, als eine Welle sein Boot schaukeln ließ. »El Jefe, was gibts?« Schweiß rann ihm die Stirn hinunter und fing sich im dichten Bart.

»Miguel, hast du schon Neuigkeiten? Wie läuft die Tijuana-Vertreibung bei euch?« Seine Stimme war ruhig wie immer.

»Mateo ist dran. Nichts Negatives zu vermelden.« Sein Katamaran wackelte mittlerweile stärker und Miguel stützte sich mit der linken Hand an der Reling, in der Rechten hielt er krampfhaft das Handy. *Jetzt keine Nervosität zeigen, der Patron duldet keine Schwäche. Ruhig, Miguel ... ruhig*, dachte er.

»Meine Kontakte bei den Behörden reden wieder von FBI-Einsätzen – zusammen mit dieser KI-Firma ISF. Die arbeiten immer aggressiver und kennen anscheinend Hintergründe unserer Arbeit. Die KI sagt denen unsere Aktionen voraus, habe ich gehört. Vollkommen idiotisch, was heutzutage so alles machbar ist. Passt auf, da oben in Boston.«

»Danke für den Hinweis, Jefe.« Dabei hörte er schon das Freizeichen. Der Patron hatte seine leise, fast meditative Stimmlage beibehalten. Miguel konnte wie immer keine Gefühlsregung daraus ableiten. Ihn machte das nur noch nervöser.

Er legte auf und sah wieder hoch zum Masten, auf dem weiterhin das Windrädchen einsam seine unendlichen Runden drehte. In einer gleichbleibenden Geschwindigkeit rotierte es wieder und wieder um die eigene Achse – lautlos und unerschütterlich. Fast wäre er bei dem Anblick eingeschlafen – er spürte langsam ein schwindliges Gefühl in sich aufsteigen und registrierte unterschwellig, wie er in einen Trance ähnlichen Zustand fiel. *Bin ich schon eingeschlafen? Ich muss wach bleiben, schlafen ist jetzt zu gefährlich*, dachte er, wobei die Augen zufielen. Aus dem Augenwinkel nahm Miguel dann gerade noch rechtzeitig die Bewegungen auf seinem Balkon wahr – etwas regte sich dort. Plötzlich war er hellwach. Bis in die Fußspitzen angespannt lag er wie ein Brett auf dem Frotteetuch und sah mit weit aufgerissenen Augen nach oben. In dieser Schockstarre verharrte er einige in der Brust bollernde Herzschläge lang.

Trotzdem er ruhig und still in seiner Hängematte lag, wurde sein Puls schneller. Er spürte sein Herz immer stärker pochen. *So muss es sich anfühlen, wenn sich ein Infarkt anbahnt*, dachte er, stand vorsichtig auf und ging die wenigen möglichen Meter auf seinem kurzen Boot auf und ab, immer den Blick nach oben gerichtet. Er sah jetzt ganz deutlich zwei Männer an der Balkonbrüstung stehen, komplett in Schwarz. Es waren keine Kollegen, auch keine Tijuanas, denn er sah nun ihre dunklen Helme und

Schnellfeuerwaffen im Anschlag. Die weiße Aufschrift ›SWAT‹ auf ihren dunklen Westen konnte er trotz der Entfernung lesen.

Miguel versuchte, ruhig zu bleiben. Er ging weiterhin auf und ab und grübelte über die nächsten Schritte. Plötzlich zog er sich behände die neben ihm liegende Jeans und sein Shirt an. Danach verließ er seinen Katamaran und ging über die Kaimauer in Richtung Innenstadt. *Vielleicht suchen die Bullen auch den Hafen ab. Weg hier, aber schnell. Und keine Spuren hinterlassen.* Als er sich außer Sichtweite des Balkons wähnte, legte er einen Gang zu.

Bevor Miguel den Jachthafen verließ, warf er sein Handy noch unauffällig in das Hafenbecken.

9 Mateo

Im Woodhaven Park spurtete Mateo weiter in Richtung der kämpfenden Gruppe, die wie ein waberndes Knäuel aus Menschen pulsierte, sich zusammenzog, um dann einige Personen auszuspucken, die sofort wieder mit erhobenen Messern hineinsprangen. Einer der am Kampf beteiligten Männer lag jedoch zwei Meter entfernt regungslos in der Pfütze seines eigenen Blutes.

Mateo erkannte ihn und seine Gedanken überschlugen sich. Er erinnerte sich für einen kurzen Moment an die Drohung des Patrons, von der Miguel ihm berichtet hatte: Die in dem kurzen Bericht über die an einer Brücke in Juarez an den Beinen aufgehängten Kollegen verpackte Botschaft ›Deine letzte Chance ist gekommen, Mateo, vermassele sie nicht‹.

Dann aber fixierte seine Wahrnehmung sich nur noch darauf, seinen Leuten beizustehen und den Gegner zu eliminieren. Alles andere war ausgeblendet. Angstfrei, nur mit dem Ziel, sein Team und sich selbst zu retten, spurtete er auf das Kämpfer-Knäuel zu.

Den anrauschenden Hummer nahm er zwar wahr, aber um das Problem konnte er sich später noch kümmern, dachte er. Zunächst musste er seine Getreuen vor den Waffen der Tijuanas beschützen – jede Sekunde zählte.

Nachdem er bei einem der Gegner eine Pistole in der Hand gesehen hatte, zog er seinen rechten Zeigefinger stark an und hörte den ihm bekannten Knall seiner Waffe. Den Rückstoß fing er gekonnt ab, zu häufig hatte er von der Pistole Gebrauch gemacht. Er betätigte wieder und wieder den Abzug. Es folgte Knall auf Knall, ohrenbetäubend. Die ersten beiden Projektile schlugen in den Kopf und Brust eines Gegners ein, der sofort zu Boden auf seine Knie sank und nun in seinem Blut hockte. Dabei ließ er seinen Revolver in den roten, feuchten Dreck fallen. Als er nach vorn auf das Gesicht kippte und sich eine schnell wachsende Blutlache bildete, dachte Mateo, *jetzt nur noch fünf.*

Die weiteren Schüsse ließen zwei andere Gegner taumeln; einer fiel wie ein Bowlingkegel in ganzer Länge um, der andere humpelte wieder in Richtung Dickicht, aus dem er zuvor herausgekommen war.

Das Menschenknäuel hatte sich mittlerweile aufgetrennt, denn von den ursprünglich neun Kämpfern lagen sechs tot oder schwer verletzt am Boden, einer versuchte zurück in den sicheren Unterschlupf zu humpeln und die zwei übrigen blieben stehen, als sie den Hummer bemerkten und die Lautsprecherdurchsage ›Polizei, Waffen fallen lassen und auf den Boden‹ hörten. Sie wirkten wie ein schlecht gemachtes Kunstwerk, wie im Park deplatziert aufgestellte lebensgroße Skulpturen, die versteinert in Richtung des Hummers starrten.

Mateos Adrenalinausstoß beruhigte sich und ihm schossen wieder klare Gedanken in den Kopf. Die Aktion war vermasselt, das wusste er. Für den einzig lebend verbliebenen Mann aus seinem Team konnte er nichts mehr tun; der Kollege würde in wenigen Augenblicken ein Staatsgefangener sein und seine Aussage würde sich nicht gerade positiv auf den Drogenclan auswirken. Was er jetzt nur noch tun konnte, war an seine eigene Rettung zu denken.

Alles ging dann in schnellen Abfolgen vonstatten. Es kam Mateo vor, als wenn die Realität in einen Zeitraffer-Modus umgeschaltet hätte – als wenn die Findung von Entscheidungen nicht das Ergebnis von wohlüberlegten Abwägungen war, sondern instinktiv und ad hoc in seinem Hirn entstand. Als wenn Aktivitäten, wie der Sprung in das Dickicht, den er gleich vollführen wollte, nicht in Sekunden ablief, sondern wie bei einem Superhelden ohne einen Zeitverlust stattfand.

Er sah das SWAT-Team aus dem Wagen springen, alle mit einem Gewehr im Anschlag. Die drei verbliebenen Kämpfer schienen zu erkennen, dass sie keine Chance zur Flucht hatten und legten sich auf den Bauch.

Mateo war noch einen Meter vom rechten Rand des Parkweges entfernt, der mit einer Hecke gesäumt war; dahinter sah er die schutzbietenden, mannshohen Büsche und Bäume. Er wusste, dass er nur etwa zwanzig Meter durch den Grünstreifen zu überwinden hatte – die dann abgrenzende Mauer war vielleicht knapp zwei Meter hoch. *Das ist meine Chance. Meine einzige Chance. Ich muss jetzt schnell sein.*

Ohne jeglichen Zeitverlust drehte er nach rechts ab, sprang über die Hecke und spurtete zwischen zwei Sträuchern hindurch. Die Zweige peitschten ihm ins Gesicht. Auf einer Wange hinterließ ein fingerdicker, abgebrochener Ast eine blutende Wunde. Er dachte nun nicht mehr – er agierte automatisiert, ließ seiner Intuition freien Lauf. Wieder hörte er eine Polizeidurchsage, laut durch ein Megafon oder den Lautsprecher auf dem Hummer in den Park gebrüllt. Er konnte nichts Sinnvolles verstehen, zu sehr konzentrierte er sich darauf, den optimalen Weg zu finden, um im Spurt die Mauer zu erreichen.

Mateo hörte Schüsse, einzelne Kugeln zischten an ihm vorbei. Um schneller zu sein, ließ er seine Waffe fallen. Dann hörte er Salven, die aus einem Maschinengewehr abgefeuert wurden. *Es ist vorbei,* dachte er, *ich sterbe in meinem eigenen Park. In meinem Revier finde ich mein Ende.* Er rannte aber weiter, hielt die Hände vor sein Gesicht, machte Bewegungen, wie beim Brustschwimmen, um die Äste und mit grünen Blättern verzierten Zweige aus seinen Augen zu wischen. Er roch das frische Grün des Parks, roch seinen Schweiß, roch sein eigenes Blut. Aber er fühlte sich lebendig – noch.

Dann durchbrach er die nächste und letzte Schicht aus dicht verwachsenem Grün und sah dahinter die Mauer, die nur eine kurze Distanz entfernt war – die erlösende Mauer.

Es keimte Hoffnung im Innersten von Mateo auf. Seine Gedanken schalteten sich wieder ein. *Die Mauer. Die Rettung? Und dann? Ich schaffe das, ich überlebe!* Er überlegte, während er weiter Fuß vor Fuß setzte, wie er dem SWAT-Team entkommen konnte, wie ging es hinter der Mauer weiter, würden sie ihn auch außerhalb des Parks verfolgen, weitere Schüsse abgeben, riskieren, dass unschuldige Passanten gefährdet würden? Dann dachte er an das, was danach kommen könnte. Wie würde die Rache des eigenen Kartells aussehen?

Seine Gedanken wurden durch einen weiteren lauten Knall jäh unterbrochen. Wieder hörte Mateo ein unheilvolles Zischen direkt an seinem Ohr – wie der Sound in einem Surround Kino bewegte sich der fegende Schall in Millisekunden von hinten nach vorn und mündete in einem klatschenden Aufprall der Kugel in der Betonwand. Er erkannte eine kleine Mulde, die durch das

Geschoss in den Beton gefräst wurde und sah winzige Brocken zu allen Seiten verspritzen.

Jetzt schalteten seine Gedanken erneut ab und er rannte automatisiert um sein Leben – egal, was danach kommen sollte. Einzig der Trieb des Überlebens leitete ihn an.

Einen Meter vor der Mauer setzte er zu einem Sprung an und robbte mit dem Bauch auf die Oberkante der Abgrenzung. Er fixierte kurz seine Verfolger und sah zwei schwarze Flecken durch das Grün der Vegetation brechen. Sie waren aber noch einige Meter entfernt.

Mateo blickte sofort wieder in die andere Richtung – dorthin, wo die Freiheit oder aber ein noch schlimmeres Ende auf ihn wartete. Er rollte sich über die Mauer, sprang auf die Straße und richtete sich aus der Hocke in den Stand auf. Er lief in eine schmale angrenzende Sackgasse, die von einfachen Einfamilienhäusern mit kleinen Vorgärten gesäumt war. Es schien ihm die einzige Möglichkeit zu sein, die sich bot. Er rannte einfach nur. Hauptsache, die SWAT-Bastarde kamen nicht näher heran. Er dachte weiterhin nicht bewusst, er setzte automatisiert Fuß vor Fuß. Die Rufe ›Polizei, bleiben Sie stehen‹, klangen nun leiser, er ignorierte sie. Er lief einfach nur – so schnell und so weit er konnte.

Als er an das Ende der Straße angelangt war, blickte er sich kurz um. Er hatte inzwischen nur noch einen Verfolger, der zudem durch die schwere Kleidung weit zurückgefallen war. Schüsse hatte er nicht mehr wahrgenommen, seit er in das Wohnviertel eingebogen war.

Mateo rannte auf das Grundstück am Ende der Straße, lief über einen ungepflegten, mit Kinderspielzeug übersäten Rasen und um das dürftige Holzhaus herum, dessen blasse Schindeln schon lange abgeblätterten Lack auf den Boden hatten rieseln lassen. Er kletterte über einen halb verrotteten Bretterzaun in das dahinter

10 Bickel

CERN Institut, Europa, April 2307

Professor Doktor Max Bickel schaute in die Runde. Hier im Institut fühlte er sich wohl; es war sein Leben. Sechs seiner besten und treuesten Ingenieure saßen mit ihm zusammen am fünfeckigen Tisch aus pechschwarzem Carbon. Jeder hatte eine gläserne Teetasse mit hell gelblichem Inhalt vor sich stehen, die sich perfekt vom dunklen Untergrund abhoben. Im Inneren der durchsichtigen Trinkgefäße stiegen feine Perlen auf und ließen auf der Oberfläche einen kaum wahrnehmbaren Nebel wabern. Sonst stand nichts darauf, der Tisch war so leer wie auch der Rest des Raumes. Keine weiteren Möbel, keine Pflanzen, keine Standleuchten oder Monitore – nur eine unscheinbare Tür und ein Fenster waren zu sehen.

Mit seinen grau melierten Haaren und dem annähernd weißen Dreitagebart wirkte Bickel wie ehemals George Clooney, nur dass er einen halben Kopf größer und noch schlanker war als der frühere Schauspieler. Die Wangen waren eingefallen, die Augen mit dunklen Ringen untersetzt – die Überarbeitung war ihm anzusehen. Er strich sich einmal das Haar aus der Stirn, schaute dann auf sein am linken Handgelenk angebrachtes Smartband und ließ mit einer Wischgeste ein Hologramm in der Mitte des Tisches erscheinen. Es schwebte eine Handbreite über der Oberfläche. Die neue Transmitter-Generation der Firma ›HoloForce‹ stellte Gegenstände nicht wie früher als pixelige, durchsichtige Artefakte dar, neuerdings sahen sie aus wie reale, schwebende Gegenstände. Bickels Miene zeigte beim Anblick des Hologramms Bewunderung. *Dieser kleine Kristall*, dachte er, *so klein, dass man ihn in der Hosentasche verschwinden lassen könnte. Und so ein gewaltiges Potenzial für meine*

Forschungen hat er. Wird dieses Artefakt aus einer vergangenen Zeit die Welt verändern, die gesamte Realität verändern?

Jetzt pendelte ein etwa zigarettenschachtelgroßer, annähernd transparenter, rechteckig geschliffener Kristall mit leichten Kippbewegungen in der Mitte des Tisches und zog die Blicke aller sieben Personen im Raum auf sich. Er hatte eine ganz leichte bläuliche Färbung und wirkte fast wie ein sauber aus einem Gletscher heraus gesägter Eisblock. Die Tatsache, dass es sich um einen durchsichtigen Gegenstand handelte, bedeutete, dass sich die Personen auf unterschiedlichen Tischseiten leicht verzerrt durch das Artefakt hindurch erkennen konnten, was bei Bickel einen surrealen Eindruck hinterließ, wenn er die Kollegen auf der gegenüberliegenden Tischseite betrachtete. Im Inneren des Kristalls waren tausende feiner, regelmäßiger Strukturen, ähnlich Leiterbahnen, zu erkennen, die an der Unterseite gebündelt an einem Punkt mündeten.

Die Mitglieder der Gruppe waren kaum zu unterscheiden. Alle trugen braune Ganzkörperanzüge, identische, helle Schuhe, ähnlich Sneakern und eine weiße Haube, die bei jedem der Anwesenden ihre Haare komplett unter sich begrub. Bickel konnte sie nur anhand der Größe, der Statur und dem, was von den Gesichtern unter den Kappen hervorschaute, zuordnen.

Es herrschte Stille. Bickel harrte noch einen Moment aus. Alle starrten weiterhin gebannt auf den Kristall. Dann wandte er sich an die Kollegen.

»Meine Damen und Herren, dies ist er, der damalige Prototyp aus den alten Zeiten der Speichertechnologie – die Technologie, die wir heute allerdings immer noch einsetzen und sogar präferieren. Über zweihundertachtzig Jahre ist er alt. Ja, in die Jahre gekommen, aus einem längst vergangenen Jahrhundert, aber noch lange kein verrottetes, unnützes Relikt. Er ist immer noch voll funktionsfähig. Heute sind Speicherdichte und Verarbeitungsgeschwindigkeit deutlich erhöht, aber im Jahre 2024 war dies ein Durchbruch. Pioniere waren der Konzern ISF und die Visionäre Waters und Halberstadt. Aber das ist für Sie sicher nicht neu.«

Er legte jetzt eine bewusst gewählte Pause ein. Die Gruppe klatschte einige wenige Male sacht, tuschelte leise und verstummte einige Sekunden später wieder.

Wir sind kurz vor dem Durchbruch, er konnte seine Gedanken nicht stoppen, permanent schossen ihm die Ideen, die er bereits hunderte Male geistig durchgespielt hatte, in den Kopf. *Wir müssen diese bahnbrechende Technologie weitertreiben, egal, was es kostet und welche Gefahren es birgt. Sonst kommen uns andere Staaten zuvor, dann wird es vermutlich erst richtig bedrohlich.*

Bickel nickte seinem Publikum zu, stand dann von seinem Platz auf und schritt zum Fenster – das Einzige im Raum. Es setzte auf Brusthöhe an, war nur einen Meter hoch, aber es erstreckte sich über die komplette Länge des zehn Schritte breiten Raumes. Es bot ein ausgedehntes Panorama auf die Bergwelt der Alpen und auf Teile des Genfer Sees.

Er wandelte vor dem Fenster auf und ab, starrte hinaus und sah dann wieder zu seinen Zuhörern. »Schauen Sie nur …«, Bickel fixierte der Reihe nach jeden einzelnen von ihnen, schaute jedem Anwesenden reihum mit festem Blick in die Augen und strich mit einer langsamen Handbewegung über den Horizont, »sehen Sie die wunderschönen Berge im Hintergrund, immer noch fantastisch der Blick auf unsere Heimat. Aber vor mehr als zweihundert Jahren hätten wir noch Schnee auf einigen Gipfeln gesehen. Und der Wasserstand des Genfer Sees wäre um einiges höher gewesen als es diese Pfütze in der heutigen Zeit zu bieten hat. Kein Schnee – kein Schmelzwasser. Trockenheit – immer geringer werdende Pegelstände. Übermäßige Hitze – absterbende Vegetation.«

Und wieder legte Bickel eine Sprechpause ein. Seine Stimme klang brüchig. »Grün ... saftig grün wäre es ringsherum gewesen, wenn wir vor Jahren dorthin geblickt hätten – nicht braun und kahl, so wie sich uns die Landschaft seit Jahrzehnten präsentiert. Früher hätten wir auf eine artenreiche, gesunde Natur mit vielfältiger Vegetation und einer immensen Tierwelt geblickt – heute tritt uns nur braunes Ödland vor die Augen – lediglich einige wenige Arten konnten sich anpassen und überleben. Keine Almen, Weiden, Wiesen, Felder. Keine Kühe, Ziegen, Hirsche und Füchse – nur ausgedörrte Erde, auf der ein paar Salamander und Insekten krauchen. Traurig!«

Bickel wendete seinen Blick vom Fenster ab und ließ den Kopf besorgt hängen. Er redete weiter. »Das Schlimme ist, die Entwicklung ist schon lange nicht mehr aufzuhalten. Unsere Vorfahren ... sie haben es gewusst«, sagte er mit leiser Stimme, erhob erneut den Kopf und blickte jedem einzelnen wieder nickend in die Augen. »Sie haben es gewusst, aber sie haben es verdrängt. Es war bequemer, es zu verdrängen ... es zu ignorieren. Würden wir heute anders handeln? Ich weiß es nicht. Die Welt hat damals bereits die Klimakatastrophe kommen sehen, als es noch nicht zu spät für einen Richtungswechsel war – aber alle haben es ignoriert.«

Bickel legte die nächste Pause ein und setzte sich wieder auf seinen Stuhl. Er blickte erneut selbstbewusst in die Runde, von Gesicht zu Gesicht, musterte zum wiederholten Mal jeden von seinen Ingenieuren. Der Kristall waberte immer noch in leichten Pendelbewegungen zwischen den Köpfen der Gruppe. Es war still. Niemand regte sich. Nicht einmal von der Klimaanlage, die die über siebenunddreißig Grad heiße

Außenluft auf exakt einundzwanzig Grad herunterkühlte, waren Geräusche zu vernehmen.

»Wir haben seit dem erfolgreichen Test im Teilchenbeschleuniger und der damit einhergehenden Erzeugung eines temporären schwarzen Mikrolochs die Chance, die Zeit zu überwinden. Seit fast einem Jahr könnten wir das. Nicht für komplexe organische Materie – nein ... aber für kleinste Einheiten – für die Zustände von Photonen, also letztlich für Daten. Ich möchte mit Ihnen, mit diesem innovativen Team, mit den klügsten Köpfen der Union diskutieren, ob wir das Risiko eingehen. Darum habe ich eingeladen. Ich will solch einen bedeutenden Schritt nicht allein entscheiden ... ich möchte einen Teamentscheid. Sie sind alle involviert. Bilden Sie sich eine Meinung – ein Team, eine Meinung.«

Im Publikum machte sich nun lauteres Raunen breit. Einige der Anwesenden beugten sich zu einem der Nachbarn hin und flüsterten in kaum vernehmbaren Tönen, bis jemand der Anwesenden die Initiative ergriff.

»Bisher hat niemand in die kausalen Zusammenhänge eingegriffen, Dr. Bickel. Was wird dadurch bewirkt? Ändern wir auch unsere Gegenwart? Ändern wir unsere Existenz?« Eine Kollegin gegenüber von Bickel beugte sich schräg nach links am Hologramm des Kristalls vorbei, um freie Sicht auf ihn zu bekommen und schaute ihn fragend an.

Bickel zuckte mit den Schultern und hob die nach oben zeigenden geöffneten Handflächen. »Ich bin nicht schlauer als alle anderen hier, bestimmt nicht ...«, antwortete er, »wir werden sehen. Wir wissen es nicht. Es gibt keine validen Theorien.«

Es kam der nächste Hinweis aus der Runde: »Wir haben keine Aufzeichnungen, dass in der Vergangenheit eine Anomalie erkannt wurde. Das heißt doch, wir sind nicht aktiv geworden, oder was meinen Sie?«

Die zuerst gesprochene Dame schaltete sich erneut ein und hatte nun einen lauten, bestimmenden Ton: »Genau diese Tatsache, dass keine Aufzeichnungen über Zeitanomalien bekannt sind, spricht doch für eine Änderung des gesamten historischen Ablaufes, für ... für eine Änderung der Zeitlinie, der Neugestaltung unserer Realität, in der wir uns befinden – jedenfalls falls wir aktiv werden. Oder es bedeutet, wir sind nicht aktiv geworden.« Nach kurzem Innehalten, ganz leise, mit gesenktem, schüttelndem Kopf: »Ich weiß auch nicht – vollkommen unklar, was passiert. Ich verstehe das nicht.«

Nun war wieder Unruhe im Tisch zu hören. Bickel blickte in einige schmunzelnde Gesichter und antwortete mit extrem hochgezogenen Augenbrauen und auf und ab nickendem Kopf: »Ja, liebe Kollegen, so geht es mir ebenfalls. Solch ein Gedanke führt zu Knoten im Hirn.«

Wieder stand er auf und schritt hinter seinem Stuhl auf und ab. Er hatte die Arme hinter dem Rücken verschränkt. Dann blieb er stehen, legte seine beiden Hände auf die Rückenlehne seines Stuhls und schaute wieder in die Runde zu seinen Zuhörern. »Wir wissen, dass wir die Strukturen im Kristall ändern können – den Zustand einzelner Photonen können wir kippen; das ist lange bekannte Speichertechnologie. Diese minimalen strukturellen Änderungen, also übersetzt in die Sprache der IT – die Änderung einzelner Bits – können wir vermutlich unter Zuhilfenahme des ›Micro Black Hole‹ bis an den Ursprung des Kristalls durch die Zeit transferieren.«

Bickel nickte mehrmals nachdenklich, mit in die unendliche Ferne schweifendem Blick und fuhr fort. »Ja ... wir können voraussichtlich Daten in die Vergangenheit senden.« Bei seinem letzten Satz glitzerten seine Augen und ein feuchter Film bildete sich darauf. Er wandte seinen Blick rasch von der Gruppe ab und hin zum Fenster.

»Wollen wir eine Videobotschaft senden? Können wir ein bestimmtes Jahr avisieren?« Wieder kam eine Frage aus dem Publikum.

Der Sitznachbar links neben Bickel, hob die Hand. Als Bickel ihm zunickte, ergriff er das Wort: »Das ist mein Spezialgebiet, liebe Kollegen. Die Antwort ist Nein – und Nein. Jeder Transfer einer Bitänderung durch die Zeit kostet eine Menge Energie. Wir können uns zunächst nur auf kurze, simple Textnachrichten beschränken, andernfalls würden wir ein zusätzliches eigenes Kraftwerk benötigen.« Er grinste bei dem Gedanken, und antwortete weiter: »Wenn wir die Zustände von Photonen, also letztlich Bits, ändern und über ein Micro Black Hole, ›MBH‹ oder Wurmloch nennen wir es auch, schicken, dann wird die Datenmanipulation bis in den zeitlichen Ursprung des Kristalls vollzogen, unweigerlich.«

Bickel räusperte sich. Ihm ging die Erklärung nicht weit genug. Er erläuterte für die Anwesenden das Vorgehen noch einmal mit seinen Worten: »Wenn wir die Daten rückwirkend durch die Zeit ändern, bedeutet das konkret, dass unsere in den Kristall projizierte Botschaft genau dann erkannt werden müsste, wenn die kristalline Speichertechnologie erfunden wird und die Kollegen in der Vergangenheit zum ersten Mal in der Lage sein werden, die Daten aus genau diesem Kristall-Prototyp auszulesen – im August 2024 wird dies nach den Überlieferungen stattfinden.«

Als keine weiteren Wortmeldungen zu hören waren, sagte er: »Kurze Pause für uns alle. Holen Sie sich noch eine Tasse Tee und bilden Sie sich bitte eine Meinung. Es geht darum, ob Sie das Vorgehen unterstützen und dessen Durchführung bejahen würden. Erst wenn hier eine Mehrheit erzielt wird, legen wir das Anliegen später dem Weltrat T5 vor – dort liegt dann die letzte Entscheidung und die Vergabe der finanziellen Mittel. Die interne

Abstimmung ist mir wichtig und folgt gleich. Wir treffen uns in zehn Minuten wieder.«

Bickel setze sich auf seinen Stuhl, den Kopf stützte er mit beiden Handflächen ab. Nachdenklich starrte er auf das Hologramm des Kristalls – des Speichermediums aus der Vorzeit. Er blickte dabei hindurch auf den leeren Stuhl auf der gegenüberliegenden Seite des Tisches. Sein Blick wurde betrübt. *Wenn wir das Projekt starten sollten, dann müssen wir den echten Kristall hierher schaffen. Hoffentlich ist er immer noch im HNF, im weltgrößten Computermuseum in Paderborn, und hoffentlich wird er uns von der Einrichtung zur Verfügung gestellt.*

KAPITEL 2 – LAB ALPHA

Boston, Massachusetts, Montagmorgen, 12. August 2024

1 Joscha

Mithilfe seiner Iris öffnete Ramesh die Tür zu Lab ›Alpha‹. Joscha trat hinter ihm ein, sondierte die Umgebung und sah einen Raum, der kleiner war, als er erwartet hatte. Auf etwa sechs mal sechs Metern waren an allen Seiten große Monitore angebracht, die anscheinend diverse Echtzeitdaten präsentierten. Ihre Oberkanten stießen fast an die Decke und sie waren ein wenig nach vorn geneigt, sodass die Betrachter annähernd im rechten Winkel darauf sahen. Joscha erkannte Graphen, Tabellen, durchlaufende Texte – ein Gewusel von Informationen; jeder der etwa zehn Bildschirme zeigte etwas anderes.

Er ging hinter Ramesh her in Richtung Raummitte. Dort stand ein schlichter, moderner Schreibtisch aus gebleichtem Holz, an dem vier Personen saßen, die ihn ausgiebig musterten. Alle hatten einen Laptop und einen überdimensionierten Widescreen-Monitor vor sich. *Mindestens vierzig Zoll. Top Ausstattung*, dachte Joscha. Des Weiteren war der Tisch mit losen, beschriebenen Zetteln, halbvollen Kaffeebechern und Verpackungsmüll von Süßigkeiten komplett belegt. Reese's und Snickers schienen hier besonders beliebt zu sein. *In diesem Raum sieht es wie in einem typischen IT-Büro aus. Schön zu sehen, dass meine Leute nicht die Einzigen sind, die nicht die Ordentlichsten sind.*

Als Ramesh die Tür geöffnet hatte, war noch rege Unterhaltung aus dem Raum zu hören; nun war Stille und Joscha zog alle Blicke auf sich.

Bevor er sich vorstellen konnte, übernahm Ramesh die Initiative: »Kollegen, das ist Joscha Halberstadt. Leiter IT an unserem Standort in Berlin, er führt dort ein Team mit vierzig Mitarbeitern. Er ist hier, um von uns Einblicke in unsere Aktivitäten zu bekommen und Joscha wird Aufgaben mit nach Berlin in sein Team übernehmen.«

Einer der Vier stand auf und reichte Joscha die Hand: »Herzlich willkommen im Lab Alpha. Hilfe können wir gut gebrauchen, hier gibt es eine Menge zu tun.« Er lächelte Joscha freundlich an und setzte sich wieder, ohne seinen Namen zu nennen.

Wo ist in der IT nicht viel zu tun, dachte Joscha, während er ein »Hallo zusammen! Schön, hier zu sein« in die Runde warf.

»Die beiden Kollegen links sind Software-Engineers aus unserem Unternehmen, beide bei mir im Team«, sagte Ramesh.

Joscha nickte beiden zu und nahm Merkmale wahr, die er auch von einigen wenigen Mitarbeitern aus seinem Team kannte. Einer hatte schulterlange Haare und einen gut sichtbaren Bauchansatz. Er beschäftigte sich umgehend wieder mit seiner Tastatur, ohne Joscha anzusehen. Der andere, der ihn angesprochen und die Hand gereicht hatte, trug eine Brille mit dicken Gläsern und berührte mit seiner Nase beim Tippen fast die Tasten. *Das Brillengestell sieht so ähnlich aus wie das von meinem Opa*, dachte Joscha und konnte sich nur mühsam ein Grinsen verkneifen.

Ramesh wandte sich jetzt den anderen beiden Personen zu. »Auf der rechten Seite sind Mitarbeiter vom FBI – Schnittstelle zur Front, quasi. Ich erläutere dir gleich das Tätigkeitsumfeld.«

Die beiden FBI-ler standen nun auf und gaben Joscha freundlich, aber wortlos die Hand. *Es könnten Brüder sein, aus Texas, wahrscheinlich.* Joscha sah hinter ihnen auf einer Ablage zwei Hüte wie von Texas Rangern. Beide hatten eine stabile Statur und überragten Joscha um einen halben Kopf. Sie waren im Gegensatz zu den internen Kollegen, die leger in Jeans, T-Shirt und Hoodie am Tisch saßen, mit einem dunklen Anzug gekleidet.

Einer der beiden durchbrach das Schweigen und sprach tatsächlich mit typischem texanischem Akzent: »Wir sind beide von der Dienststelle Austin und unterstützen das gemeinsame Programm ›AI-DrugForce‹ – Kooperation ISF und FBI. Bisher sieht alles mehr als vielversprechend aus – so gut, dass unser Budget im letzten Monat deutlich aufgestockt wurde.«

Um nicht zu unterbrechen, wartete Ramesh auf eine kleine Sprechpause und gab weitere Erläuterungen: »Die Basis der Tätigkeiten dieses Teams bildet RIPE, unsere KI, an der ihr auch in Berlin arbeitet. Wir haben hier in unserer Boston-Variante allerdings eine interessante Erweiterung in Place: Neben den umfangreichen statischen Trainingsdaten, die etwa ein Jahr alt sind, wie du weißt, trainieren wir RIPE in diesem Umfeld zusätzlich ›on the fly‹, also konstant mit aktuellen Daten aus Social-Media-Apps und von Informationen der Telekommunikations-Provider. Jack hatte das ja bereits erwähnt. Wir haben Schnittstellen zu sechs großen IT- und Telekommunikations-Unternehmen, die uns die Daten per Schnittstelle zur Verfügung stellen. Nutzer ist das FBI, die Kollegen haben die Rechte an den Daten. Wir sind für die Technik und die den Datenschutz berücksichtigende Speicherung verantwortlich.« Als er ausgeredet hatte, blickte Ramesh wieder den FBI-ler an und übergab ihm das Wort.

»Seitens FBI haben wir in Verdachtsfällen schon seit Jahren Zugriff auf solch sensible Informationen. GPSbasierte Standorte von Handys und seit kurzem zusätzlich noch Gespräche und Textnachrichten aus diversen Apps, alles wird korreliert. Die Verknüpfung mit einer KI ist das nächste Level, das wir hier gerade gemeinsam erklimmen. Fantastische Möglichkeiten bieten sich dabei«, der FBIler sah Joscha mit verklärten Augen an und gestikulierte dabei wild mit seinen Armen.

Joscha hatte in Berlin noch nichts von diesen Aktivitäten gehört; das war ihm neu. Er liebte die neuen technischen Möglichkeiten und hatte in den vergangenen Monaten selbst viele innovative Ideen entwickelt, dachte jetzt aber auch an Themen wie Datenschutz, Unvollständigkeit von Datenreihen und Fehlbarkeit von KI-Systemen. Zu oft bekam er von KI-Instanzen der Konkurrenz und auch vom eigenen RIPE System merkwürdige Antworten, die nicht immer valide waren. *Sollte man sich im Bereich Strafverfolgung darauf verlassen? Sind die Systeme schon so weit? Das macht mir Sorgen, sich in einem so frühen Stadium auf ein komplett neues System zu verlassen. In Amerika ist man da anscheinend etwas experimentierfreudiger.*

Er hakte nach: »Wie ist der Datenschutz geregelt? Holen wir die Daten nur von den ›Verdachtsfällen‹ ab?«

»Wir haben eine generelle Erlaubnis, alle Daten anonymisiert zu speichern. Also keine Namen und keine Adressen – die IP-Adresse eines Endgerätes wie zum Beispiel einem Handy oder einem Computer kürzen wir um die letzte Stelle, so kann man immer noch auf ein geolokal kleines Gebiet einschränken. In Verdachtsfällen gehen wir einen Schritt weiter – dann dürfen wir alles inklusive persönlicher Daten speichern; das klären wir jeweils hier im Team.«

Einer der internen Entwickler meldete sich nun. »Die Schnittstellen geben alles her, wir brauchen in der Software nur einen Schalter umzulegen und bekommen alle Daten inklusive Namen, IP-Adresse und GPS-

Position der Handys in Klartext. Da fallen etliche Terrabyte pro Tag an. Aber wir haben das bestens im Griff.«

Joscha war nach der Aussage noch mulmiger zumute; ihm kamen etliche Fragen in den Sinn. »Spannend. Wie schnell seid ihr, wenn ein Verdachtsfall vorliegt, sind dann nicht schon die relevanten Daten anonymisiert im System und nahezu wertlos? Könnt ihr die mit aktuellen Daten verbinden?«

»Das ist tatsächlich fehleranfällig, da arbeiten wir noch an Algorithmen, um eine bessere Qualität zu bekommen. Aber schauen wir uns doch gemeinsam ein Beispiel von gestern an.« Ramesh übernahm wieder und ließ seinen Mitarbeitern keine Chance zur Antwort. Joscha bemerkte aber, wie einer der beiden Entwickler jetzt noch intensiver auf seine Tastatur schaute und mit den Füßen hampelte. Ob der Datenschutz hier im Lab wirklich so ernst genommen wird, überlegte er und hörte sich die Ausführungen von Ramesh weiter an.

»Zu meinem Beispiel: Oberste Priorität des FBI haben zurzeit die Drogenbanden. Hier eskaliert gerade ein Krieg zwischen zwei Kartellen, die sich das Bostoner Revier streitig machen – das Juarez und das Tijuana Kartell. Das FBI benutzt die Situation, um ein für alle Mal aufzuräumen. Erst gestern haben wir Gespräche und Textnachrichten abgefangen, die wir genau den uns bekannten Drogenbossen zuordnen können. Die KI hilft da ungemein: Sie analysiert die Daten und verknüpft sie sinnvoll; wir bekommen dann von unserem System in Echtzeit ein mögliches Vorgehen vorgeschlagen. Hier einige Textnachrichten. Schau auf den Bildschirm.«

Ramesh nickte seinem Mitarbeiter mit den zu einem Zopf gebunden langen Haaren und dem kugeligen Bauchansatz zu, der daraufhin kräftig die Tasten malträtierte. Kurz darauf zeigte er mit der Hand auf einen der riesigen Monitore und Joscha erkannte, dass diverse Daten präsentiert wurden.

Auf dem Bildschirm las er:

* (Telefon) Was machen die Geschäfte an der Ostküste? Hast du Boston im Griff? – (Jorge Blanco, Juarez Gruppe, Sonntag 12:05)

* (Telefon) Bestens. Wir machen zwölf Prozent mehr Umsatz in den letzten drei Monaten. – (Miguel Rodríguez, Juarez Gruppe, Sonntag 12:05)

* (Telefon) Wie viele Männer hast du in der Zeit verloren? Drei, vier? Und welchen Anteil nehmen uns die Tijuana Bastarde von Tag zu Tag mehr ab? – (Jorge Blanco, Juarez Gruppe, Sonntag 12:05)

* (Telefon) Zeig den Bullen, was sie zu lassen haben. Und der Konkurrenz erst recht. Ich will Ergebnisse. Wir wollen von Boston nach Europa expandieren, das Thema kennst du. Ich schicke dir noch heute Abend Verstärkung. – (Jorge Blanco, Juarez Gruppe, Sonntag 12:06)

* (Text) Besetzt den Woodhaven Park ab jetzt wieder, mindestens zwei Leute, besser mehr, ganztägig – (Marc Garcia, Tijuana Gruppe, Sonntag 12:10)

* (Text) Nimm die Tijuana Jungs in Mattapan ins Visier. Rache für Angel und Bird. Ich will das Geschäft in der Gegend zurück – (Miguel Rodríguez, Juarez Gruppe, Sonntag 12:21)

* (Text) Geht klar. Ich nehme drei Leute mit. Im Woodhaven Park fange ich an – (Mateo Hernandez, Juarez Gruppe, Sonntag 12:21)

* (Text) Warte bis morgen früh. Wir bekommen Verstärkung aus der Heimat – (Miguel Rodríguez, Juarez Gruppe, Sonntag 12:25)

»Das, was du gerade auf dem Monitor zu sehen bekommst, sind die korrelierten Daten aus Telefongesprächen und Chat-Nachrichten. Sinnvoll und gut auswertbar aufbereitet durch unsere KI. Man erkennt wunderbar, wer was gesagt oder geschrieben hat – die kompletten Abläufe vom Austausch der Parteien. Und die KI gibt Analysen und mögliche Handlungsanweisungen. Sieh nur.« Ramesh zeigte wieder an die Wand, allerdings auf einen anderen Monitor, über dem auf einem gedruckten Schild die Aufschrift ›RIPE-Analyse‹ zu lesen war. Auf dem Monitor wurden nun weitere Informationen dargestellt.

* (RIPE – Analyse) Bandenkrieg Tijuana Kartell – Juarez Kartell, bisher sieben Tote in zehn Tagen. Nächste Eskalationsstufe: Montagmorgen im Woodhaven Park. Voraussichtlich sechs Personen, bewaffnet mit Messern und Pistolen. – Wahrscheinlichkeit 87 %

* (RIPE – Handlungsempfehlung I): Zugriff Montagmorgen 10:00 Uhr im Woodhaven Park, Verhaftung Dealer Gruppe mit kleinem fünf-Mann-SWAT-Team.

* (RIPE – Handlungsempfehlung II): Zugriff Montagmorgen 10:00 Uhr im Yachthafenviertel, Haus A, Stock 22, Miguel Rodríguez, bewaffnet, aber allein, Verhaftung mit kleinem Zwei-Mann-Team.

Der FBI-ler hob kurz die Hand und sah Joscha an. »Wir haben das System in den vergangenen Wochen so optimiert, dass mit den Ergebnissen ausgezeichnet gearbeitet werden kann. Eine Handvoll Einsätze haben wir auf diese Art und Weise bisher koordiniert. Die Entscheidung liegt natürlich zurzeit immer noch bei uns.« Dabei tippte er sich mit beiden Handflächen auf die Brust. »Bald kann die KI aber ohne unser Dazutun agieren und unter anderem schnell und direkt die SWAT-Teams befehligen, da bin ich mir sicher. Mit solch einem nächsten Schritt sparen wir uns Zeit und Manpower. Übrigens läuft der zu den gezeigten Daten gehörende Einsatz gerade. Im Laufe des Tages bekommen wir ein Feedback über den Erfolg. Das wird spannend. Wir halten Sie auf dem Laufenden, Herr Halberstadt.«

Joscha war noch immer nachdenklich. Er blickte auf den Monitor und las noch einmal die Handlungsempfehlung des RIPE-Systems. Das Beispiel war beeindruckend, aber solch ein Vorgehen barg größere Risiken, ganz zu schweigen von dem Thema Datenschutz. Er vermutete, dass die beiden FBI-ler das beschriebene Vorgehen exakt so in die Wege geleitet hatten, wie von dem RIPE-System vorgeschlagen. *Später können KI-Systeme bestimmt super unterstützen, aber zurzeit ist die Gefahr von Falschinterpretationen von Daten noch ziemlich hoch. Wird interessant, wie die Aktion hier weitergeht.* Mit diesen Gedanken schaute Joscha noch einmal auf den Monitor, der allerdings keine Neuigkeiten mehr preisgab und wandte sich dann in Richtung Ramesh. »Beeindruckend. Ich bin gespannt auf die Ergebnisse.«

Ramesh nickte und zeigte in Richtung Tür. »Das war Lab Alpha, Joscha. Wir bekommen heute sicher erste Informationen zum Fortgang der Operation des FBI. Lass uns erst einmal eine kleine Pause einlegen. Ich habe einen Besprechungsraum reserviert.« Dann ging er voran, verließ das Labor und machte sich in Richtung des gebuchten Raumes auf.

2 Mateo

Hecheln, Luftnot, Schweiß, Angst. Mateo war außer Atem und vollkommen durchgeschwitzt. Die Flucht vor dem SWAT-Team aus dem Woodhaven Park hatte ihn körperlich an seine Grenzen gebracht. Er ging nun durch die belebte Fußgängerzone und versuchte trotz seiner innerlichen Anspannung langsam zu schlendern und unauffällig zu wirken. Sein Herz pochte immer noch so stark, als ob es ihm aus dem Hals springen und entrinnen wollte. Er schnaufte schnell und abgehackt und versuchte das aber durch konzentriertes, langsames und tiefes Einatmen zu kompensieren, was die Situation fast verschlimmerte. Er fing kurz an zu hyperventilieren, bekam die Situation aber in den Griff, ohne von Passanten bemerkt zu werden.

Dann spazierte Mateo weiter zu einem im Schatten gelegenen Schaufenster einer Bäckerei und schaute sein Spiegelbild an. Es war durch die über ihm hängende Markise dunkel genug, um zwischen den schön arrangierten Kuchenstückchen, Pralinen und diversen Broten in der Auslage sein Gesicht als Spiegelbild in der Scheibe zu erkennen, wenn er seine Augen entsprechend fokussierte. Die Haare waren nass, was durch die geringe Länge kaum auffiel. Er dachte, es könnte für Beobachter auch nach einer intensiv gegelten Frisur aussehen und strich die pechschwarzen Haare glatt nach hinten.

Durch den Slalom vorbei an den Ästen, Zweigen, Sträuchern und Bäumen hatte er kleinere Verletzungen am Hals und der linken Wange. Nichts Besorgniserregendes für Mateo; er wischte kleine

Blutstropfen mit dem Handrücken von den Wunden. Das vormals weiße T-Shirt hatte einige grüne Flecken und war durch den Schweiß unter den Achseln und am Brustbein dunkler als an den Seiten. Trotzdem war er nicht unzufrieden mit seiner Situation und ging nun langsam weiter.

Ihm schien es an der Zeit für weitere Planungen zu sein und er griff an seine rechte hintere Hosentasche, um sein Handy zu fassen und mit Miguel Kontakt aufzunehmen. Sein Einsatzleiter im Kartell sollte genügend Ideen für eine Lösung haben, dachte er. Der Atem hatte sich durch die Ruhepause inzwischen fast normalisiert. Das änderte sich schlagartig wieder und die Atmung wandelte sich zu einem hektischen, flachen Hauchen. Er fasste ins Leere. Ihm wurde kurz schwarz vor Augen, was sollte er ohne sein Handy, ohne Möglichkeit der Kommunikation jetzt machen? Er konnte nicht in seine Wohnung zurück, zu groß war die Gefahr, dass er dort bereits erwartet werden würde.

So trottete er planlos weiter durch die Straßen Bostons, mit immer stärker ansteigendem Angstpegel. Er schaute verstohlen in die entgegenkommenden Gesichter und hoffte nicht aufzufallen.

Plötzlich fasste eine Hand von hinten auf Mateos linke Schulter. Ihm wurde erneut schwarz vor Augen, doch gedanklich konnte er noch seine Optionen durchgehen: Spurt ansetzen; Umdrehen und mit der rechten Faust hart zuschlagen; einfach umfallen und liegen bleiben? Die letzte Option hätte er am liebsten gezogen, so sehr war er an seinen Grenzen angelangt. Dann hörte er aber die vertraute Stimme.

»Mateo, warum bist du nicht im Park?« Jemand zerrte jetzt leicht an seiner Schulter und drehte ihn zu sich. »Die Aktion soll doch gerade stattfinden. War die Tijuana-Brut nicht dort? Haben die sich aus Angst verpisst?«

Mateo blickte sich um und sah in eine schwarze Sonnenbrille. »Miguel, bin ich froh«, er umarmte ihn kurz und er spürte, wie sein nasses Shirt am Körper klebte. Er redete hechelnd ohne Pause weiter: »Die Bullen haben uns hochgenommen, nur einer von uns und ich haben überlebt. Die anderen … die Tijuana-Leute, waren zu sechst oder siebt, die haben wahrscheinlich vier Leute verloren. Ein Erfolg für uns … fast.« Dabei sah er Miguel nahezu flehend an. *Hoffentlich reicht es, dass unsere Gegner auch dran glauben mussten. Hoffentlich reicht es für Miguel und wichtiger noch, hoffentlich reicht das für den Patron. Sonst ist es aus.*

»Scheiße. Ich hab geahnt, dass die Bullen sich einmischen. Da hattest du keine Chance.« Miguel starrte auf den Boden und überlegte. »Mich haben die Cops zur gleichen Zeit besucht. Ich war zum Glück auf meinem Boot. Wir sollten uns neue Handys besorgen, Mateo. Die hören uns ab – das steht für mich mittlerweile fest. Ich bin auf dem Weg zu Sofia. Lass uns schauen, ob es dort für uns sicher ist. Es geht um unser beider Überleben, Mateo. Was anderes zählt nicht mehr!«

»Ich habe mein Telefon auch schon weggeschmissen, besser so, dachte ich mir.« *Das hört sich souveräner an, als verloren*, dachte Mateo und spürte jetzt wieder Leben in sich, spürte wieder das altbekannte Selbstvertrauen und fühlte sich im Beisein Miguels wieder wie der Alte.

Beide gingen dann mit schnelleren Schritten weiter in Richtung der Wohnung von Sofia. In wenigen Minuten standen sie vor einem Wohnblock mit zehn Parteien und schellten bei ihr an. Die letzten Abbiegungen, bevor sie am Ziel angelangt waren, hatte Mateo sich mehrfach umgesehen, immer wieder geprüft, ob verdächtige Personen folgten, ob Cops oder deren Autos zu sehen waren. Er konnte nichts dergleichen erkennen.

Die Mittagssonne stand inzwischen annähernd senkrecht, Schatten waren nicht zu sehen. Mateo wischte sich zum wiederholten Male den Schweiß aus dem Gesicht. Er schaute Miguel an. »Miguel, wie geht's weiter? Was, wenn sie nicht zu Hause ist? In unsere Wohnungen können wir nicht zurück.«

»Ruhig, Mateo. Wir finden sie schon. Und meinen Wagen haben wir auch noch. Ich kenne genug Leute, bei denen wir erst einmal unterkommen können. Und der Patron lässt uns nicht im Stich ... hoffentlich.«

In dem Augenblick surrte der Türöffner. Miguel drückte die Tür auf und ging gefolgt von Mateo die Treppe hoch in den ersten Stock. Sofia stand zunächst lächelnd in der Tür, änderte aber schnell ihren Gesichtsausdruck, als die beiden ihr näher kamen. »Wie seht ihr denn aus? Was ist passiert? Und du blutest im Gesicht, Mateo.« Sie fasste sich mit beiden Händen an ihre Wangen.

»Kein großes Problem. Die Bullen haben uns hochgenommen. Wir müssen erst mal untertauchen.« Miguel gab ihr einen Kuss und ging an ihr vorbei in die Wohnung, direkt zum Kühlschrank. Er öffnete ihn und nahm zwei Dosen Budweiser heraus; eine warf er Mateo in die Hände. »Sofia, wo ist die Tasche, die ich dir gegeben habe?« Er sah sie mit zusammengekniffenen Augen an.

»Die Tasche ... genau. Die ist gut versteckt, im Schrank hinter einer Holzplatte. Warte ... bin sofort zurück.« Sofia drehte sich auf der Stelle und verschwand aus der Küche.

Mateo zog den Verschlussring auf. Mit einem angenehmen Zischen sprudelte kalter Schaum aus der Öffnung. Er stieß mit Miguel an. Mit zwei Schlucken hatte er seine Dose geleert und rülpste laut.

»Mach das nicht, wenn Sofia im Raum ist«, Miguel lachte ihn an, »wir müssen jetzt als erstes Jefe sprechen und ihn beruhigen. Ich hoffe, die Notfall-Handys sind noch in Ordnung.«

Sofia schleppte nun mit beiden Händen eine schwere Ledertasche in die Küche und knallte sie auf den Tisch. Miguel öffnete sofort den Reißverschluss und wühlte zwei Pistolen, zwei Handys und ein Bündel zwanzig Dollar Scheine heraus und legte die Sachen ordentlich geordnet auf den Tisch.

Mateo nahm sich eines der Handys und eine Pistole. Dann schaute er Miguel an und stammelte: »Ruf ... ruf du ihn an, wir ... müssen ihn informieren. Bevor er es von anderen hört. Ruf du ihn an – besser sofort.« Seine Stimme zitterte, Schweiß rann wieder an den Schläfen herab. Er fühlte sich bei dem Gedanken an den Patron plötzlich klein und schutzlos.

»Ja ...«, antwortete Miguel und gab ihm einige Geldnoten. »Ja, ich weiß. Es muss schnellstens sein. Er muss es sofort erfahren. Von uns.« Er schaltete das Handy ein und wählte.

3 Joscha

Müdigkeit. Starke Müdigkeit hatte sich in Joschas Kopf festgesetzt. Er war mittlerweile annähernd vierundzwanzig Stunden in Boston und hatte die Zeitumstellung von sechs Stunden bisher nicht überwunden. Er konnte sich nur schwer konzentrieren und in seinem Kopf kreisten permanent Gedanken über seinen Zustand, die die Konzentration auf andere Dinge fast unmöglich machte. *Jetzt einfach in irgendeine Ecke legen und schlafen – einfach hinlegen, einfach nur schlafen. Oder ein Bier nach dem anderen tanken, bis zum Abwinken.* Andererseits war die Arbeit, die Konfrontation mit den neuen, innovativen Themen hier im Headquarter von ISF grandios, wenn er sich nur fitter fühlen würde.

Er schaute auf sein Notebook und beantwortete Mails von seinen Mitarbeitern in Berlin. Ramesh hatte ihm den Besprechungsraum angeboten, den er von seiner Ankunft gestern bereits kannte. Hier saß er nun allein und beschäftigte sich mit seinem Tagesgeschäft, bevor die spannenden Themen wieder starteten – Ramesh hatte für drei PM ein ›Lessons Learned‹ Meeting mit dem Lab Alpha Team organisiert.

Ein Gespräch poppte auf seinem Notebook auf. Joscha las die aufgeblendete Nachricht und sah den Namen ›Budde, Ben‹. »Kann der Idiot mich nicht wenigstens während der Dienstreise verschonen?«, brabbelte er undeutlich vor sich hin. Dann, nachdem er angenommen hatte, eröffnete er in normaler Lautstärke das Gespräch: »Ben, was kann ich für dich tun?«

»Hör mal, Halberstadt. Du treibst dich im Urlaub rum und hier schuften deine Leute. Hast du überhaupt ein Auge darauf?«

»Ja, Ben, ich liege hier zehn Stunden durchgehend am Pool und schlürfe Margaritas, ganz bestimmt. Was gibts denn konkret?« Joscha starrte gelangweilt auf den Bildschirm und musste das Foto von Ben ansehen, das im System hinterlegt war. Es war noch aus den Zeiten, als Ben gesund, mit dicken Backen und vollem, gelocktem Haar das Büro unsicher machte. *Was aus dem armen Kerl während der Pandemie geworden ist*, dachte Joscha, *trotzdem er ein Arsch ist und trotz allem unkollegialen Verhalten hätte ich ihm das nie gewünscht.*

»Der Becker schiebt Überstunden ohne Ende. Der sitzt morgens am Platz und wenn ich Feierabend mache, ist das nicht anders. Ich habe den Betriebsrat schon informiert.« Wie meistens war Bens Ton aggressiv und fordernd.

»Ben, Bitte … es reicht. Wir schließen gerade ein wichtiges Projekt ab. Marcel Becker arbeitet an der Anbindung von DNA-basierter Speicherung von Daten, das solltest du wissen. Danke, dass du mich informierst, aber den Betriebsrat aufzuhetzen, macht es für keine Partei besser. Marcel geht in dem Thema auf und engagiert sich freiwillig so stark. Aber ja, ich rede mit ihm.«

»Ich übernehme deinen Job, solange du unterwegs bist. Ich schicke Marcel die nächsten Tage frühzeitig nach Hause.«

Joscha wurde blass, hob die Stimmlage und schlug mit der Faust auf den Tisch. »Misch dich bitte nicht ein, Ben. Meine Mitarbeiter und ich sind alt genug.« Dann bemerkte er, während er den letzten Satz fast brüllte, dass die Verbindung gekappt wurde. Er lehnte sich zurück, sah verdattert auf seinen Bildschirm und atmete mit leichtem Stöhnen tief aus.

Jetzt war es ihm kaum noch möglich, die Augen aufzuhalten. Er ging in die Ecke des Raumes mit dem Versorgungsangebot und zog sich einen Kaffee – schwarz, ohne Zucker. Ein frisches Glas Bier kam ihm dabei in den Sinn – das hätte ihn noch besser wieder zum Leben erweckt, dachte er. Von den diversen Schokoriegeln packte er sich ein für ihn unbekanntes, in orange leuchtendem Kunststoff verpacktes Teil. *Warum nicht mal etwas Neues probieren! Die Verpackung hatte ich doch heute Morgen im Labor schon rumfliegen sehen.* Der Riegel hatte die Aufschrift Reese. Er riss die Ummantelung auf und biss hinein. Erdnusscreme war tatsächlich mal ein anderer Geschmack, aber das schmalzige Gefühl lag ihm unangenehm und fett auf der Zunge. Joscha nahm schnell einen großen Schluck Kaffee – und schrie leise auf. »Au.« Mit der Hitze war eigentlich zu rechnen, er schüttelte den Kopf.

In dem Augenblick öffnete Ramesh die Tür und trat ein, gefolgt von einem seiner Softwareentwickler, den Joscha am Morgen bereits kennengelernt hatte. Erst jetzt bemerkte Joscha, dass der Entwickler mit seinen ungepflegten, grauen Haaren schon recht alt wirkte; auf mindestens sechzig schätzte er ihn. Auf seinem braunen T-Shirt stand ›Commodore 64‹, unterstrichen mit regenbogenfarbenen Linien. Sein Bauch hing ihm deutlich über dem zu eng gezurrten Gürtel.

Joscha sah auf seine Uhr, erst halb drei. Ramesh war überpünktlich.

Alle drei setzten sich und Ramesh begann den Termin: »Joscha, kleine Planänderung. Wir starten eher mit einer Informationsrunde für dich und hören auch früher auf – es gibt Stress. Das ›Lessons Learned‹ mit dem kompletten Lab-Alpha Team müssen wir verschieben. Die FBI-Kollegen haben gerade Probleme mit Ihren Chefs – wegen des Einsatzes heute Morgen. Die müssen sich dort rechtfertigen. Aber Jerry hat alle Details, die wir nun erfahren. Wir ziehen also nur ein kurzes Resümee, damit du selbst sehen kannst, wo wir mit dem hybriden Ansatz ›KI und Strafverfolgungsbehörden‹ stehen.« Er wandte sich daraufhin an seinen Mitarbeiter: »Bitte, Jerry. Leg einfach mal los. Wie ist der Einsatz abgelaufen?«

Ohne direkt zu antworten, stand Jerry von seinem Stuhl auf und ging wortlos, fast schleichend zum Kaffeeautomat und bediente sich. Dabei starrte er fortwährend auf den Boden. Es war ruhig im Raum. Ramesh schaute Joscha an, zog die Augenbrauen hoch und zuckte fast unmerklich mit seinen Schultern. Irgendwann saß der Kollege dann wieder neben Ramesh und schwieg. *Hätte ich nicht gedacht, dass diese Schnecke es schafft, wieder an den Tisch zu kommen*, dachte Joscha und klappte sein Notebook zu, in Erwartung dessen, was folgen sollte.

Ramesh leitete das Meeting nun erneut ein: »Die Informationen, die der Operation ›Woodhaven‹, so nennen wir die Aktion intern, zugrunde lagen, hattest du heute Morgen bereits zu Gesicht bekommen, Joscha. Einige Telefongespräche und Textnachrichten der Leute des Juarez-Clans. Einige wenige Nachrichten waren vom Tijuana-Clan.«

»Eine …«, der Entwickler sprach jetzt zum ersten Mal, »nur eine Nachricht.« Dabei glotzte er die Wand an.

Ramesh ließ sich nicht ablenken. » Unsere KI, RIPE, hat ein Vorgehen vorgeschlagen, das du, Joscha, auch schon gesehen hast. Ein kleines SAWT-Team sollte zu einem Einsatz in den Woodhaven Park und dort vier Dealer festnehmen, um zehn Uhr. Das Lab-Alpha-Team hat das Vorgehen bewertet und für gut befunden.«

»Die FBI-Leute, die waren das. Das war zu blauäugig.« C64, so hatte Joscha den Kollegen Jerry jetzt für sich abgespeichert, meldete sich noch einmal zu Wort.

Wieder ließ sich Ramesh nicht unterbrechen und fuhr direkt fort: »Im Park war allerdings bereits ein Kampf entbrannt, eine Messerstecherei. Und zwar deutlich vor zehn. Und nicht mit vier, sondern mit zehn Personen. Das vier Mann SAWT Team war dem nicht gewachsen, die …«

C64 unterbrach erneut hektisch und bekam rote Wangen. »Das SAWT war der Schwachpunkt – die … die hatten die Lage nicht im Griff.«

»Wir sollten auch bei uns nach Optimierungspotential suchen, Jerry«, bemerkte Ramesh und fixierte seinen Mitarbeiter mit ernstem Blick. »Unsere KI scheint nicht optimal gewichtet zu sein und ihr im Lab-Alpha Team solltet die Vorschläge noch stärker hinterfragen und prüfen, ob noch mehr Daten in die Korrelation einfließen sollte – die Gewichtung muss stimmen.«

C64 blieb ruhig sitzen und schaute jetzt desinteressiert aus dem Fenster.

Joscha fragte: »Wie ist denn das Resümee, wie ist die Situation ausgegangen?«

Jerry schaute weiterhin gelangweilt aus dem Fenster und schien die auf dem Parkplatz kurvenden Autos zu zählen. Ramesh sah Joscha betreten an und sagte: »Zwei durch Messerstiche verletzte Agenten vom FBI, zwei Tote vom Juarez-Clan, vier Tote vom Tijuana-Clan, drei Verletzte und zwei Bostoner Mitglieder der Juarez Bande sind flüchtig.«

»Den einen bekommen wir aber, wir haben die Handy-Ortung, der ist im Jachthafen. Das FBI müsste ihn bereits haben«, erwiderte Jerry, der kurzzeitig auflebte und wieder zur Tischmitte blickte.

Ramesh rümpfte die Nase und schaute Joscha verlegen an. »Das Handy des Flüchtigen bewegt sich nicht mehr und scheint irgendwo im Becken des Hafens zu liegen. Frische Nachricht, gerade eingetrudelt.«

»Und wie geht es weiter?«, fragte Joscha, »Wer wird hauptsächlich beschuldigt?«

»Wir stellen es in Abstimmung mit dem FBI auf jeden Fall als Erfolg dar.« Ramesh stand dann auf und sah ebenfalls nachdenklich zum Fenster hinaus. »Wortlaut etwa: Die ISF-KI hat den Einsatz auf Basis Minutenaktueller Daten aus Handynetzen und sozialen Medien vorbereitet und das FBI hat neun Dealer von zwei Kartellen festgesetzt, nur zwei sind noch flüchtig. Erfolgreicher Einsatz. So in etwa werden wir uns äußern – intern schlägt das aber mit Sicherheit Wellen.«

Joscha nickte und sah genauso betreten aus wie Ramesh.

»Wir haben jetzt noch interne Aufbereitungen, Joscha. Du kannst hierbleiben und an deinen täglichen Aufgaben weiterarbeiten. Ich hole dich heute Abend ab, wir können gerne gemeinsam etwas Essen und Trinken.« Dabei schlug er bereits den Weg zur Tür ein.

»Gerne, ich warte hier auf dich. Es ist genug zu tun, wie immer.« Joscha blieb sitzen und schaute den beiden beim Verlassen des Büros nach. Bevor ihm die Augen zufallen würden, begab er sich daran, Mails zu bearbeiten.

4 Miguel

Funktioniert das Ersatzhandy? Hab ich die Durchwahl des Patrons korrekt im Kopf? Hoffentlich lässt er mit sich reden. Und die Bullen sollen wegbleiben. Miguel spukten verschiedenste Probleme im Kopf herum. Er konnte das Smartphone glücklicherweise einschalten und hatte die Nummer seines Chefs im Sinn – hoffentlich die korrekte. Er tippte Zahl für Zahl ein, das Handy gab bei jedem Tastendruck einen piependen Ton ab. Seine Unsicherheit steigerte sich. Als der Wählton rausging, dachte er, die halbe Miete. Es klingelte auf der anderen Seite, Miguel wartete.

»Ja?«

Die Stimme war ruhig und unaufgeregt, das passte schon mal. Miguel schnaubte erleichtert aus und versuchte eine überzeugende Tonlage an den Tag zu legen. »Jefe? Hier Miguel.«

»Gut, du hast eine neue Nummer, Miguel. Ich hatte doch gesagt, die Bullen haben uns im Blick.« Der Chef sprach gewohnt leise und betont langsam.

»Jefe. Die Aktion ist durch. Ich bin hier mit Mateo zusammen, uns geht's gut.«

»Die Aktion im Park, Miguel. Alle Leute wohlauf, hoffe ich.«

Miguel holte tief Luft. Er konzentrierte sich. Ein falsches Wort und die Laune seines Bosses könnte dahin sein. »Das FBI hatte ein SWAT-Team geschickt, einen fetten Hummer mit einem ganzen Bataillon. Mateo hat es geschafft, er ist hier bei mir. Er lebt! Die Tijuanas hatten sechs, sieben Leute vor Ort. Die meisten sind erledigt, ein, zwei haben die Bullen.«

»Bei uns keine Verluste?«

Jetzt wurde es brenzlig, Miguel versuchte weiterhin seine Stimme nicht zittrig wirken zu lassen und ein

Stottern zu unterdrücken. »Zwei nur, und einer verhaftet«, sprudelte es in einem Stoß aus ihm heraus.

Dann hörte Miguel nichts mehr. Die Leitung war tot. Er hatte sofort wieder diese starken Beklemmungen, das Herz setzte an, zu galoppieren. Hatte der Chef aufgelegt, hatte er ihm die Nachricht so negativ herübergebracht? Dann sah er, dass sein Handy nicht mehr eingeschaltet war; die Anzeige war dunkel.

»Sofia, schnell, ein Ladekabel. Ich muss sofort wieder den Patron sprechen. Beeilung!« Er fuchtelte jetzt wild mit den Händen in der Luft und hielt ihr immer wieder das dunkle Display ins Gesicht.

Während Sofia mit den Worten »Sofort, Miguel, ich suche ...« erneut im Nebenzimmer verschwand, holte dieses Mal Mateo zwei Dosen aus dem Kühlschrank. »Bleib ruhig«, sagte er, »der Chef darf keine Unsicherheit spüren.« Dann warf er ihm eine Dose zu und stieß kurz an.

Die Sonne war inzwischen etwas weiter um das Haus gezogen und stand tiefer. Sie schien in die Küche. Miguel hielt sich beim erneuten Blick auf das Handy die Hand an die Stirn, um den spiegelnden Bildschirm besser zu erkennen. Trotzdem er mehrmals den Power-Knopf drückte, blieb es schwarz. Er schüttelte den Kopf und legte es hart auf den Küchentisch.

Er bemerkte nun, dass er schweißnass war. Von seiner Glatze liefen kleine Rinnsale in unregelmäßigen Windungen herunter und fingen sich im Bart, der die Flüssigkeit aufsog. Miguel wischte sich mit dem Handrücken über die Stirn und schlackerte die Hand aus. Im Schein der Sonnenstrahlen schimmerten viele winzige Perlen, die wie ein seichter Sommerregen auf dem Tisch aufschlugen und Sekunden später verdampft waren.

Dann hörte er die erlösende Stimme, die auf ihn wie der Gesang eines Engels wirkte.

»Miguel, hier, ich habe es gefunden! Endlich – das Ladekabel. Hoffentlich passt es.« Sofie stand in der Küchentür und hielt ein weißes Kabel hoch.

Miguel benötigte drei Versuche, um das eine Ende im Handy fest anzustecken, so sehr zitterten seine Finger. Das Telefon begann den Bootvorgang, das Display leuchtete; das Herz von Miguel beendete seinen Zwischenspurt.

Er drückte die Wahlwiederholung und wartete.

»Ich dachte schon, du bist geflüchtet, Miguel. Die Verbindung war unterbrochen.« Eine kurze Zeit lang war es still, dann hörte Miguel den Patron weiterreden. »Sechs von den Tijuana Dreckskerlen, sagst du, sind draufgegangen? Das wird den Bastarden eine Lehre sein.« Er legte eine weitere Pause ein. »Gute Arbeit, Miguel! Richte das auch Mateo aus. Aber jetzt müssen wir Gas geben, unser Revier festigen – erweitern.«

Daraufhin wurde die Stimme des Patrons lauter und bestimmter. »Miguel, das FBI arbeitet mit dieser IT-Bude zusammen – ISF heißen die. Eine KI macht die Arbeit, wie bei allem heute. Ich habe die Informationen von meinem Spitzel bei den Behörden. Da müssen wir mitspielen, eine Riesenchance für uns. Auf KI setzen heute alle. Das müssen wir auch für uns nutzen. Holt Informationen. Macht dem Inder Angst, dem Projektleiter. Kumari heißt der. Ich schicke gleich ein Bild von seiner Visage. Holt Informationen aus ihm raus, Zugangsdaten. Ich will in das Thema KI rein, dann holen wir uns die gesamte Ostküste und den ganzen Norden Mexikos.«

»Jefe. Was stellst du dir vor? Was genau?«

»Packen wir seine Frau – mit geliebten Personen kann man am meisten erreichen. Oder besser sein Kind. Ich habe von meinen Kontakten gehört, er hat ein Kind. Vielleicht nehmen wir wieder die Kiste im Wald. Das hat schon öfter Wirkung gezeigt … Ja, nehmt die Kiste. Und schaut, ob ihr mehr Informationen zu dem Deutschen bekommt. Da scheint jemand aus Berlin hier zu sein. Dahin wollen wir expandieren, das passt perfekt. Ich zähle auf dich, Miguel.«

Es war still. Miguel legte auf und sah Mateo an. »Der Patron hat wieder großes vor. Eine Vision, dass diese künstliche Intelligenz uns helfen kann. Er hat so oft richtig gelegen und mit seinen Ideen sein Imperium aufgebaut.«

»Wahnsinn. Das hört sich geil an«, Mateo trank inzwischen sein drittes Bier und hielt die Bud-Dose in die Höhe.

»Stell das Bier beiseite, Mateo. Wir fahren sofort los und schauen bei dieser IT-Firma vorbei. Am besten machst du das allein, ich hab noch was anderes vor. Vielleicht kannst du den Inder bei Feierabend abfangen und was über ihn rausbekommen. Der Chef hat ein Foto von ihm gesendet.«

Miguel gab zunächst Sofia einen Kuss und warf dann Mateo den Autoschlüssel zu. Der verschwand daraufhin wieder in den Straßen von Boston.

5 Joscha

Immer noch diese unsägliche Müdigkeit, dachte Joscha, *dieser elende Jetlag*. Er konnte sich nicht mehr auf seine Arbeit konzentrieren und ging jetzt im Besprechungsraum auf und ab. Es war mittlerweile fünf Uhr dreißig am Nachmittag, normalerweise zu früh, um Feierabend zu machen. Er musste noch ausharren, bis Ramesh ihn abholen würde. Joscha überlegte, ob er sich direkt in das Hotel bringen lassen sollte, so sehr war er erschöpft.

Joscha zog sich den nächsten Kaffee, wieder schwarz, der Vierte an diesem Nachmittag. Dabei kam ihm erneut der Gedanke an ein leckeres, kühles Bier, das allerdings noch warten musste. Aus dem Kunststoffbecher stiegen dampfende Nebelschwaden auf und suchten kräuselnd ihren Weg nach oben in Richtung Decke. Er fasste am oberen Rand an – weiter unten, dort, wo der heiße Kaffee leicht schwappend in seinem Gefäß stand, war es deutlich zu heiß.

Den Becher vorsichtig vor sich hertragend, schlenderte er zum Fenster und schob die fast transparente Gardine zur Seite. So hatte er einen noch klareren Blick hinaus in die Welt. Der Parkplatz war nur halb gefüllt, vielleicht sogar weniger. Einige Kollegen waren bereits auf dem Weg zu ihren Autos, aber viel war draußen nicht los. Die Sonne hatte sich schon deutlich nach Westen weiterbewegt und stand, jetzt wesentlich längere Schatten projizierend, etwa im fünfundvierzig Grad Winkel am bläulich, weißen Himmel.

Joscha schlürfte einen winzigen Schluck des immer noch zu heißen Kaffees. Draußen zog ein Schwarm kleiner Vögel am Gebäude vorbei in Richtung stadtauswärts, dort, wo die Golfplätze und Waldgebiete angesiedelt waren. Er wusste nicht, um welche Art es sich handelte, meinte aber einmal davon gelesen zu haben, dass hier an der Ostküste der USA Kolibris ihr Leben verbrachten. *Kolibris – ja, das kann sein*, dachte Joscha.

Als die Tür des Besprechungsraums aufgedrückt wurde, zeigte seine Uhr fünf nach sechs. Endlich. Er blickte ausgelaugt in die Richtung des Eingangs und sah Ramesh eintreten.

»Du siehst einfach total übermüdet aus, Joscha.«

»Der Jetlag. Ich dachte eigentlich, der schlägt nur beim Rückflug in Richtung Osten zu ...« Mit rot-unterlaufenen Augen fixierte er Ramesh und überlegte, ob er ihn bitten sollte, ihn direkt zum Hotel zu fahren.

»Wir sind mit unserem internen Briefing durch. Lass uns fahren. Du benötigst ein ordentliches Bier, so wie du aussiehst.«

Ein Bier hörte sich für Joscha nicht schlecht an und Gastfreundlichkeit sollte man aus Höflichkeit nicht ausschlagen, dachte er sich. »Perfekt. Hast du eine Stammkneipe oder Lieblingsrestaurant?«

»Wir fahren mit Kollegen manchmal in das ›Boston Quarter‹, ein After-Work-Getränk nehmen. Es ist nur etwa zehn Minuten entfernt. Kleinigkeiten zu essen gibt es auch.«

»Dann mal los«, Joscha klappte sein Notebook zu, packte es in die Tasche und stellte den fast noch vollen Kaffeebecher auf das Sideboard. Er hatte jetzt zum wiederholten Mal an diesem Tag ein bis zum Rand gefülltes Glas mit goldgelber Flüssigkeit und ein wenig Schaum darauf vor Augen; Kondenstropfen liefen den Rand hinab. Das sollte ein gutes Mittel sein, die Müdigkeit zu bekämpfen.

Beide waren schnell aus dem Gebäude herausgekommen und saßen nun in Rameshs Wagen.

Joscha interessierte sich, warum der Parkplatz so wenig belegt war, und fragte Ramesh danach.

»Heute ist Montag, da haben fast alle Homeoffice, das hat sich so eingebürgert. Warte auf morgen, dann ist mit Sicherheit deutlich mehr los.« Er fuhr vom Firmenparkplatz und war sofort auf der Schnellstraße, die sie heute Morgen bereits in anderer Richtung befahren hatten.

Zwei Ausfahrten weiter bog Ramesh dann aber anders als am Morgen in ein bewohntes Gebiet ab, welches sich schnell als ein belebtes, innerstädtisches Viertel entpuppte. Jetzt, in der frühen Abendzeit, waren die Bürgersteige voll mit Menschen; an jeder Ecke waren Restaurants, Bars und Geschäfte zu erkennen. Viele der Lokale hatten kleine Tische mit je zwei, drei Stühlen im

Außenbereich auf den Gehwegen aufgestellt; die meisten Sitze waren bereits belegt. Joscha erkannte im Vorbeifahren Gläser, Bierflaschen, Cocktails, aus denen bunte Utensilien wie Strohhalme oder Schirmchen herausragten, und Teller, gefüllt mit Speisen. Das ist Leben, dachte er.

Als Ramesh ansetzte, um in eine enge Parkbucht einzufahren, bemerkte Joscha wieder einen schwarzen Camaro, der in einigen Metern Entfernung hinter ihnen wartete und halb auf dem Bürgersteig stand. *Habe ich den Wagen nicht kurz hinter dem Firmengelände am Straßenrand des Highways und dann hinter uns gesehen? Hier gibt es allerdings mehr als einen seiner Art*, dachte Joscha und speicherte sich die Situation gedanklich ab.

Snapshot 1: schwarzer Camaro; Fahrer mit kurzen, vollen, schwarzen Haaren; dichter Verkehr; unzählige Bars; gemütlich.

Seine Frau Vera regte sich oft über Joschas Drang zur Optimierung und dem Einprägen von allen möglichen Kleinigkeiten auf. Sie sprach teilweise schon von ADHS, und er sollte sich einmal untersuchen lassen. Für Joscha aber war es normal, eine möglichst große Menge an Details seiner Umwelt mitzubekommen und sich diese einzuprägen – es gab in der Regel immer mal wieder Verwendung für die Informationen.

Inzwischen hatte Ramesh es geschafft – der Ford Explorer stand zwar etwas schief, aber immerhin in einer zentral gelegenen Parklücke. Joscha folgte Ramesh durch den Dschungel an Passanten und wäre fast von einem Hand-in-Hand gehenden Pärchen umgelaufen worden – er konnte sich gerade noch in Richtung Hauswand drücken. Ihm fiel dann weiter vorn ein grünes Schild mit weißer Schrift ›Boston Quarter‹ auf – den Namen hatte Ramesh im Büro erwähnt. Sie waren fast am Ziel.

Draußen war kein freier Platz zu bekommen, alle Tische waren komplett belegt. Er roch den unwiderstehlichen Duft von Fleisch, wahrscheinlich von Burgern und bekam sofort Appetit. Joscha hörte lebhafte Unterhaltungen, die den Straßenlärm verdrängten. Ein Haus weiter lehnte ein Saxophonspieler an der Hauswand und spielte Melodien vergangener Hits. Gerade begann er mit einem weiteren Stück und es drang die unvergleichliche Klangfolge von ›Baker Street‹ in Joschas Ohr. *Der Abend fängt gut an, jetzt wäre nur ein Sitzplatz und ein Bierchen hilfreich gegen die wieder aufkeimende Müdigkeit. Am besten ein halbes Fässchen.* Und wieder kam das Bild eines kühlen Glases voll mit Bier in seinen Sinn.

Sie drängten sich nun durch die schmale Tür, in der trotz der Enge noch Leute mit Gläsern in den Händen standen. Überall waren Menschen zu sehen, die sich unterhielten – laut, leise, Kichern, Lachen, Gackern, Gesprächsfetzen – alles in unterschiedlichen Lautstärken. Sie schafften es, sich schräg durch die Menschenmenge zu pressen und hatten dann innen deutlich mehr Platz. In der herrlichen Abendsonne versuchten fast alle Gäste außen einen Sitzplatz zu bekommen oder einfach mit einem Drink unter freiem Himmel auf dem Gehweg zu stehen.

Ramesh steuerte einen freien Tisch an. Sie ließen sich beide auf einen Stuhl fallen und Ramesh deutete mit ausgestrecktem Zeige- und Mittelffinger in Richtung Theke. Er schien Stammgast zu sein, denn keine zwei Minuten später standen zwei bis zur Oberkante gefüllte Gläser mit hellgelber Flüssigkeit vor ihnen – kein Schaum, aber kalt, und herrlich an den Seiten herunterlaufenden Kondenstropfen – fast wie Joscha es sich heute bereits mehrfach vorgestellt hatte.

»Das ist ein lokales Craft-Bier, Harpoon IPA. Ich hoffe, es schmeckt dir«, Ramesh hob das Glas und schwenkte es in Richtung Joscha.

Nachdem es einmal kurz geklimpert hatte, setzte Joscha an und trank einen so großen Schluck, dass ihm die Augen von dem kalten Wasserfall, der in der Speiseröhre herunterfloss, tränten. »Perfekt, das habe ich jetzt gebraucht.« Joschas Müdigkeit wich langsam und machte der Freude auf ein, zwei gesellige Stunden Platz.

Sie bestellten Burger mit Pommes, sie bestellten Bier, sie unterhielten sich über Firmeninterna, sie unterhielten sich über ihr Privatleben. Mal reichte eine normale Erzählstimme, mal mussten sie fast brüllen. Joscha fühlte sich in der Gesellschaft von Ramesh immer wohler. Er war in Boston angekommen.

Dann surrte sein Handy. Die späte Uhrzeit, in Deutschland war es bereits nach Mitternacht, wunderte ihn. »Vera, Schatz. So spät? Was ist passiert?«

»Nein, alles gut, Jo. Ich wollte dich nur noch einmal hören, kann gerade trotz Müdigkeit eh nicht schlafen. Wenn ich allein bin, ist das ja meistens so.«

Ihre Stimme klang liebevoll und ohne jede Hektik. Alles in Ordnung, dachte sich Joscha. »Ramesh und ich essen hier gerade eine Kleinigkeit und trinken ein Bier. Das bringt mich wieder nach vorn. Der Jetlag, du weißt.«

»Schön zu hören. Aber trink nicht zu viel. Wenig Schlaf und Alkohol, da bekommst du wieder Kopfschmerzen. Du weißt, dass du in der Hinsicht aufpassen musst …«

»Jaja, keine Sorge. Mir geht es gut und ich passe auf mich auf, versprochen.« Er schüttelte dabei unmerklich mit dem Kopf.

»Und lass den Whiskey aus dem Balg, sonst kannst du morgen die Arbeit vergessen!«

Joscha verdrehte die Augen, das Thema wollte er jetzt nicht schon wieder hören. Ein knappes »Vera … ist ja gut«, war seine einzige Reaktion.

»Dann lass dich nicht aufhalten, ich bin auch total müde. Hoffe, ich kann jetzt besser einschlafen, nachdem ich deine Stimme gehört habe. Lass uns morgen wieder telefonieren, Jo. Liebe dich!«

»Danke für den Anruf. Küsschen.« Joscha spitzte den Mund und küsste leicht und kaum hörbar das Handy.

»Auch so«, bekam Joscha mit, dann war die Verbindung beendet. Er hörte noch Ramesh in sein Telefon sprechen: »Habe dich lieb, Mala, und gib Mama einen Kuss.« Dann legte auch er auf.

Langsam wurde es für Joscha Zeit, die Toilette zu besuchen. Ein wenig kaltes Wasser durch das Gesicht zu ziehen, sollte zusätzlich guttun.

Als er zurückkam und aus einiger Entfernung auf den Teil des Pubs blickte, in dem sie ihren Platz hatten, fiel ihm ein Mann auf, der direkt hinter ihm saß, wahrscheinlich schon die ganze Zeit dort unbemerkt gesessen hatte – allein. Er hatte einen südlichen Teint, pechschwarze, kurze Haare und einen schwarzen Schnauzer. Die Statur ähnelte der eines Bodybuilders. Der Kerl aus dem Camaro? Ähnlichkeit war vorhanden. Er hatte ein kleines Kästchen mit zwei kurzen Antennen neben sich auf dem Lederpolster der Sitzbank stehen, etwa doppelte Größe einer Zigarettenschachtel. Er schaute bewusst gelangweilt zur Seite, als Joscha sich näherte.

Joscha kam die Situation seltsam vor und er wunderte sich, warum er den Mann nicht viel eher betrachtet hatte, saß er doch nur wenige Zentimeter hinter ihm. Er hatte ihn zuvor schon aus den Augenwinkeln wahrgenommen, aber nicht direkt angeschaut; dann hätte er die Ähnlichkeit mit dem Camaro-Fahrer bemerkt. Und dieser Kasten, der irritierte ihn. Joscha hatte schon von IMSI-Catchern gehört, mit denen man Telefonnummern beider Gesprächsparteien kapern und ganze Gespräche aufzeichnen konnte. Er kannte diese Geräte aber nicht näher.

Er merkte sich die Situation wieder automatisiert.

Snapshot 2: Durchtrainierter Mann; schwarze, kurze Haare; Schnauzer; möglicherweise der Camaro Fahrer; Kasten neben sich.

Acht Uhr dreißig PM – die Müdigkeit schlug wieder voll durch. Als Joscha die Frage von Ramesh hörte, ob er noch etwas möchte oder ob sie aufbrechen sollten, war Joscha froh und die Antwort war ihm ad hoc klar.

»Gerne fahren. Jetzt wünsche ich mir nur noch das Bett«, erwiderte Joscha. »Und danke, Ramesh. Das war ein toller zweiter Abend in Boston. Das können wir gerne wiederholen.«

Der zwinkerte ihm zu und hob den Daumen.

Sie fuhren erneut auf den Highway und waren zwanzig Minuten später am Marriott.

Joscha stieg aus und hielt Ramesh die Faust entgegen.

Der verabschiedete sich aus dem offenen Fenster: »Ich hole dich wieder gegen acht ab, okay? Nach Feierabend zeige ich dir dann mal den Golfklub.«

»Gerne, Ramesh. Ich freu mich schon. Morgen mache ich auch nicht so früh schlapp.« Er sah mit roten, müden Augen in den Wagen und blickte in ein lachendes Gesicht, indem wieder die extrem weiße Zahnreihe auffiel. Dies waren für diesen Tag die letzten Worte von Joscha.

6 Mateo

Mateo parkte den von Miguel geborgten schwarzen Camaro vor dem Landhaus, das der Chef ihnen inzwischen zur Verfügung gestellt hatte – nur zur Überbrückung, hatte er gesagt, bis die Bullen wieder mehr Ruhe gaben. Es war eine der Immobilien des Patrons, die er nutzte, wenn er aus Mexiko – zumeist lebte er in Juarez – an die Ostküste reiste.

Mateo gab noch einmal Gas, um die vielen PS des Motors ein letztes Mal für heute aufheulen zu lassen. Das laute Blubbern des Achtzylinders war phänomenal. Mateo hatte fast an jeder Ampel dieses Geräusch aus dem Wagen herausgeholt und fühlte sich unglaublich dabei. Ein Mann ist so geil wie sein Wagen, dachte er. Nun musste er ihn leider auf dem Parkplatz abstellen. Gerne hätte er ihn noch ein wenig artgerecht bewegt.

Er blickte zum Haus. Mittlerweile war es annähernd dunkel und er sah im Schein der gedämpften, spärlichen Wohnzimmerbeleuchtung, wie Miguel sich gerade auf das Sofa setzte. Rund um das Haus war ein großer, ausgesprochen modern angelegter und gepflegter Garten. Der üppig grüne Bewuchs von Rasen, Hecken, Sträuchern und Blumenbeeten wirkte jetzt im Dämmerlicht grau in grau. Die Mauer aus großen Natursteinquadern, die den Bereich zum Pool abtrennte, hatte ebenfalls diese Farbe, allerdings auch im Sonnenschein.

Er ging die zwanzig Meter bis zum Haupteingang und schellte. Einer der Hausangestellten vom Patron, der für den Garten, aber auch die Sicherheit des Hauses zuständig war, öffnete und ließ ihn ein.

Mateo klopfte an der Wohnzimmertür, er wollte Miguel und Sofia nicht stören, falls es gerade intim wurde.

»Komm rein, Mateo«, hörte er. »Warum so schüchtern?«

Er trat ein und sah Miguel allein auf dem Sofa, mit einem Tumbler Whiskey in seiner Hand. Sofia war anscheinend bereits im Schlafzimmer.

»Miguel, ich hab Neuigkeiten, gute. Ich habe beide beschattet – den Inder und den Deutschen. Ich habe die Telefonnummern … von beiden.« Mateo strahlte dabei und sah seinen Boss verheißungsvoll an.

Miguel kam aus der halb liegenden Position hoch und reckte sich nach vorn. »Von beiden IT-Leuten? Auch dem Gringo, dem Aleman?«

»Ja, Ramesh Kumari und Joscha Halberstadt. Das sind die beiden Abteilungsleiter. Die, die an der KI forschen. Die beiden unterstützen das FBI. Du weißt ja, der Patron will in das Thema rein.« Mateo nickte ihm zu, als warte er auf ein Sonderlob. Nach kurzer Pause redete er weiter. »Ich habe die Telefonnummern von beiden. Der Halberstadt, der kommt aus Berlin, da ist seine Frau auch gerade. Die Nummer konnte ich auch abgreifen, als er mit ihr telefoniert hatte.«

Miguel strahlte jetzt ebenfalls. Er stand auf und umarmte Mateo. Dann hielt er ihm die offene Handfläche auf Schulterhöhe entgegen. »Sauber, Mateo. Du bist der Beste, el Mejor. Das rettet uns. Wenn wir das Thema nicht versauen, geht's sogar bergauf – mit uns. Auch mit dir!«

»Ich suche gleich die Adressen raus, das ist kein Problem. Mit den Telefonnummern komme ich auch an die Adressen.« Mateo war inzwischen schon in Richtung Küche unterwegs.

»Und schau morgen früh, zu welcher Schule das Mädchen von dem Kumari gebracht wird – und von wem. Die packen wir uns dann an einem passenden Abend.« Dabei machte Miguel eine ausladende Bewegung mit beiden Armen und schlang sie vor seinem Bauch zusammen, als würde er sich selbst umarmen.

Mateo nickte mehrfach und grübelte bereits darüber nach, wann und wie sie die Kleine in ihre Gewalt bringen und die vom Patron geforderten Informationen erpressen würden. Er schlenderte mit den Gedanken in die Küche. Es war Zeit für ein Feierabendbier.

7 Bickel

CERN Institut, Europa, April 2307

Professor Bickel saß immer noch auf seinem Stuhl am schwarzen Carbon-Tisch und wartete auf die Mitglieder seines Teams, denen er eine kurze Pause zum Auffüllen ihrer Teetassen zugestanden hatte. Er stellte das Hologramm der kristallinen Speichereinheit mit einem Wisch über sein Smartband ab. Die Sicht auf alle Stühle, die den Tisch umlagerten, war damit ungetrübt. Er verlor sich zum wiederholten Male in gedanklichen Spekulationen, was durch den Datentransfer in die Vergangenheit ausgelöst werden könnte. Seine Gefühlswelt wankte dabei stets zwischen tiefer Angst und heller Vorfreude.

Der Sechste seiner Ingenieure setzte sich nun wieder auf seinen Platz – die Runde war damit erneut vollständig.

»Haben Sie noch weiteren Diskussionsbedarf, bevor wir zur Abstimmung kommen?« Bickel startete den zweiten Teil der Zusammenkunft und blickte in seiner bekannten Art erneut in die Runde, von Gesicht zu Gesicht.

»Was genau teilen wir mit? Details oder nur eine Kurzinfo wie: ›Hello World, this is a message from the year 2307‹?«. Leises Tuscheln, dünnes Gelächter.

Bickel schaute grimmig vor sich auf den Boden, dann schlug er seine Faust in einer kurzen Bewegung auf den Tisch. »Doktor Halligan, bitte! Das Thema ist ernst … liebe Kollegen, sehr ernst. Immerhin reden wir darüber, den Strom der Zeit umzukehren. Also bitte. Die in den vergangenen Tagen diskutierten Alternativen rankten sich um die Ursachen der größten Katastrophen der letzten Jahrhunderte und die Themen waren die folgenden.« Er stöhnte leise auf und nahm einen Schluck aus der Teetasse. Dann schaute er wieder zur Tischmitte und fuhr fort.

»Erstens: Warnung vor den Auswirkungen des Klimawandels; zweitens: Warnung vor den kriegerischen Auseinandersetzungen einiger stehen gebliebener autokratischer Staatsführer. Und drittens: Warnung vor der Ebola-Pandemie 2110. Viertens: Nur ein allgemeiner Hinweis auf die Zeitsprungmöglichkeit. Punkt vier ist tatsächlich wie ein ›Hello World‹, da gebe ich Ihnen recht«, jetzt musste auch Bickel schmunzeln und ergänzte dann direkt: »Wir stimmen zunächst ab, ob wir überhaupt Gebrauch von unseren Möglichkeiten machen möchten. Falls ›Ja‹, dann über welche der Alternativen. Also ich bitte um Handzeichen, wer aus dieser Gruppe spricht sich dafür aus, den Zeitsprung zu initiieren?«

Er selbst hob noch während er redete die Hand, schaute wieder in die Runde, musste aber nur einen Wimpernschlag warten. »Danke, ich sehe alle sieben Arme oben. Danke. Kommen wir damit zur zweiten Abstimmung.« Er zog seinen Mund zu einem dünnen Lächeln in die Breite.

Es kam direkt eine Meldung: »Ich möchte zu bedenken geben, dass Punkt 3, Ebola, im Jahre 2024 noch nicht die geringste Relevanz hat und deutlich später übermittelt werden könnte. Fangen wir doch erst einmal simpel an, schlage ich vor.«

»Valider Einwand«, Bickel nickte, »dann fange ich in umgekehrter Reihenfolge an und wir stimmen zunächst den vierten Punkt ab, also ›Hello World‹, bleiben wir bei der Metapher. Bitte Handzeichen«, und nach kurzer Wartezeit: »Niemand. Punkt drei, Ebola?«, wieder nach kurzer Zeit: »Niemand, Punkt zwei, die Autokraten?«.

Jetzt schaute Bickel intensiv in die Runde und erkannte vereinzeltes Zögern. Einige Beteiligte hoben nach wenigen Sekunden ihre Hände. »Vier Stimmen, leichte Mehrheit. Und Punkt eins, der Klimawandel? Okay, da brauche ich nicht zu zählen, ich sehe alle sieben Arme oben. Danke, werte Kollegen.«

liegende Areal. Das Grundstück, auf dem er jetzt stand, sah nicht besser aus als das zuvor. Der Rasen war so kümmerlich, dass der Boden eher einem erdigen Acker glich. An der Hauswand sah er einen dreckigen, rostigen, aber ausladenden Gasgrill stehen.

So hangelte er sich über verschiedenste Zäune und Mauern, rannte durch etliche Gärten, bewegte sich von Grundstück zu Grundstück, bis er plötzlich einen Brei an Stimmern vernahm. Seit er dem Polizisten entwischt war, hatte er keinen Menschen gesehen, außer seinen Schritten keine Geräusche wahrgenommen. Jetzt holte ihn die Realität zurück auf den Boden. Die Stimmen von Unterhaltungen, die auf den Asphalt klackende Absätze, das Abrollgeräusch von Scootern und das Kindergeschrei waren für ihn wie eine Erlösung. Er stand am Rande einer belebten Einkaufsstraße.

Hier bin ich aus dem Gröbsten raus, dachte er und schaute sich ein letztes Mal nach seinen Verfolgern um – nichts! Er verschwand dann schnell im Dickicht der Menschen, die ihn jetzt flankierten.

Ihm war klar, dass er wahrscheinlich zwei Kollegen verloren hatte, der dritte würde lange hinter Gittern verschwinden. Aber die Tijuanas hatten höhere Verluste. Mit dieser Tatsache tröstete sich Mateo nun – an diesem Strohhalm klammerte er sich. Vielleicht konnte ihn das vor der Rache des Patrons retten.

Er bewegte sich unauffällig weiter im Strom der Passanten durch die pulsierende Einkaufsstraße.

Er nickte dabei wohlwollend und schaute wieder alle seiner Mitarbeiter einzeln an. »Ich werde eine Präsentation vorbereiten und dem T5-Gipfel vorlegen. Dann sehen wir weiter. Ich halte Sie auf dem Laufenden, liebes Team. Nochmals danke für die engagierte Teilnahme.«

»Ich habe noch eine Frage zum späteren Vorgehen, falls das T5-Gremium zustimmt. Wer würde den Zeitsprung durchführen, sind alle von uns dabei?« Die Frage kam aus der Runde von einer Ingenieurin am gegenüberliegenden Teil des Tisches.

»Ausgezeichneter Punkt, prima. Dieses Unterfangen ist ausgesprochen risikobehaftet. Wenn bei der Erzeugung des Wurmlochs etwas Unvorhergesehenes geschieht, ist das Leben der Durchführenden in Gefahr. Daher werden wir auch das abgesicherte ›Collider-Lab‹ verwenden. Zwei Personen, nicht mehr und nicht weniger – die Einhaltung des ›vier Augen Prinzips‹ ist mir wichtig.«

Ein stämmiger Mann aus der Gruppe stand auf und schaute in die Runde. »Das ist mein Spezialgebiet. Ich biete mich an. Zu genau diesem Thema schreibe ich meine Doktorarbeit. Ich freue mich, dabei zu sein.« Er sah jünger aus als die anderen Anwesenden und hatte einen leichten Bauchansatz. Er blickte mit glänzenden Augen zu Bickel herüber.

»Herr Hradek. Perfekt. Wir beiden führen das Projekt durch. Vorausgesetzt, wir bekommen das ›Go‹ vom T5-Rat. Sind alle einverstanden?«

Bickel hörte ausschließlich Applaus aus den Reihen seines Teams. Er erhob sich und nickte allen wohlwollend zu. Hradek hatte sich mittlerweile direkt neben ihn gestellt und schaute freundlich zu ihm hinauf. Dann betrachteten beide wieder die Gruppe und klatschten ebenfalls.

KAPITEL 3 – ENTFÜHRUNGEN

Boston, Massachusetts, Dienstagmorgen, 13. August 2024

1 Joscha

Joscha setzte sich an den Frühstückstisch im Marriott-Hotel. Er hatte bereits einen nur halb gefüllten Teller mit Bacon, Rührei und einem Toast dort abgestellt und kam nun mit einem dampfenden Kaffee zurück an seinen Platz.

Wie so oft in amerikanischen Einrichtungen konnte er auch hier von seinem Tisch aus auf mehrere Fernseher blicken. Er hasste es, immer beschallt zu werden und permanent auf sich bewegende Bilder schauen zu müssen. Er tat es aber immer wieder instinktiv. Wenngleich er sich zwang in andere Richtungen zu sehen, verharrten seine Augen Sekunden später wieder auf einem der Bildschirme.

Die gerade laufenden Nachrichten interessierten ihn nicht. Er hatte sich bereits im Internet zu allen wichtigen Themen informiert, und zwar im Bett liegend, bevor er aufgestanden war – Gewohnheit. Dann las er aber auf einem der Fernseher in dicken Lettern den Namen seines Unternehmens ›ISF‹ und er erkannte sofort das Headquarter, das vom Parkplatz aus gefilmt wurde. Eine Reporterin stand mit einem Mikrofon in ihrer Hand vor dem Gebäude. Das war schon interessanter. Während er mit der Gabel im Rührei wühlte, starrte er gebannt auf den TV.

Es ging um die Zusammenarbeit seines Unternehmens ISF mit dem FBI und den SWAT-Einsatz im Woodhaven-Park. Der SWAT-Einsatzleiter Harry Blake wurde gerade interviewt. Er stand kerzengerade und mit breiter Brust vor der Reporterin, die er um mindestens einen Kopf überragte. Das dicke Mikrofon vor seiner Nase sah aus wie ein graues, pelziges Plüschtier. Mit seiner Stoppelfrisur und der schwarzen Kampfausrüstung wirkte er wie ein Söldner aus einem billigen Marvel-Film.

Er lobte sich und sein Team über den grünen Klee. *Typisch amerikanisch, ›we are the greatest‹,* Joscha grinste. Dann stand der Gouverneur von Massachusetts vor dem Mikrofon und äußerte sich ebenfalls sehr positiv. Bei ihm ging es um die fantastische und effiziente Zusammenarbeit des FBI-Spezialteams ›AI-DrugForce‹ mit einem der führenden IT-Unternehmen ISF. Sie h*aben es also doch geschafft, die halb misslungene Aktion in ein positives Licht zu rücken.* Auch nach diesem Teil der Reportage konnte Joscha ein Schmunzeln nicht unterdrücken. Er hatte, ebenso wie auch Ramesh, eine andere Sicht auf die Geschehnisse.

Das Fernsehprogramm hatte wieder den Anfang der stündlichen Schleife erreicht. Der Countdown zum Start der nächsten Stunde und damit dem Wiederbeginn der Nachrichtensendung wurde eingeläutet. Es war an der Zeit für den Weg zur Firma. Joscha beeilte sich, um auf den Parkplatz vor dem Marriott zu kommen, wo er Ramesh auch schon vor seinem Explorer stehen sah.

Die Fahrt verlief angenehm und schnell. Joscha unterhielt sich mit Ramesh über den Vorabend und die schöne Stunde im Pub. Nach einigen Minuten Fahrzeit sah er wieder das imposante Firmengebäude.

An diesem zweiten Morgen in der ISF-Hauptniederlassung Boston zeigte sich das Firmengelände für Joscha allerdings deutlich belebter als am Vortag. Er nahm überall Aktivitäten wahr, wohin er auch blickte. Von der Abfahrt der Hauptstraße bis zur Schranke des Parkplatzes benötigen sie etliche Minuten. Noch am Vortag konnte Ramesh in Sekundenschnelle durchfahren; heute krochen sie mit seinem Ford voran, bis Wagen nach Wagen am Pförtnerhäuschen passieren konnte. Auf den Rad- und Gehwegen waren Massen von Kollegen zu Fuß, per Rad oder Scooter unterwegs. Es herrschte reges Treiben.

Der Parkplatz war trotz der frühen Zeit bereits gut gefüllt. Ramesh fuhr seinen Wagen durch bis in die erste Parkreihe nahe dem Haupteingang. Joscha sah das Schild ›Kumari‹ an einem freien Platz. Er war beeindruckt, dass sich sein Kollege dieses Privileg erarbeitet hatte.

Am Scanner des Haupteingangs standen sie wieder an und warteten, bis sich die Schlange an Kollegen vor ihnen abbaute. Joscha war ein wenig nervös. Er hoffte, dass sein Ausweis korrekt kodiert war. Bei der Menschenmenge an diesem Nadelöhr wollte er nicht auffallen.

Er dachte an das letzte Heimspiel der Hertha. Es war ausverkauft und rappelvoll gewesen. An allen Eingängen stauten sich damals die Horden der wartenden Fans. Er hielt sein ausgedrucktes Ticket vor das Lesegerät, aber nichts tat sich. Erst nach mehrmaligem Probieren, der Hilfe eines Ordners und unzähligen Pöbeleien von hinter ihm wartenden Fans, hatte die Einlasskontrolle auf ›Grün‹ geschaltet und er hatte durchgehen können.

Dieses Szenario stellte er sich nun vor, während er sich Fuß vor Fuß im Tempo einer Schildkröte vorarbeitete. Dann war er der nächste und er hielt seinen Firmenausweis vor das Lesegerät. Die Anzeige sprang augenblicklich auf Grün. Er war erleichtert, gleich weiter hinter Ramesh hergehen und ihm in das vom Vortag bekannte Büro folgen zu können.

Während sich Joscha einen Kaffee zog, kündigte Ramesh ihm an, dass Jack heute keine Zeit für eine weitere Projekt-Einführung hätte. Er war in New York beim FBI zu wichtigen Abstimmungen zum weiteren Verlauf der Kooperation. »Wenn Jack morgen rechtzeitig von seinem FBI-Termin zurückkommt, holt er alles nach. Heute übernehme ich.«

»Kein Problem. Die technischen Details wolltest du mir eh näherbringen. Das passt perfekt. Heute bin ich auch deutlich aufnahmefähiger als gestern. Ich habe die Nacht komplett durchgeschlafen. Jetzt fühle ich mich wie neugeboren.« Dabei schaute Joscha zunächst Ramesh voller Tatendrang ins Gesicht, dann wandte sich sein Blick der hellen Glasfront zu.

Er erkannte den Bereich vor dem Gebäude kaum wieder – dass heute deutlich mehr Leben im Außenbereich herrschte, hatte sich bei der Ankunft bereits angedeutet. Gestern war noch gähnende Leere zu sehen; heute Morgen kurvten etliche Autos aller erdenklichen Marken und Typen im Kreis, um noch einen freien Platz zu ergattern. Joscha sah, wie eine Menge von Kollegen aus den verschiedenen Bereichen der Parkplatzflächen, den Bushaltestellen und den Fußwegen in schnellen Schritten zum Haupteingang strömten. Wie zahlreiche Ameisenstraßen, die sich an einem Punkt trafen.

Auch auf dem Flur vor dem Büro hörte er heute durch die geschlossene Tür wesentlich mehr Bewegung und Stimmen als noch gestern. Minütlich vernahm Joscha das leise Piepen des Ausweislesegerätes, nachdem es einen Besucher akzeptiert und die Tür freigeschaltet hatte. Zudem waren permanent Schritte und Stimmen von leisen Unterhaltungen zu hören.

»Ramesh, du hattest mir gestern bereits gesagt, dass heute mehr los ist, aber diesen Trubel hatte ich nicht erwartet. Hier herrscht unglaubliches Treiben!« Joscha sah weiterhin verblüfft nach draußen.

Ramesh stellte sich neben ihn an das Fenster und nickte. »Ja, auch hier in der Forschungsabteilung sind heute fast alle Kollegen vor Ort. Viele Arbeiten können wir nur mit unserem fest installierten Equipment erledigen. Homeoffice-Tätigkeiten machen in dem

Umfeld wenig Sinn – höchstens für Nachbearbeitung oder Schriftkram. Wir gehen gleich in ›Lab Beta‹. Ich zeige dir dann das nächste Highlight.«

»Von mir aus gehen wir sofort los. Mein Kaffeebecher ist leer. Lass uns aufbrechen.« Joscha stand schon auf. Genau deswegen war er hier – er wollte so schnell wie möglich die neuen Projekte kennenlernen, von denen er fernab in der deutlich kleineren Niederlassung in Berlin nur wenig mitbekommen hatte.

»Dann ab ins Labor. Aber nicht erschrecken, das ist deutlich größer als Lab Alpha, welches ich dir gestern gezeigt hatte. Das Team für die FBI-Kooperation ist nur klein. Heute geht es um ein Entwicklungs- und Forschungsprojekt, an dem etwa fünfzig Kollegen arbeiten.« Ramesh hatte bereits die Türklinke in der Hand und trat auf den Flur.

Joscha musste sich wieder hinter ihm in einer Schlange einreihen, die sich vor der Personenschleuse gebildet hatte, die den Bereich zu den vier Laboren abtrennte. Auf dem Flur bemerkte er, dass Ramesh von allen Kollegen freundlich gegrüßt und von einigen vorgelassen wurde. Er überlegte, ob alle in diesem Umfeld Mitarbeiter von Ramesh waren, und nahm es an. Der Iris-Scanner arbeitete schnell und zuverlässig. Sie waren zügig an der Reihe und konnten die Schleuse nach der kurzen Wartezeit darin wieder verlassen.

Auf der anderen Seite angekommen, erkannte Joscha sofort die Beschriftung ›Lab Alpha‹ über der ersten Tür links, die sie gerade passieren wollten. Genau in diesem Augenblick wurde sie von innen geöffnet. C64 kam heraus und bog auf den Flur ab, um zum Ausgang zu gelangen. Er sah Joscha und hielt ihm die erhobene Hand mit gespreiztem Zeige- und Mittelfinger entgegen. Joscha erkannte ihn auf Anhieb am T-Shirt und dem über dem Gürtel hängenden Bauch, beides war ihm bereits gestern aufgefallen. Bevor er den Gruß erwidern konnte, verschwand Rameshs Mitarbeiter wortlos in die andere Richtung in der Menge. Joscha konnte noch schnell einen Blick in das Lab Alpha werfen, bevor die Tür zufiel – die FBI-Agenten schienen Verstärkung bekommen zu haben. Nun saßen sechs Männer mit FBI-Kleidung zusammen mit den Mitarbeitern von Ramesh an dem kleinen Tisch. *Das sieht angespannt aus. Da scheint die Luft zu brennen!*

Die zweite Tür auf der linken Seite war das heutige Ziel. Die Beschriftung ›Lab Beta‹ hatte Joscha bereits gestern lesen können. Ramesh öffnete die gesicherte Tür und trat zusammen mit Joscha ein.

Der Raum sah identisch zu Lab Alpha aus: fenster- und pflanzenlos, mit einem einfachen Tisch, ein paar Stühlen und etlichen Monitoren, die in schräger Ausrichtung knapp unter der Decke angebracht waren.

Verblüffenderweise waren keine Menschen im Raum. Auf den Monitoren wurden zwar, ähnlich dem Lab am Vortag, Graphen, Datenreihen und Texte angezeigt, aber Joscha konnte außer Ramesh keine Menschenseele im Raum erkennen.

Ramesh schloss die Tür hinter sich und startete eine Präsentation, die auf einem der Monitore wiedergegeben wurde. »Joscha, nicht erschrecken, dass du hier keine Kollegen siehst; die sind alle unten in der Halle. Bevor wir runtergehen, erkläre ich nur kurz, womit wir uns hier beschäftigen.«

Er klickte erneut auf seinem Handy herum und blickte dann auf den Hauptmonitor, auf dem weitere Details angezeigt wurden. »Hier, in Lab Beta, forschen wir an einer unserer Schlüsseltechnologien, die eine effiziente und starke KI erst ermöglicht – einem schnellen Speicher mit immenser Kapazität. Das ist auch eines deiner Spezialgebiete, wenn ich das richtig in Erinnerung habe. Nur, dass ihr in Berlin auf der Basis anderer Technologien arbeitet.« Er sah Joscha erwartungsvoll an und hielt die linke Hand in seine Richtung, um ihm eine Antwort zu ermöglichen.

Joscha nickte mehrfach. Er überlegte kurz und ließ seinen Blick vom Monitor in Richtung Ramesh wandern. »Ja, richtig! In meiner Masterarbeit habe ich mich mit der Optimierung von Schnittstellen zum Datentransfer von Primär- zu Sekundärspeicher beschäftigt. Was ist denn jetzt der Kern unserer Forschung in diesem Labor?«

»Wir stehen kurz vor dem Durchbruch ... wir speichern Daten effizient in kristallinen Strukturen. Wir erreichen bereits heute etliche Terabyte auf nur einem Kubikzentimeter Material. Wir verwenden reinste, synthetisch hergestellte Kristalle, die wir selbst erzeugen. In einem Nachbargebäude findet die Fertigung statt. Hier, in diesem Labor, entwickeln wir die Technologie zum Schreiben und Auslesen der Daten. Also Software- und Hardwarekomponenten.«

»Wow, hört sich interessant an. Dass ihr hier in Boston an Speichertechnologien arbeitet, so wie wir in Berlin, das war mir bekannt. Aber dass bei eurer Forschung ... Kristalle die Trägersubstanz sind – das ist neu. In Berlin arbeiten wir mit DNA-Strängen; das weißt du ja sicher. Und wir sind kurz vor dem Durchbruch. Habt ihr schon Erfolge? Gibt es Prototypen, und wie hoch ist die Datenrate?«

»Jack hat bewusst eine ... sagen wir mal, Konkurrenzsituation aufgebaut. Daher die ähnlichen Ansätze an zwei Standorten.« Ramesh schien es peinlich zu sein, er starrte verlegen auf den Boden. »Er schaut, wer die Nase vorn hat, das bessere Produkt entwickelt.«

Dann konzentrierte er sich wieder darauf, die Anzeige auf dem Bildschirm zu aktualisieren. »Wir arbeiten bereits an einem ersten Musterexemplar in Verbindung mit unserem KI-Testsystem. Der Prototyp-Speicher nimmt schon jetzt riesige Datenmengen auf ... nur ... die Schreibvorgänge sind bisher zu langsam und – beim

Auslesen der Daten treten noch zu viele Fehler auf, wir müssen diesen Prozess verbessern. Wir …«, weiter kam Ramesh nicht.

Joscha riss die Augen auf und fiel ihm hektisch ins Wort. »Das ist ja topp! Ihr bekommt bereits Daten abgespeichert?« Dann senkte er seine Stimme wieder auf Normalmaß. »An eine ähnliche Technologie habe ich übrigens auch schon oft gedacht. Neben unserem DNA-Speicher wollte ich mich demnächst mit Kohlenstoff als Materialträger beschäftigen … aber Kristalle – eine total spannende Idee. Und die sind bestimmt extrem langlebig, denke ich …«

»Richtig, da spielen Jahrzehnte keine Rolle, wir denken eher an Jahrhunderte. Der Speicher wird annähernd unzerstörbar sein. Aber wie gesagt, wir müssen nur noch die Datenrate der Schreib- und Lesezyklen erhöhen … deutlich leider. Und die Daten korrekt wieder auslesen, wir haben noch zu viele Fehler dabei – das sind unsere nächsten Schritte.« Ramesh zeigte dabei mit einer Hand in Richtung eines der Monitore. Darauf war ein Graph mit der Beschriftung ›Datenrate lesen‹, ›Datenrate schreiben‹, Speicherdichte und vielen Zeilen Text zu sehen.

»Zeig mir später Details. Da kann ich eventuell helfen. Meine Masterarbeit ging ja bereits in diese Richtung. Ich beschäftige mich privat auch nebenbei mit solchen Themen. Marcel Becker aus meinem Team in Berlin steckt ebenfalls knietief in dem Thema. Er steht mit unserem DNA-Speicher auch kurz vor ersten Erfolgen!«

»Okay, der Reihe nach. Ich zeige dir jetzt erst einmal das wirkliche Lab Beta. Dies hier ist nur ein Vorraum, einer der Zugänge, von denen es drei gibt. Die meisten Kollegen kommen über eine doppelt gesicherte Schleuse direkt vom Parkplatz in das Labor hinein. Wir arbeiten mit fünfzig Leuten an dem Thema.« Ramesh betätigte dann einen Schalter auf seinem Smartphone.

Ein dumpfer Laut war zu hören, und Joscha erschrak. Er drehte sich in die Richtung des Lärms, der jedoch sanfter wurde und in ein ruhiges Säuseln überging, das dem Summen eines Schwarms Bienen glich. In einer der Wände öffnete sich ein etwa zwei mal zwei Meter breiter Durchgang – der Ausschnitt der Wand fuhr nahtlos zur Seite. Joscha war vorher nicht das Geringste an der Mauer aufgefallen. Wie ein ›Sesam, öffne dich‹-Zauber kam es ihm vor. Das Säuseln endete abrupt in einem kurzen Schlag, als würde ein starker Magnet anziehen.

»Voilà, Lab Beta«, Ramesh sah Joscha mit einem stolzen Blick an und machte eine einladende Handbewegung in Richtung Wandöffnung.

Joscha ging einige Schritte vor, bis er in der neu geborenen Tür stand und blickte erstaunt von oben in eine riesige Halle hinein. Vor ihm wandte sich eine etwa vier Meter hohe Wendeltreppe nach unten in die Tiefe. Die Umgebung war in ein bläuliches, sanftes Licht getaucht. Alle vier Seiten wurden durch Glasfronten begrenzt, die wie Schränke wirkten und in denen eine große Menge an Technik aufgebaut zu sein schien. Von hier oben konnte Joscha jedoch noch keine Details erkennen.

Bei näherem Hinsehen erkannte er in der Raummitte einen gläsernen Tisch, um den herum einige Mitarbeiter standen und diskutierten. An anderen Stellen, nahe den gläsernen Außenwänden, waren ebenfalls Tische aufgestellt, an denen Menschen saßen und konzentriert zu arbeiten schienen. Alles wirkte leise und strukturiert auf Joscha. Er hörte nur einige wenige Worte, die aus der Gruppe in der Mitte zu kommen schienen. Sonst herrschte ein ruhiges, organisiertes Arbeitsklima.

»Hier arbeiten fünfzig Kollegen, die Hälfte meines Teams. Der Kern der Storage-Technology-Gruppe. Komm, wir gehen runter. Ich zeige dir jetzt unser Prunkstück.«

Die Wendeltreppe war nicht aus Stahl beschaffen, wie es für eine Industriehalle üblich gewesen wäre, sondern aus hellem Holz. Sie passte gut zu dem restlichen überwiegend aus Glas beschaffenen Interieur, das durch die Beleuchtung bläulich funkelte.

Am Ende der Treppe hatte Joscha die Gelegenheit, einen Blick hinter eine der Glasfassaden zu werfen, die an der etwa zwanzig Schritte langen Seite, rund drei Meter vor der dahinterliegenden Betonwand, angebracht waren. Er erkannte einige schmale Büros, in denen Menschen vor Monitoren saßen und arbeiteten, aber auch Regale, in denen technische Geräte gelagert wurden. Die Beleuchtung war hinter der Glasfront unter der Decke angebracht und ließ die Welt hier unten in Blau erscheinen – *wie unter der Wasseroberfläche in einem der Weltmeere*, wirkte es auf Joscha.

»Komm«, sagte Ramesh, »wir gehen zum Heiligsten hier. Der erste halbwegs nutzbare Kristall, unser Forschungsprototyp – der ›weiße Gnom‹, so nennen wir ihn.« Ramesh ging vor, Joscha blieb ihm direkt an den Fersen, bis sie vor dem Tisch im Mittelpunkt des Labors standen.

Durchsichtig; weiß schimmernd; bläulich angehaucht durch das Umgebungslicht; feinste, Tausende und Abertausende winziger Leiterbahnen, die unten in einer Schnittstelle mündeten – das war Joschas erster Eindruck des Gnom. *Klein – kleiner als eine Tafel Schokolade und nur doppelt so dick*, dachte Joscha und sah das Artefakt ehrfürchtig an.

»Darf ich dir Joscha vorstellen, Fawad – unser Kollege aus Berlin.« Rameshs Blick wanderte zwischen Joscha und einem jungen Mann mit üppigen, krausen Haaren und sportlicher Figur.

»Joscha, Fawad Khora ist Tech-Lead in dieser Einrichtung.«

Joscha schaute in ein dunkelhäutiges Gesicht, mit wachen, sympathischen Augen. Sein Gegenüber schätzte er auf höchsten dreißig, definitiv kam er ihm aber jünger vor, als er es mit seinen dreiundvierzig selbst war. *Intelligenter, fester Blick*, dachte Joscha, *die Haare sehen allerdings aus wie ein Vogelnest*. Joscha konnte sich ein leichtes Schmunzeln nicht verkneifen.

»Freut mich, Joscha. Faw, nenn mich Faw – so wie die anderen Kollegen es auch tun. Ich habe von dir gehört. Fast wäre ich mit Jack zusammen zu euch gekommen, das hatte leider nicht geklappt. Das muss ich dringend nachholen. Gerne würde ich euch in Deutschland mal besuchen.« Mit einem freundlichen Blick und wachen, glänzenden Augen sah er Joscha direkt an.

»Gerne. Du bist immer willkommen. Du leitest die Forschung der Speichertechnologie?«

»Genau. Wir haben im letzten halben Jahr immense Fortschritte gemacht. Schau«, Fawad zeigte auf den Kristall in der Tischmitte, der im Zentrum der Forschung in der riesigen Halle stand. »Das ist er, der weiße Gnom. Unten siehst du die Schnittstelle, die mit den Rechnern links von uns verbunden ist. Dort hinter der Glaswand.« Jetzt deutet Fawad auf eine der Raumseiten und Joscha sah unendlich viele Computer-Racks, blinkende Lämpchen, sauber verlegte Verkabelung und weitere Hardwarekomponenten wie Switches, Kühlungen und Stromspeicher.

»Unser kleines Spiel-Datacenter«, er lachte dabei Joscha an. »Damit wollen wir bald zunächst unsere interne RIPE-KI Instanz betreiben. Keine Sorge, das ist nichts, was schon für Kunden oder die Außenwelt zugänglich ist. Und die Daten kommen dann später aus dieser kleinen, durchsichtigen Box.« Währenddessen schaute er stolz auf den Kristall.

Joscha hatte ebenfalls die ganze Zeit über den Speicher im Blick, richtete ihn nun aber auf Faw. »Ramesh erwähnte, dass die Schreibgeschwindigkeit bislang nicht reicht?«

»Richtig. Im derzeitigen Zustand ist das System nicht nutzbar. Da dauert die Antwort auf eine KI-Anfrage Minuten – untragbar. Und Probleme beim Auslesen gibt es auch noch. Zu häufig ermitteln wir korrupte Daten. Die Korrektur ist dann zu aufwendig.«

Er schüttelte den Kopf und sah wieder intensiv in Joschas Augen. »Wir überlegen gerade, wie wir schneller Daten in ihn hinein und fehlertolerant wieder zurückbekommen. Zwei, drei Ansätze waren bisher erfolglos. Du könntest uns vielleicht bei der Lösung helfen. Offen gesagt … das ist einer der Gründe, warum wir dich eingeladen haben. Du und dein Team in Berlin … ihr könnt mit eurem Know-how unterstützen, hoffen wir.«

Joscha fühlte sich überrumpelt. War das der wirkliche Grund für die Einladung? Nur unterstützen, weil die Kollegen allein nicht weiterkommen? Er hatte sich viel von der Reise versprochen und gehofft, mehr Verantwortung für sich und sein Team zu bekommen. Aber das Thema konnte warten und später mit Jack besprochen werden. Jetzt musste er erst mal politisch korrekt antworten. »Das ist uns eine Ehre. Ich habe da bereits eine Idee. Wir sollten später darüber reden.« Joscha wollte nun erst recht die Gelegenheit nutzen und möglichst viel über die Technologie erfahren. »Und die Daten im Kristall sind dann später die Grundlage der KI?«

»Genau. Das ist der Plan. Dieses Schätzchen enthält bald alle Daten, die unser RIPE-System nutzen wird. Für diesen Zweck haben wir bisher noch ganze Schränke voller SSDs und Festplattenspeicher im Einsatz – demnächst werden das Tausende nutzloser Komponenten sein – technischer Schrott! All das ersetzen in Kürze Kristalle wie Gnom.« Faw beobachtete jetzt erwartungsvoll Joschas Reaktion.

Mit seiner eindringlichen Stimme erinnerte er ihn in diesem Moment an einen Fachverkäufer im Elektroladen, der nun noch ein zusätzliches Feature anpreisen konnte: »Ein weiterer Riesen-Vorteil ist, dass sie deutlich weniger Energie verbrauchen werden. Wir werden immense Marktvorteile haben!«

Joscha nickte respektvoll, war aber froh, dass der Kurzvortrag zunächst beendet war. Er schaute wieder gebannt auf den Kristall – das war für ihn interessanter als das Geschwafel. Von Weitem betrachtet wirkte dieser so unscheinbar, aber aus der Nähe mutete er mit all den feinen internen Strukturen wie ein Wunderwerk an. Er sah, dass der obere Teil, vielleicht fünf Prozent der Fläche, eine leicht andere Färbung hatte – minimal dunkler erschien er ihm. Und unten an der Schnittstelle war ein permanentes Flackern der dünnen Leiterbahnen wie kleine Glühwürmchen zu sehen.

»Faw, was bedeutet der Farbunterschied des oberen Teils? Oder wirkte es nur so durch die Beleuchtung?«

»Gut erkannt. Joscha. Durch das Schreiben von Daten ergeben sich Änderungen von Polaritäten kleinster Teilchen und damit minimale Strukturänderungen. Das führt dann zu leichten Einfärbungen. Der dunklere, obere Bereich ist also bereits mit Testdaten gefüllt.«

Joscha versank in seinen Gedanken über die Möglichkeiten der neuen Technologie und überlegte, ob sein DNA-Ansatz mithalten konnte. *Jack hat bewusst eine Konkurrenzsituation geschaffen – wir stehen in Berlin gehörig unter Druck.* Trotzdem faszinierte ihn der Prototyp, den er gerade vor sich betrachtete. Er starrte unentwegt gebannt auf den bläulichen Kristall.

2 Mateo

Mateos Nacht war kurz. Bereits um fünf stand er auf, um rechtzeitig in der Nähe des Kumari-Hauses Wache zu halten. Er durfte nicht verpassen, wer die Tochter abholte und wohin sie gebracht wurde. Andernfalls wäre der Plan für den heutigen Tag zu vergessen gewesen. Noch gestern vor dem Schlafengehen hatte er die Adresse der Kumaris ermittelt – durch die guten Kontakte zu anderen Ganoven im Clan-Umfeld war dies für ihn eine Kleinigkeit.

Er saß nun in Miguels schwarzem Camaro und hatte das Radio an. WWBX spielte ›Marvins Room‹ von Drake. Mateo hatte den Sitz weit nach hinten gestellt, den Hinterkopf lässig an die Kopfstütze gelehnt und tippte sich mit den Fingern im Rhythmus der Musik auf seinen Bauch. Der Kopf ragte minimal über die Höhe des Lenkrads, sodass er gerade genug von der Umgebung erkennen konnte.

Die Sonne ging währenddessen auf, stand aber noch hinter der Häuserreihe. Daher trübten noch keine Schattenpartien die Sicht auf den Hauseingang. Noch konnte er die Umgebung des Kumari-Hauses gut einsehen.

Womit hat so ein Inder das verdient, dachte Mateo und schaute neidvoll auf den gepflegten Vorgarten und die moderne Front der Villa. *Ich reiße mir den ganzen Tag den Arsch mit der Drecksarbeit auf – und der Typ sitzt mit einer Kaffeetasse am Schreibtisch.*

Der Sender spielte jetzt rockige Musik und er nickte mit seinem Kopf heftig zu den schnellen Gitarrenriffs von Mötley Crües ›Dogs Of War‹. Als der Gesang von Vince Neil einsetzte und er zu brüllen begann, imitierte Mateo die Schreie. In seiner Wohnung hätte er zu dem Song sicherlich Luftgitarre gespielt; hier, in Miguels Wagen, begnügte er sich mit der imitierten Stimme.

Er hatte eine Gruppe Kinder übersehen, die vermutlich auf dem Schulweg waren. Als die Drei im Vorbeigehen irritiert in den Wagen blickten, zeigte er ihnen seinen

Mittelfinger und nickte einen angedeuteten Kopfstoß aggressiv in ihre Richtung. Die Kleinen gingen in den Laufschritt über und verschwanden schneller, als sie gekommen waren, in der nächsten Seitenstraße. Mateo lachte laut auf.

Er schaltete dann das Radio aus. Er wollte nicht noch einmal auffallen und damit vielleicht alles vermasseln.

Die Sonne lugte inzwischen mit einem dünnen Streifen über dem Kumari Haus hervor und es bildeten sich lange Schatten, die in seine Richtung geworfen wurden. Mit jeder Minute, in der der gelbe Streifen zunahm, erkannte Mateo den Eingangsbereich, den er beobachtete, schlechter. Der Kontrast zwischen den hellen, in orangefarbenes Licht getauchten, und den dunkleren, grauen Flächen wurde größer und machte ihm trotz seiner Sonnenbrille zu schaffen. Er wurde nervös.

Plötzlich nahm er eine Bewegung wahr und sah ein kleines Mädchen in einem rosa Kleid und einem pinken Blouson vor dem Haus am Straßenrand stehen. Sie hatte lange, pechschwarze Haare und einen dunklen Teint. Auf dem Rücken trug sie einen bunten Schulranzen. In dem Spiel aus Schatten und strahlender Helligkeit war sie ihm nur durch ihre ständige Hampelei aufgefallen.

Mateos Gemütszustand wandelte sich zunehmend in eine Unsicherheit. Er hatte nicht mitbekommen, aus welchem Haus die Kleine gekommen war und ob es das Kumari-Mädchen war. Dann hörte er eine Stimme aus der Richtung des etwa zwanzig Meter von ihm entfernten Hauses und sah einen Mann zu ihr gehen. Er gab ihr einen Kuss auf die Stirn und stieg in den Ford Explorer, der in der Hauseinfahrt parkte. Mateo war jetzt wieder erleichtert. Er hatte Ramesh Kumari erkannt. Es konnte sich nur um seine Tochter handeln, die als Mittel zum Zweck der Erpressung diente.

Dann ging alles rasend schnell! Während der Ford das Grundstück verließ, hielt ein silberner Lincoln SUV vor dem Haus und das Mädchen stieg ein. Er sah, dass hinten auf der Rückbank bereits ein anderes Kind saß. Beide schienen sich nun zu unterhalten und die zappelnden Bewegungen beider Kinder deuteten auf Spaß und Spielerei hin.

Mateo ballte die Faust und schlug sie auf die Handablage zwischen den Sitzen. Er schrie kurz »Yes!«, startete seinen Wagen und fuhr in größerem Abstand gemächlich hinter dem Lincoln her.

Die Fahrt führte ihn durch mehrere gehobene Wohnviertel. An jeder roten Ampel juckte es Mateo beim Warten und dann beim Anfahren in seinem rechten Fuß – zu gerne hätte er den Camaro aufheulen lassen. Zu gerne hätte er das Gaspedal immer wieder halb durchgetreten, und dann noch etwas weiter. Aber nicht auffallen war wichtiger, das war ihm klar.

Die Bebauung wurde spärlicher, bis nur noch Wiesen und Felder zu sehen waren. Dann kamen sie durch einen kleinen Wald, in dem der verfolgte Wagen rechts abbog. Um nicht gesehen zu werden, fuhr Mateo jetzt noch langsamer, was ihm so schwerfiel, dass er den Kopf schüttelte und jetzt aus Frust erneut heftig auf die Mittelkonsole schlug.

Am Ende des Waldes wurde die Gegend wieder schnell belebter. Die Bebauung war dicht und es waren Geschäfte und Restaurants zu sehen. Auf den Gehwegen fielen ihm Mütter und vereinzelt auch junge Väter auf, die ihre Kinder an den Händen führten. Das deutete auf das Ziel hin. Der SUV war drei Autos vor ihm und hielt am Straßenrand. Mateo lenkte den Camaro mit den rechten Reifen gemächlich auf den Bürgersteig und schaute zu, wie die beiden Kleinen den Wagen verließen.

Die Einrichtung hatte einen großen Vorplatz, auf dem sich bereits etliche Kinder versammelt hatten. Mateo öffnete das Fenster. Es war ein Geschnatter wie in einem

Gänsegehege zu hören und die Kinder liefen wild durcheinander.

Die Kleine mit dem rosa Kleid ging dann durch die Hauptpforte an dem roten Schild mit der Aufschrift ›South Guide Preschool‹ vorbei und gesellte sich zu einer Gruppe wartender Mädchen. Sie unterhielten sich rege und lachten ausgiebig.

Mateo wartete noch ein Weilchen, bis die Glocke ertönte und die Kinder unter lautem Geschrei in das Haus liefen. Der Lincoln war schon lange abgefahren und nicht mehr zu sehen.

Dann suchte er im Internet die Nummer der Schule heraus und rief das Sekretariat an. Er gab vor, sein Kind dort anmelden zu wollen und bat um die Betreuungszeiten. Die freundliche Sekretärin nannte ihm die Zeit von acht bis fünf.

Zufrieden drehte Mateo dann den Camaro und fuhr in Richtung des Landsitzes, um sich mit Miguel abzustimmen – es war Zeit genug, bis die Kita am späten Nachmittag schloss. Als er das Wohnviertel verlassen hatte, trat er das Gaspedal durch, ließ den Motor aufheulen und die Reifen malten schwarze Gummistreifen auf den Asphalt.

3 Joscha

Eine in Blau getauchte Welt. Mittlerweile saß Joscha auf einem bequemen Bürostuhl inmitten der imposanten unterirdischen Halle, die Labor Beta beherbergte. Er fühlte sich wie ein Koi inmitten eines geschmackvoll angelegten und gepflegten Aquariums. Das elegante Glas; die modernen, aus edlem Holz gefertigten Möbel; einige für diese Halle passend gewählten Grünpflanzen, die unter diesen Bedingungen ohne Tageslicht gut gediehen und einen stilvollen Blickfang bildeten; und dann diese bahnbrechende neue Technologie – das alles ließ ihn fast vor Ehrfurcht erstarren. Die Konkurrenzsituation mit dem Bostoner Team konnte er erst einmal verdrängen.

Er ging die von Ramesh angesprochenen Probleme bei der Speicherung der Daten in den Kristall geistig immer wieder durch. Joscha hatte trotz der internen Rivalität den Ehrgeiz, eine Lösung oder zumindest einen vielversprechenden Ansatz zu finden, der weiterverfolgt werden könnte.

Erneut sah er auf den Kristall; erkannte die unzähligen feinsten Strukturen im Inneren; ließ seinen Blick von oben ausgehend nach unten gleiten, entlang des als etwas dickere Linie zu erkennenden Primär-Datenbusses, der wie die Aorta des Speichermoduls die Hauptlast zu tragen hatte. Ihm war, als wenn er den permanent innerhalb der Strukturen wogenden Datenstrom wie winzigste, leuchtende Tupfen flackern sehen könnte; Teilchen, die im Sturm treibenden Glühwürmchen ähnlich, auf magischen Wegen innerhalb des Kristalls zu ihren vorbestimmten Zielen gezogen wurden. Als Wissenschaftler wusste er, dass er die Daten nicht sehen konnte, aber die Reflexionen der unzähligen Lichtquellen, der sich im Labor bewegenden Kollegen und der wenigen im Raum schwirrenden Staubpartikel ließen den Gnom fast zu einem mit Leben gefülltem Artefakt erwecken. Da der Kristall ebenso bläulich wie die gesamte Umgebung schimmerte, kam er Joscha wie ein winziges Aquarium innerhalb eines großen Beckens vor.

Dann erinnerte sich er an die Idee, einmal mit Marcel zu telefonieren. Er war sein geeignetster Mitarbeiter für die Thematik der Geschwindigkeitsoptimierung. Er bat Ramesh, mit ihm zurück in den Besprechungsraum zu gehen, in dem sich noch sein Notebook befand. Hier im Labor hatte er alles gesehen und wollte die Kollegen nicht weiter stören.

Als sie oben angekommen waren, schaute Joscha auf seine Uhr – gerade Mittagszeit. In Berlin war es dagegen spätnachmittags, eventuell zu spät, jemanden in der Firma zu erreichen. Er wählte trotzdem Marcel an. Wie erwartet, blieb der Ruf unbeantwortet.

Wieder dachte Joscha an die schwierige Zeit der Pandemie zurück. Marcel hatte damals die Angewohnheit, erst spät, zumeist erst gegen elf Uhr, mit der Arbeit zu beginnen und war daher entsprechend spät in den Feierabend gegangen. Durch den Drogen-Entzug hatte er sich allerdings einen an die Arbeitszeiten der Kollegen angepassten Rhythmus angewöhnt, was Joscha wusste und er sich kaum Hoffnung machte, ihn heute noch zu erwischen. Trotzdem nahm er sich vor, etwas später einen weiteren Versuch zu starten.

Joscha ging nun zum Kaffeeautomaten und bediente sich. Das war mittlerweile Gewohnheit. Er machte fast stündlich diesen Weg, was seinen Kaffeekonsum enorm ankurbelte.

Plötzlich blinkte der Monitor auf, er bekam einen Zoom-Anruf und las ›Marcel Becker‹. Er stellte den heißen Kaffeebecher ab und nahm freudig an. »Marcel, guten Abend. Ich hatte es gerade einfach mal versucht … hab allerdings nicht damit gerechnet, dass du dran gehst. So spät noch aktiv?«

»Ich wollte mir gerade einen Früchtetee kochen, Joscha, dann habe ich das Klingeln aus der Richtung meines Rechners gehört. Guten Abend, oder besser guten Tag erst einmal. In den USA habt ihr jetzt wahrscheinlich erst mittags. Wie läuft's in Boston? Das nächste Mal komme ich übrigens mit.« Joscha hörte anhand der Stimme, dass Marcel dabei grinste oder lächelte. Wahrscheinlich stellte er sich gerade vor, sich mit seiner Körperfülle in einen für ihn deutlich zu engen Flugzeugsitz zu quetschen. Jedenfalls kamen Joscha diese Bilder in den Sinn.

»Du kannst eventuell helfen, Marcel. Die Kollegen hier in Boston sind verdammt weit mit einer neuen Speichertechnologie: Deren Ansatz basiert auf kristallinem Material, nicht auf Kohlenstoff, wie wir es mal diskutiert hatten ... oder auf DNA-Sequenzen, woran wir zurzeit arbeiten. Aber das Team hat noch diverse Probleme – dein Ansatz mit der dreidimensionalen Schnittstelle könnte helfen.«

»Wie cool, Kristall. Das hört sich ... futuristisch an. Ähnlich interessant wie unser DNA-Ansatz. Schick bitte mal was Konkretes rüber. Ideen kommen mir bestimmt!« Joscha spürte in der Stimme seines Mitarbeiters Neugierde und Spannung, so kannte er Marcel.

»Ich bekomme gleich eine Spezifikation der Schnittstellen. Ich melde mich dann. Trink du erst mal deinen Tee. Um diese Zeit solltest du eigentlich Feierabend machen, meine ich. Es reicht, wenn du es dir morgen im Büro ansiehst.« Mit einem schlechten Gewissen, da Marcel seinen Rechner online hatte und anscheinend noch beschäftigt war, legte Joscha auf.

Direkt im Anschluss blinkte wieder Zoom auf – dieses Mal wurde ›Ben Budde‹ angezeigt. *Bitte jetzt nicht Kollege Alpha-Tier.* Trotzdem nahm Joscha ab. »Ben, was gibt es? Alles klar in Berlin?«

»Nix ist klar. Die Inge vom Betriebsrat war heute bei mir am Platz. Die ist stinksauer. Sie wollte eben Marcel auf seine hohe Überstundenzahl ansprechen, aber der war gar nicht im Büro. Entweder arbeitet der nicht oder treibt sich wieder im Homeoffice rum. Na ja, ist doch das Gleiche.« Die hohe, aufgeregte Stimme von Ben beunruhigte Joscha. *Dass der Trottel sich wieder einmischt ... kann ich jetzt überhaupt nicht gebrauchen, gerade hier aus der Ferne nicht.*

»Sag der Inge bitte, sie soll mich anrufen, wenn es Wichtiges zu bereden gibt. Und der Marcel, der liefert auf jeden Fall gute Arbeit ab – ob zu Hause oder im Büro, da mache ich mir keine Sorgen.« Joscha sah genervt auf die Tastatur und dann auf die Uhr. Sein Magen knurrte, und er sehnte sich nach einem kühlen Getränk. Die Mengen an Kaffee hatten einen bitteren Geschmack im Hals hinterlassen.

»Tatsächlich, Halberstadt? Die Ann-Katrin sieht auch immer so aus, als ob ihr langweilig ist. Du ... du bekommst nix mehr gebacken, glaub ich.« Bens hektische Stimme überschlug sich beim letzten Satz.

»Bitte Ben. Es reicht. Mach du deine Arbeit.« Joscha wurde laut und betonte ›deine‹ und zog das Wort extrem lang. Dann legte er direkt auf, ohne eine weitere Spitze abzuwarten.

Ramesh war inzwischen ebenfalls wieder aufgetaucht. »Joscha, ich habe uns ein paar Kleinigkeiten zu essen hierher bestellt. Dann können wir uns weiter über die Projekte unterhalten und werden nicht gestört, wie es in der Kantine der Fall wäre.«

»Das passt gut. Ich habe noch so viele Fragen. Mit Marcel habe ich eben gesprochen. Schick ihm bitte die ganzen Spezifikationen, er kann bestimmt seine aktuellen Arbeiten verwenden und uns zumindest Tipps geben.«

In dem Augenblick klopfte es an der Tür und ein Servierwagen mit Getränken und Sandwiches wurde hereingeschoben.

4 Miguel

»Wie war dein Ausflug, Mateo? Hast du die kleine Göre verfolgen können?« Miguel räkelte sich auf einer Sonnenliege, blieb aber unbeeindruckt liegen. Er kniff die Augen zusammen. Trotz dunkler Sonnenbrille blendeten die Sonnenstrahlen, die am Kopf von Mateo vorbei den Weg in sein Gesicht fanden.

»Morgens in der Früh wurde sie abgeholt, wahrscheinlich eine befreundete Mutter. Die Vorschule schließt um fünf.« Mateo setzte sich in den Schatten auf einen Stuhl und wartete auf eine Reaktion.

Stille.

»Wie geht es weiter, was ist der Plan?«

Erneut beantwortete Miguel die Frage nicht. Er dachte angestrengt an den kommenden Nachmittag: könnte die Aktion bereits heute stattfinden? Und er dachte an den Patron – es durfte nichts schiefgehen.

»Was machen wir als Nächstes?« Er schaute Miguel dabei ungeduldig in die Augen.

Miguel schob dann seine Beine nach rechts und hängte sie über den Rand des Liegestuhls. Dabei rutsche das blaue, mit einer sich ringelnden, schwarzen Schlange verzierte Badetuch seitlich zur Hälfte auf den Boden. Er griff in Richtung des hohen, noch halbgefüllten Glases und hob es auf Augenhöhe gegen die Sonne. Die gelb-rote Flüssigkeit leuchtete durch die hellen Strahlen wie Lava. Der kleine Cocktailschirm passte mit seinen Farben homogen zu dem Anblick. Er rotierte im leichten Luftzug.

Miguel nippte an seinem Drink, wobei der Schirm ihm in ein Glas seiner Ray-Ban stach. Er packte die Spitze und schleuderte ihn unter den Tisch, wo er durch den Wind in Richtung des Pools getrieben wurde. Nur leise Worte kamen über seine Lippen. »Die Kiste, Mateo. Der Patron will, dass wir ... die Kiste wieder einsetzten.«

»Ein Kind. Das ist noch ein kleines ... ein Kind! Das ... können wir nicht machen.« Mateo sprach dagegen laut und verhaspelte sich vor Aufregung.

»Ja. Aber die Wirkung. Mit der Kiste haben wir immer bekommen, was wir wollten.« Miguel stellte sein Glas ab und stand auf. Er räkelte und streckte sich, jetzt im Stehen. Dann nahm er Anlauf und hechtete mit einem Kopfsprung in das Becken. Im Sprung sah er das blaue Wasser, das sich kaum vom Hintergrund des Infinitypools abhob –

Blau auf Blau. Dann tauchte er ein – der komplette Körper war für Sekunden im nassen Element. Die sich auf der Wasseroberfläche brechenden Sonnenstrahlen zauberten unregelmäßige Kreise und Ellipsen auf den türkisfarbenen Boden des Pools, der dadurch wie der riesige Panzer einer bunten Schildkröte wirkte. Miguel wähnte sich für wenige Herzschläge in einer fremden, aber friedlichen Welt.

Das kühle Nass ließ kurz eine Gänsehaut über seinen Oberkörper laufen, nach ein paar Kraulzügen spürte er aber keine Kälte mehr. Das Wasser war optimal temperiert.

Am Ende der zwanzig Meter Bahn drehte er um und schwamm zurück an den Rand, von dem er gesprungen war. Er sah Mateo an. »Fünf sagst du?«, dabei fasste er mit beiden Händen auf den Rand und drückte sich nach oben in den Stand. »Um fünf wird sie spätestens abgeholt?« Wieder grübelte Miguel über den Verlauf des kommenden Nachmittags.

»Ja, spätestens. Dann schließt die Vorschule.«

»Gut. Wir fahren zusammen. Ab halb vier sollten wir schauen, was sich dort an der Schule tut. Mach dich bereit.« Miguel schüttelte sich wie ein nasser Hund, sodass der Boden ringsum mit Wasserflecken bedeckt wurde und sich kleine Lachen bildeten.

Mateo wischte sich Tropfen aus dem Gesicht, die Miguel in seine Richtung geschleudert hatte. »Heute noch? So schnell? Wir sollten erstmal alles planen.« Fragend sah er auf seinen nassen Chef.

Der schaute genervt zurück. »Wir müssen dem Patron was liefern. Lass uns zumindest schauen, ob wir das durchziehen können – abblasen können wir immer noch. Also!«

Mateos Miene wirkte immer unwohler. »Und wenn der Kumari nichts ausrichten kann? Wenn er uns gar nicht helfen kann? Außerdem ... ein kleines Mädchen ist das noch.«

»Dann sehen wir weiter.« Er machte eine Pause. »Der wird aber nach unserer Pfeife tanzen, da bin ich mir sicher.« Miguel schaute dann in Richtung der Villa und rief nach Sofia.

Der Blick auf das Gebäude, auf das ganze Anwesen erinnerte ihn dabei wieder an seine Heimat – an Mexiko.

Seine Eltern hatten damals nur ein kleines, aber schönes Haus gehabt – eine heruntergekommene Hütte, dachte er mittlerweile. Als Kind war es für ihn ein behütetes Zuhause gewesen, genauso gut wie das der meisten Nachbarn. Aber dort in seinem Dörfchen, in der alten Heimat, gab es noch diese imposante Villa mit den rot-braunen Schindeln; dem schönen, ockerfarbenen Putz; dem mithilfe von dicken Holzbohlen gehaltenen Balkon. Diese Villa lag vor den Toren des kleinen Örtchens nahe Juarez auf einem lieblichen Hügel und war umgeben von einem hohen Zaun; dahinter war alles grün und fantastisch angelegt.

Als kleiner Junge hatte Miguel oft in der Nähe gespielt und das Anwesen bewundert. Dieses Grün der Parkanlage hatte er nie vergessen; so kontrastreich hob es sich von der braunen, mit Staub und abgestorbenen Büschen überzogenen Umgebung ab. Der Patron, Jorge Blanco, kümmerte sich um das ganze Städtchen. Alle Einwohner lagen ihm zu Füßen. Miguel hatte es inzwischen geschafft. Er war einer von seinen Leuten und Jorge Blanco, der Patron, war sein Jefe.

Diese Villa, vor der er heute als erwachsener Mann stand, abgelegen zwischen Boston und Springfield, war ein Abbild des mexikanischen Anwesens des Patrons. Genauso bezaubernd wie das Original. Miguel hatte sich gerade kurz als Zwölfjähriger in Juarez gewähnt, jetzt hörte er aber Sofia vom ausladenden Balkon aus antworten.

»Ja, Miguel. Soll ich nach unten kommen?«

»Nein, Kleines. Nicht nötig … nur eine Info. Mateo und ich haben was zu erledigen. Es wird spät heute Nacht.« Miguel sah sie wortlos zurück in das Haus gehen, wobei sie ihre Hand mit einer abwertenden Bewegung durch die Luft schlug.

Er wandte sich wieder Mateo zu und nahm seine Sonnenbrille ab. Dann sah er ihm direkt in seine haselnussbraunen Augen. »Das ist unsere Chance, Mateo. Wenn wir für den Patron den Zugang zu dieser KI erhalten, dann wird er, mit den enormen Möglichkeiten der IT, alle Drogengeschäfte in ganz Nordamerika beherrschen. Alle!« Miguel blickte dabei in die Ferne und nickte mehrmals. »Und dann steigen wir beide noch höher in die Führungsriege. Wir werden ganz oben dabei sein.«

5 Joscha

Auf dem Servierwagen sah Joscha Sandwiches, Wraps, Zimtschnecken, mit Marmelade gefüllte Röllchen, Cracker und eine größere Anzahl diverser Getränkedosen. Er nahm sich eine Pepsi und ein Wrap und blickte wieder auf seinen Monitor, um die gerade eintreffenden Mails zu studieren.

Ramesh saß ihm gegenüber auf der anderen Tischseite und tat es ihm nach. Nach einer Weile sagte er: »Die Mail ist raus, Joscha. Die Spezifikation des Speicherinterfaces habe ich gerade verschickt. Marcel soll sich kümmern, Marcel Becker … richtig?«

»Danke, ja. Marcel könnte helfen. Er hat unglaublich tolle Ideen und denkt manchmal in eine ganz andere Richtung als die anderen Leute aus dem Team.«

Wieder vertieften sich beide in ihre Aufgaben.

Joschas Blick wanderte zum Fenster. Wie schon am Morgen sah er kurvende Autos, deren Fahrer einen Platz nahe dem Eingangstor suchten. Fußgänger waren aus allen Richtungen zum Gebäude strömend zu erkennen. Des Weiteren waren mittlerweile auch kleine Gruppen von Kollegen zu sehen, die sich in der Mittagspause die Beine vertraten und über einen Weg durch die vor dem Gebäude geschmackvoll angelegten Grünanlagen schlenderten. Joscha stand auf und ging nun zum Fenster, um auch ein wenig Bewegung zu bekommen und um das Treiben deutlicher sehen zu können. Dabei fiel ihm wieder das T-Shirt mit der Aufschrift ›Commodore 64‹ auf. Es war tatsächlich C64, der ebenfalls zu Fuß unterwegs war. Er unterhielt sich mit dem Kollegen, den Joscha gestern bereits neben ihm im Labor hatte sitzen sehen. Dieser trug wieder das altertümliche Brillengestell und heute ein Poloshirt mit der Aufschrift ›ATARI‹ mit dem entsprechenden drei streifigem Logo darüber. Joscha lachte leise vor sich hin.

Es klopfte an der Tür.

Joscha sah Ramesh an. Er hatte anscheinend nichts gehört; so vertieft schien er auf seinen Monitor zu starren, dann klimperte er auf seiner Tastatur.

Es klopfte wieder.

Jetzt wurde Joscha aktiv: »Ja, herein.«

Es klopfte zum dritten Mal.

Ramesh hatte die Worte von Joscha gehört und löste sich aus seiner fast hypnotischen Konzentration. »Wenn das Externe sind, kommen die hier nicht ohne unsere Hilfe rein. Dieser Raum ist ausschließlich für ISF-Mitarbeiter freigeschaltet.«

Joscha war bereits auf dem Weg zur Tür und öffnete sie. Er erkannte einen der FBI-Mitarbeiter, den er gestern in Lab Alpha kennengelernt hatte. Er deutete ihm an, einzutreten.

Der FBI-ler ging mit besorgtem Blick auf Ramesh zu und sagte: »Herr Kumari, meine Vorgesetzte denkt, es ist besser, ich informiere Sie sofort. Wir haben Informationen, dass der Juarez Clan-Chef ›Blanco‹ einen Anschlag auf uns plant. Er hat anscheinend Kenntnisse über unsere KI-gestützten Aktivitäten und versucht, das System zu kompromittieren oder gar zu übernehmen. Das RIPE-System hat uns eine Warnung ›Stufe drei‹ ausgesprochen. Möchten Sie den Wortlaut?«

Ramesh sah ihn erstaunt an und schüttelte entsetzt den Kopf. »Warten Sie …«, er tippte wieder auf seiner Tastatur. »Ich rufe es direkt selbst ab.«

Dann winkte er Joscha zu sich und zeigte auf seinen Bildschirm. Joscha las die Zeilen leise murmelnd mit.

›RIPE Einsatzempfehlung – Warnstufe drei‹

* (RIPE) Empfohlen wird eine erhöhte Wachsamkeit. Das Drogenkartell Juarez könnte Anschläge verüben. Hier die Mitschnitte (leicht geänderter und gekürzter Wortlaut):

* (Telefon) Das FBI arbeitet mit dem IT-Unternehmen ISF zusammen. Deren großartig funktionierende KI macht dabei eine fantastische Arbeit. Diese KI müssen wir für uns nutzen. Holt zu Kumari und Halberstadt Informationen ein. Macht denen Angst. Ich will selbst die KI für unsere Zwecke nutzen. – (Jorge Blanco, Juarez Gruppe, Montag, 6:12 PM)

* (Telefon) Was genau stellst du dir vor? – (Miguel Rodríguez, Juarez Gruppe, Montag, 6:12 PM)

* (Telefon) Packt seine Frau oder das Kind. Dann nehmt die Kiste im Wald. – (Jorge Blanco, Juarez Gruppe, Montag, 6:13 PM)

Joscha sah Ramesh an, der mit blassem Gesicht angstvoll auf seinen Monitor starrte und dann den Deckel des Laptops mit einem Schwung zuklappte. Er sah nun ebenfalls zu Joscha und stammelte: »Was soll der Scheiß? Woher ... kennen die unsere Namen? Ich muss dringend meine Frau anrufen.« Er sprach leise und zaghaft. Joscha hatte ihn noch nie so reden hören. *Angst, die pure Angst, steckt ihm förmlich in der Stimme. Verständlich. Mir geht es nicht anders. Vera ... was ist mit Vera. So eine Scheiße!*

»Tu das, Ramesh. Ruf sie direkt an. Ich melde mich erst einmal nicht bei Vera, meiner Frau. Die wird verrückt vor Sorgen.« *Oder hat der Clan eventuell meine Adresse in Berlin? Aber woher? Was haben die nur vor?* Nach einer kurzen Pause dann: »Was meint der Blanco mit der Kiste?«

»Da war vor ungefähr zwei Jahren solch ein vergleichbarer Entführungsfall hier in Boston. Es wurde eine Frau zwei Tage in einer vergrabenen Kiste versteckt. In Mexiko gibt es das wohl häufiger.« Seine Stimme wurde noch leiser und zitterte jetzt.

»Ist sie gerettet worden?«

»Ja, drei Millionen Lösegeld wurden gezahlt. Dann haben die Entführer den Ort preisgegeben und die Ermittler haben sie nach kurzer Zeit gerettet.«

Dann sah Joscha, wie Ramesh auf seinem Handy mehrfach eine Nummer anwählte. Er legte es dann mit einem lauten Poltern auf den Tisch und sagte: »Sie geht nicht ran. Wenn sie arbeitet, stellt sie ihr Handy immer aus.«

Joscha kramte während der Unterhaltung seine am Vorabend im Kopf abgespeicherten Beobachtungen hervor und hatte diese bei dem Gespräch mit Ramesh permanent im Sinn: den schwarzen Camaro, den dunkelhaarigen Mexikaner mit dickem Schnauzer und das

Kästchen, das er neben sich stehen hatte. Ein IMSI-Catcher? Das würde einiges erklären.

6 Miguel

»Kennst du den Weg, oder benötigen wir das Navi?« Miguel saß auf der Grundstücksausfahrt des Anwesens am Steuer des Camaro und wartete darauf, dass sich das massive Eingangstor aus verwittert-rostigem Cortenstahl öffnete. Erneut drückte er einen Knopf auf der Fernbedienung, die in der Mittelkonsole des Wagens lag. Er sah zur rechten Seite an Mateo vorbei und war stolz über die Park-ähnliche Anlage, die hier am Eingang in nordischem Flair, mit mannhohen Kiefern, Moosen und Gräsern bepflanzt war. Im Hintergrund sah er kurz auf die Villa und er dachte erneut sehnsüchtig an die Jugendzeit in seinem Heimatdorf in der Nähe von Juarez.

»Kein Navi.«

»Okay.« Er wartete noch einigen Sekunden und drückte wieder den Knopf. »Das scheiß Tor! Die dämliche Fernbedienung geht wieder nicht.« Indem er die Worte von sich gab, warf er sie in den Wagen, stieg aus und hämmerte auf einen von vier Knöpfen, die auf dem im Beet angebrachten Ständer aus Beton montiert waren.

Sofort war zunächst das Säuseln eines Elektromotors zu hören, das abrupt vom Rumpeln des zur Seite rollenden Tores überblendet wurde. Miguel stieg in den Wagen, wartete, bis die Öffnung etwa die Breite seines Wagens aufwies und gab Gas. »Du kennst den Weg – sag frühzeitig, wenn ich abbiegen muss.«

»Erst bis ins Zentrum von Newton Hills, dann ist es nicht mehr weit. Ich sag' dann Bescheid, wenn wir von der Hauptstraße abfahren müssen.« Mateo blickte gelangweilt nach vorn aus der Windschutzscheibe.

»Wo und wann packen wir sie am besten? Hast du eine Idee?«

»Wenn das Kumari Mädchen nach Hause gebracht wird, fahren die auf dem ersten Drittel der Strecke durch ein Wäldchen. Da ist weit und breit kein Haus – verlassene Gegend. Verkehr habe ich heute Morgen auch nicht gesehen.«

Miguel sah zur Seite und nickte seinem Beifahrer zu. »Guter Plan, Mateo. Du nimmst das Chloroform und den Lappen, ich die Kabelbinder. Im Wald schlagen wir zu. Aber jetzt erstmal zur Schule.«

Miguel konzentrierte sich auf den Verkehr. In der Stadt war eine Menge los und die Sonne warf unangenehme Schatten auf die Straße. Er fuhr vorsichtig, jetzt sollte nichts mehr anbrennen. Dann schaltete er das Radio ein. ›Hier ist WWBX, die besten Rockhits im Osten. Weiter geht es mit *What was I made for?* von Billie Eilish‹. Er wippte mit dem Kopf im Takt und sah kurz zu Mateo, der es ihm gleichtat.

Wenig später musste er an einer roten Ampel halten. Neben dem Camaro stand ein weißer Porsche 911 – Miguel hörte den blubbernden Motor. Ihm juckte der Fuß, aber er blieb ruhig. Als das Licht auf Grün sprang, sah er Mateo an und sagte: »Das fällt schwer. Wenn wir den Auftrag hinter uns haben, bewege ich den Wagen wieder, wie er es liebt.« Dabei hörte er den Porsche jaulen, fuhr aber gemächlich an und benötigte lange, bis er die erlaubte Höchstgeschwindigkeit erreicht hatte.

»An der Ampel rechts und dann die nächste Straße links. Dann sollten wir schon das Gebäude der Vorschule sehen«, Mateo hatte sich nach vorn in Richtung Frontscheibe gebeugt und hielt die Hand über die Augen, um die Sonne abzudecken. Er kramte dann im Handschuhfach und holte die Gegenstände heraus, die sie gleich benötigten: ein Fläschchen, zwei Tücher und

Kabelbinder. Er legte alles auf den Boden, griffbereit zwischen seine Füße.

Nach einigen Minuten klappte Miguel die Sonnenblende so tief es ging herunter. Trotz seiner Ray Ban konnte er den Verlauf der Straße kaum erkennen. Die Sonne stand bereits tief im Westen, sodass sie direkt über der Fahrbahn schwebte und es schien ihm, als schaute er in loderndes Feuer.

»Stopp, Miguel. Dort drüben – rechts – etwa vierzig Meter noch. Siehst du das rote Schild, Preschool?«

Miguel steuerte den Wagen direkt an die Gehwegkante und stellte den Camaro ab. »Das kann jetzt dauern. Lass uns die Fenster aufmachen, die Bullenhitze muss raus. Dass auch gerade in diesem Augenblick diese scheiß Klimaanlage kaputt ist.« Er schnallte sich ab und lag mittlerweile fast in seinem Sitz. Beide starrten unentwegt auf den Straßenabschnitt vor dem Schulgebäude.

Es dauerte aber keine halbe Stunde, da hielt der silberne Lincoln SUV, den Mateo bereits am Morgen gesehen hatte, vor der Schule. Eine junge Frau mit langen schwarzen Haaren stieg aus und ging in Richtung des Schulgebäudes.

»Schau, das ist der Wagen, den habe ich heute Morgen gesehen.« Mateo deutete auf den SUV und vergewisserte sich noch einmal, ob alle Utensilien, die sie gleich benötigen würden, noch auf dem Boden zwischen seinen Füßen lagen. »Die Mutti ist früh dran, gut, dass wir pünktlich losgelegt haben. Jetzt wird's spannend.«

Miguel setzte sich ad hoc aufrecht in den Sitz und sah gebannt aus der Frontscheibe zu der dunkelhaarigen Dame, die auf dem Schulhof verschwand.

Es dauerte nur einen kleinen Augenblick, dann kam sie zurück, je ein kleines Kind an einer Hand. Alle drei stiegen ein und der Wagen setzte sich langsam in Bewegung. Auf dem Rücksitz waren die Haare der

Kleinen zu sehen, die sich wie schon am Morgen zappelnd bewegten.

Miguel schnallte sich an, drehte den Zündschlüssel nach rechts und gab ein wenig Gas. Es tat sich nichts. Dieselbe Bewegung brachte erneut keinen Erfolg. Er rückte nervös nach vorn. Er saß jetzt auf der Kante des Sitzes und hatte das Kinn direkt über dem Lenkrad. Den Lincoln sah er etwa hundert Meter entfernt in eine Straße einbiegen; dann war er aus dem Sichtfeld verschwunden. Er drehte wieder den Schlüssel, aber etwas klemmte. »Solch eine Scheiße! Warum jetzt? Kacke«, Miguel schrie so laut, dass eine Gruppe Passanten sich in die Richtung des Camaro drehten und sich dann erstaunt ansahen.

Wieder rief er »Scheiße, nicht jetzt!« und schlug mit beiden Händen kräftig auf das Lenkrad.

7 Vera

»Paula, gehen wir noch eine Kleinigkeit essen? Und wir trinken ein Weinchen dazu. Was meinst du?« Vera Halberstadt stand nur in Slip und BH bekleidet vor dem bodentiefen Spiegel und schüttelte mehrmals ihre lange Mähne, um sie trockener zu bekommen. Sie drehte sich in Richtung ihrer besten Freundin, die gerade ihre Jeans und Bluse aus dem Spind holte und sorgsam auf die Holzbank vor sich legte. *Sie ist so schlank geworden, seit wir den Spinningkurs besuchen – gut sieht sie aus*, dachte Vera dabei.

»Wartet Joscha nicht auf dich?« Paula griff sich in ihre schulterlangen, schwarzen Haare und drückte Feuchtigkeit heraus. Für ihre Freundin hatte sie gerade kein Auge.

»Der ist die ganze Woche in Boston – geschäftlich. Ich habe Zeit. Es ist auch erst acht Uhr – der Abend fängt jetzt erst an.« Vera sah Paula dabei fragend in die Augen. »Ein, zwei Stündchen könnten wir doch noch raus.« Sie rubbelte ihre blonden Haare nun mit einem Frotteetuch weiter trocken. Dann schälte sie sich in die eng anliegende Skinny Jeans und dachte, wie gut es war, dass es mittlerweile Stretch-Material gab. Sie schaute Paula nochmals mit vorgebeugtem Kopf und weit geöffneten Augen direkt an. »Hallo ... Paula!?«

»Okay. Wollen wir ins Hemmingways? ... Oder lass uns mal etwas anderes checken. Es soll so einen neuen Irish Pub geben. Am Potsdamer Platz«, schlug Paula vor.

»Warum nicht. Dahin können wir von mir aus zu Fuß gehen, mehr als zwei Kilometer sind das nicht von hier.«

»Puh, Vera. Ich bin total platt vom Spinning.« Paula sah fast verzweifelt aus und schüttelte den Kopf, während sie ihre Bluse in die Hände nahm.

»Bis wir ein Taxi haben, dauert es. Vielleicht nehmen wir unterwegs einen Scooter.«

»Du hast ja heute einen Tatendrang ... gut, machen wir so. Ich muss aber erst noch meine Haare föhnen und mich schminken. Dann geht's gleich los. Willst du meinen Lippenstift?«

»Nein, nein«, antwortete Vera mit einem Schmunzeln, »du benötigst ihn dringender, ich habe doch schon meinen Joscha. Aber dein Mascara kannst du mir geben.«

Paula schaute sie böse an. Dann warf sie ihr die Wimperntusche zu und beide fingen an zu lachen.

Plötzlich flog die Tür des Umkleideraums auf und drei weitere Frauen kamen laut tratschend herein.

Veras Unterhaltung war zunächst gestoppt. Die Drei schnatterten laut durcheinander. *Im Pub kann es nicht lauter werden, und begrüßt haben die hier auch niemanden*, dachte Vera. Dann fing auch noch der Föhn von Paula an, seinen Beitrag an der jetzt ausufernden Lautstärke zu leisten.

Vera schaute noch einmal in den Spiegel und strich sich mit beiden Händen ihre Mähne glatt. Dabei fiel ihr Blick ungewollt auf die drei Frauen, die sich für den nächsten Spinningkurs bereit machten. Durch die eintönige, brummende Untermalung des Föhns wurden sie immer lauter und waren inzwischen fast am Schreien und gackerten über für Vera nicht zu verstehende Geschichten. Zwei von ihnen hatten extrem dick aufgespritzte Lippen und zwängten sich jetzt in ihre deutlich zu schmale Sportkleidung. *Diese Tussen*, dachte Vera, *gut, dass ich mich damals für den früheren Kurs entschieden habe.*

Paula stellte den Föhn ab, sodass plötzlich nur noch die damit noch lauter erscheinende Unterhaltung den Raum erfüllte. »Ey, Gina. Die OP an deinen Möpsen war ja echt geil erfolgreich. Was kost so was?«

Vera riss die Augen weit auf und rief Paula zu, dass sie draußen warten würde. Sie packte ihre Sporttasche, bewegte sich in ihrer gewohnt aufrechten Haltung und hektischen Schritten aus der Umkleide und wartete auf dem Flur auf ihre Freundin.

Es dauerte nur wenige Sekunden, bis Paula lachend herauskam. Sie stützte sich mit beiden Händen an Veras Schultern ab. »Puh, das war anstrengend. Der einen ist eben auch noch der Sport-BH gerissen. Lass uns los. Am besten schnell.« In ihrer Stimme war neben einer gewissen Amüsiertheit auch Frustration zu hören.

Sie traten aus dem hell erleuchteten Eingang des Fitnessstudios auf den Gehweg, auf dem nur wenige Menschen unterwegs waren – einige warteten rings um das Gebäude im Schein von den gerade eingeschalteten Laternen, andere gingen hastig ihres Weges. Die vierspurige Straße, an der sie jetzt standen, war dagegen dicht befahren und neben dem Motorenlärm waren immer wieder Hupen und mit lautem Signalhorn vorbeifahrende Rettungswagen zu hören.

»Da hinten scheint es einen Unfall gegeben zu haben«, bemerkte Vera. »Wieder nichts als Lärm hier an der Hauptstraße. Lass uns doch den Weg an der Spree entlang nehmen und dann zum Brandenburger Tor gehen, das ist entspannter.«

Paula war einverstanden und sie zogen an der Spree der Sonne entgegen, die nur noch als winzig schmaler Streifen am Horizont zu sehen war. Hier am Fluss war es angenehm – eine breite Zone für Fußgänger und die angrenzende Straße war kaum befahren. Der Tag war heiß gewesen, sodass die durch das kühle Wasser angenehm temperierte Luft guttat. Vera spürte sanft die Feuchtigkeit des Flusses auf ihrer Haut.

»Habt ihr mal nen Euro fürn Bus?«, ein junger Mann, vielleicht fünfundzwanzig, kam hinter einem Baum hervor und schlenderte humpelnd auf sie zu. Er hatte nur abgewetzte Strümpfe, dreckige Jeans und einen übergroßen Hoodie an. Vera und Paula gingen schneller und machten einen Bogen um ihn.

»Drogen werden hier in Berlin ein immer größeres Problem«, sagte Paula. »Die werden mittlerweile synthetisch hergestellt und machen sofort süchtig, habe ich gelesen.«

»Joscha hat mir gestern gesagt, dass das in den USA das gleiche Problem ist. Bei unserem Sozialsystem braucht eigentlich niemand zu betteln, wenn er nicht alles versäuft oder für Drogen ausgibt. In Amerika ist das anders. Da kann man schnell auf die Straße kommen.«

Weiter vor sich sah Vera jetzt die nächste Gruppe merkwürdig erscheinender Menschen und sagte: »Lass uns lieber hier schon abbiegen, dann sind wir eher auf der Hauptstraße zum Brandenburger Tor. Da ist es durch die Touristen sicherer.«

Sie gingen in eine kleine Seitenstraße und ihr fiel auf, dass ein sportlicher Mann etwa zwanzig Meter hinter ihnen ebenfalls den Weg nahm. An die Glatze und den dichten Bart erinnerte sie sich jetzt. Stand der nicht auch schon auf dem Gehweg vor dem Fitnessstudio?

Dann sah sie das Tor von Weitem. Inzwischen war es fast dunkel, sodass die oben thronende Quadriga die Farbe von Grün auf Grau gewechselt hatte. Es waren immer noch etliche Menschen unterwegs, die von allen Seiten das Bauwerk bestaunten und ein Selfie nach dem anderen machten.

Dann wurde Vera plötzlich von hinten angestupst. Sie drehte sich ärgerlich um und wollte schon nach der Hand auf ihrer Schulter schlagen, sah aber in das Gesicht einer jungen Frau, die ärmlich und ein wenig dreckig wirkte. Sie schien stumm zu sein und hielt Vera einen auf einem Klemmbrett befestigten Zettel hin, auf dem sie lesen konnte, dass Unterschriften und Spenden für taubstumme Kinder gesammelt wurden.

»Lass das sein, Vera. Komm, wir geh'n weiter«, Paula zog ihre Freundin sacht am Ärmel.

Vera ließ sich aber nicht abbringen. »Nein, die armen Kinder, ich gebe da was.« Sie kramte einen zehn Euro Schein aus Ihrer Geldbörse und gab sie der armen Frau. Dann füllte sie noch eine Zeile auf dem Blatt aus und unterschrieb. Paula verdrehte die Augen und stöhnte bewusst in Veras Richtung.

»Jetzt komm aber Vera. Ich habe Hunger. In zehn Minuten sind wir im Pub.« Paula marschierte nun voran auf die andere Straßenseite, wo beide auf einem Fußweg an waldigem Gebiet entlang weitergingen.

Die halbe Strecke vom Brandenburger Tor zum Potsdamer Platz hatten sie bereits hinter sich gebracht; nur noch wenige hundert Meter waren zurückzulegen. Es war mittlerweile dunkel und sie befanden sich jetzt allein auf dem Gehweg– fast allein.

Vera schaute sich um und sah wieder den Glatzköpfigen, der ihr bereits zweimal aufgefallen war. Er hatte aufgeholt und ging lautlos, vielleicht fünf Meter hinter ihnen. Sie sah aus dieser geringen Entfernung, dass er bullig war; sie schätzte ihn auf mindestens eins neunzig. Er schaute aggressiv in ihre Richtung. *Ich habe den eben schon mal gesehen – in den letzten Minuten aber nichts mehr bemerkt. Er muss uns unauffällig gefolgt sein*, dachte Vera und bekam ein flaues Gefühl.

Plötzlich setzte der Mann einen Spurt in ihre Richtung an. Vera kam es vor, als wenn eine Dampfwalze auf sie zuraste.

8 Miguel

Drei Versuche, den Camaro zu starten, hatte er hinter sich – alle erfolglos. Miguel stand immer noch vor der Schule und schaute dem SUV hinterher, den er und Mateo verfolgen wollten. Wieder rief Miguel laut »Scheiße.« Am liebsten wäre er ausgestiegen und hätte den dumm in den Wagen hineinschauenden Passanten einen kräftigen Hieb verpasst.

»Alles in Ordnung bei euch?«, rief er ihnen durch das offene Seitenfenster zu, »Wollt ihr einen an die Schnauze?« Dabei schlug er zweimal hart auf das Lenkrad. Die Leute schauten bewusst in eine andere Richtung und gingen zügig weiter. Miguel dachte, ein Grinsen gesehen zu haben, hatte jetzt aber keine Zeit, sich darum zu kümmern.

Dann tippte Mateo ihm auf die rechte Schulter und zeigte auf den Schalthebel. Beide lachten gleichzeitig laut auf.

Miguel stellte von ›D‹ auf ›P‹ und drehte den Zündschlüssel erneut. Gleichzeitig gab er Gas – der

Motor heulte sofort auf, so wie er es liebte. Dann blinkte er und fuhr im erlaubten Tempo zu der Abbiegung, an der sie den Lincoln vor einigen Sekunden aus den Augen verloren hatten. Beide schauten sich noch einmal grinsend ins Gesicht.

Er bog in die Seitenstraße, sah aber noch keinen Wagen vor sich. Hier außerhalb des Ortes fühlte er sich von der Polizei unbeobachtet und trat das Pedal durch. So liebte er seinen Schwarzen, immer am Anschlag – Miguel fühlte sich frei und glücklich. Er lehnte jetzt weit vorn und zog die Arme fest an. Das Kinn lag fast auf dem Lenkrad auf – die Spitzen des langen Barts rubbelten wie ein Pinsel über das feine Leder.

Er beschleunigte weiter. Den Lenker hielt er mit aller Kraft fest und glich so die Kräfte aus, die ihn nach hinten in den Sportsitz zu drücken drohten. In einer lang gezogenen Linkskurve kreischten die Reifen zunächst leise, dann immer weiter ansteigend.

Der Wagen drängte rechts raus auf das Bankett. Miguel lenkte gegen und kam auf die Gegenfahrbahn. Die Reifen honorierten die noch enger gefahrene Kurve mit stärkerem Lärm. Er schaute kurz zur rechten Seite zu seinem Begleiter, der fest in den Sitz gedrückt, panisch nach vorn sah. Miguel bemerkte, dass Mateo den rechten Fuß verkrampft gegen den Boden drückte und legte grinsend noch einmal Tempo zu.

»Da vorn, endlich ...« Mateo zeigte glücklich, aber fast schreiend in die Fahrtrichtung. »Das ist er, der silberne SUV. Pass jetzt auf – bleib erstmal zurück, bis wir eine passende Stelle sehen.«

Die Straße verlief noch einige hundert Meter geradeaus und bog dann nach rechts ab. Miguel nahm den Fuß vom Gas und hielt einen größeren Abstand, blieb aber weiterhin in Sichtweite hinter dem Auto. Ihm fiel es erneut schwer, seinen Wagen so zügeln zu müssen.

»Dort, rechts. Da kommt gleich ein Abschnitt durch einen Wald, glaube ich.« Miguel zeigte dabei nach vorn und blickte aus dem Augenwinkel zu Mateo. Den Fuß nahm er noch ein wenig weiter vom Gas herunter.

Voller Erleichterung sah Mateo zur Fahrerseite: »Genau an die Stelle hatte ich gedacht. Lass uns dort zuschlagen.«

Miguel konzentrierte sich und fuhr wieder zu dem Wagen auf, den sie verfolgten. Bei Eintritt in das Waldgebiet gab er Gas und scherte hart aus, ohne zu blinken. Er war schnell auf der Gegenfahrbahn auf Höhe des Hinterrads des SUV.

Er schaute in den Wagen: sah am Steuer die Schwarzhaarige; sah zwei kleine Kinder auf dem Rücksitz; sah sie beide auf der Bank zappeln und mit Stoffpuppen gegenseitig ins Gesicht schlagen; sah das Lachen auf beiden Gesichtern. Der Beifahrersitz war unbesetzt.

Dann hörte Miguel ein lautes Horn und gleichzeitig blendete ein hell aufleuchtendes Fernlicht eines Lkw seine Augen. Er presste instinktiv seinen rechten Fuß auf das Bremspedal – so fest er konnte. Das Lenkrad hielt er krampfhaft in beiden Händen. Er hörte wieder das Quietschen seiner Reifen. Nicht von der Beschleunigung wie zuvor; dieses Mal vom intensiven Bremsmanöver seines Wagens. Die Reifen rubbelten schwarzes Gummi in den Asphalt.

Dabei lenkte Miguel nach rechts auf seine Seite der Fahrbahn. Der Kotflügel des Camaro schlug währenddessen kurz das hintere Ende des Lincolns an, dann kam sein Wagen zum Stillstand. Sein Gefährt befand sich dadurch bewegungslos und mit abgestorbenem Motor auf der rechten Spur der Landstraße; der SUV fuhr vor ihnen auf den Rasenstreifen neben dem Straßenrand.

Im Rückspiegel sah Miguel einen massiven, langen Transporter, der auf seinem Anhänger dicke Baumstämme geladen hatte und jetzt zum dritten Mal die lang anhaltende Sirene heulen ließ. *Was soll das blödsinnige Hupen, du Sau*, dachte Miguel, *fahr mit deinem dicken Ding lieber langsamer oder auf breiteren Strecken.* Der Lkw hatte es nur knapp geschafft, die Unfallstelle zu passieren, und fuhr mit einer weiteren Hupeinlage weiter. Wenige Sekunden später war er aus Miguels Blickfeld verschwunden.

Miguel schaute zu dem SUV. Die Schwarzhaarige hatte die Tür geöffnet und verließ gerade ihren Wagen. Aus der Rückscheibe sah er zwei kleine Gesichter mit runden, wachen Augen blicken. Eines der Mädchen hatte den Mund genauso weit geöffnet wie Ihre Augen.

Er startete den Motor erneut und rollte langsam auf den Lincoln zu. Er parkte direkt hinter dem Wagen am Straßenrand.

»Jetzt Mateo. Es darf nichts schiefgehen. Du zuerst, dann komme ich dazu. Und vergiss die Haube nicht.« Nachdem er die Anweisung gegeben hatte, sah Miguel nach rechts in Richtung Mateo und riss plötzlich seine Augen auf. Er schrie! Laut, nur einen ganz kurzen, aber intensiven Schrei brachte er hervor. Mateo hatte sich die dunkle Sturmhaube bereits über den Kopf gezogen und schaute Miguel wie eine mörderische, dumme Puppe an – komplett in Schwarz, nur mit dünnen Schlitzen dort, wo sonst die Augen zu sehen waren. Der schwarze Kopf war zur Seite in Richtung Miguel gebeugt und befand sich nur eine Fingerbreite vor seiner Nase.

Miguel erschauderte. Er wusste, es war sein Mitarbeiter, der neben ihm saß, aber mit der Maskierung und unter dem Stress der Verfolgung dachte er an die etlichen Horrorfilme, die er in seinem Leben gesehen hatte. Ihm war, als wenn ein beliebiges dieser Szenarien jetzt Wirklichkeit werden würde, als wenn dies seine letzten Sekunden auf Erden wären.

Er sah in seinen Gedanken ein breites Messer in seinen Oberkörper gleiten; sah dann, wie eine Kettensäge laut aufheulend durch seinen Hals fuhr und Blut in dicken Spritzern die Frontscheibe besudelte; sah, wie ein Bolzenschussgerät, das im Alltag Schweine zur Strecke brachte, an seine Stirn gehalten wurde und ihn für immer in eine geistige Umnachtung schicken würde.

Miguel stöhnte bei diesen Gedanken noch einmal leise und gequält auf. Mateo war aber bereits aus dem Camaro gesprungen und auf dem kurzen Weg zum Wagen vor ihnen, in dem die beiden Mädchen hockten.

Miguel betrachtete das Schauspiel aus etwa zehn Metern Entfernung. Er hatte sein Handy bereits in der Hand und den Filmmodus aktiviert – sein eigener kleiner Horrorstreifen wurde gerade aufgenommen.

Jetzt spürte er die Erregung, wie so oft, wenn er für den Patron die dreckigen Aufgaben auszuführen hatte. Oder wie so oft, wenn er aus eigenem Antrieb seinen niederen Neigungen nachging. Durch seine Erektion dachte er jetzt an Sofia. Das Handy hielt er dabei ruhig und gerade auf die Szenerie.

Miguels Handy filmte jetzt, wie Mateo im Laufschritt das Heck des Lincolns erreichte. Er brach den Spurt ab und wurde beim Passieren des SUV langsamer. Anscheinend war er sich sicher, alles unter Kontrolle zu haben, und genoss die Situation ebenfalls. Die Schwarzhaarige stand wie angewurzelt in der Fahrertür und fing unvermittelt an zu schreien.

Mateo ging immer langsamer werdend und selbstsicher wie ein in der Fußgängerzone schlendernder Passant am SUV vorbei. Durch den jetzt schlurfenden Schritt und den komplett in Schwarz gehüllten Kopf sah er aus wie ein Monster. Die Frau schrie und schrie, konkrete Worte waren nicht zu deuten. Die Kinder im

Inneren hatten eben noch alles aus dem Heckfenster betrachtet – als Miguel um das Auto schlich, drehten sie sich nach links und sahen dann aus dem Seitenfenster. Auch sie schrien – laut und in hoher Tonlage, unaufhörlich. Es klang fast wie die zuvor beim Bremsmanöver quietschenden Reifen des Camaro. Die Frau hechtete dann in den Wagen und schlug von innen die Tür zu.

Miguel hielt weiterhin das Handy ruhig in der linken Hand, die Rechte fasste in seinen Schritt. Er dachte immer noch an Sofia – und an diese Sturmhaube, die Mateo trug – schwarz, brutal, männlich. Eine solche Haube würde er heute Abend auch tragen und er würde Sofia die Puppe machen, die unerbittliche, starke, männliche Puppe. Mit der Peitsche in der rechten und das Ende der Schlinge um ihren Hals in der linken Hand würde er ihr den bösen Mann machen. Er atmete bei den Gedanken stark aus.

Immer noch hörte Miguel die Schreie. Wie das Geläut von drei Glocken klangen sie für ihn – wobei die lauteste plötzlich verstummte. Mateo hatte sich durch die offene Seitenscheibe des Lincolns in den Wagen gebeugt und drückte der Frau den Chloroform-getränkten Lappen auf ihr Gesicht.

Mehr Details konnte Miguel aus dieser Entfernung nicht erkennen. Er fasste sein Telefon mit der linken Hand und setzte sich mit der rechten ebenfalls eine Haube auf. Während er aus dem Camaro stieg, hielt er sein Handy weiterhin auf die Geschehnisse rund um das andere Auto gerichtet. Gemächlich ging er in Mateos Richtung und öffnete die rechte Hintertür des Wagens.

»Seid ruhig, ihr Gören, dann tue ich euch nichts.« Er schaute auf die beiden angsterfüllten Gesichter der Kleinen. Eine der beiden schrie weiterhin, die andere schaute mit geschlossenen Augen auf den Boden. Er sah ein Rinnsal von Tränen über ihre Backe laufen. »Ruhe jetzt ...«, auch Miguel schrie nun, »haltet endlich die

Klappe, beide.« Dann war es still. Er hörte nur ein leises, unterdrücktes Schluchzen. Die Kinder umarmten sich inzwischen gegenseitig und drückten sich weiter in die hinterste Ecke der Sitzbank gegen die linke Beifahrertür.

Plötzlich öffnete sich diese Tür und die beiden Kleinen stürzten nach hinten. Mateo hielt mit einer Hand den Türgriff, mit der anderen versuchte er, die beiden kleinen Körper zu stützen. Eines der Mädchen, rothaarig, rutschte ihm ab und plumpste auf den sandigen Boden. Sie schrie jetzt wieder unaufhörlich. Die andere Kleine, die mit den langen dunklen Haaren, hielt Mateo an der Schulter und drückte sie in den Wagen zurück. »Halte sie fest, Mateo, beide«, rief Miguel. »Ich komme rüber und helfe dir.«

Er lief um das Auto und sah Mateo mit dem Oberkörper über das Mädchen im Wagen gebeugt. Von der Zweiten war allerdings keine Spur zu erkennen.

»Wo ist die andere, die Rote?«

»Die muss unter das Auto geklettert sein, schau nach. Ich halte diese hier in Schach.« Dann schrie er kurz auf. »Hör auf zu beißen, du Luder!«

Miguel hörte ein Klatschen und das Weinen der Kleinen. Dann kniete er sich und versuchte unter den Wagen zu sehen. Die Sturmhaube rutschte dabei nach oben und er sah wie durch einen trüben Nebel. Es drangen nur noch grobe, undetaillierte Helligkeitsunterschiede in seine Wahrnehmung. Er rief nach dem Mädchen und zupfte so lange an seiner Mütze, bis die beiden Öffnungen wieder über den Augen lagen. Unter dem Wagen hindurch sah er kleine Beine, die viele Meter entfernt in hoher Frequenz die Straße entlang stapften – in einer Regelmäßigkeit wie ein Aufziehspielzeug glitt Füßchen vor Füßchen auf den Schotter der Bankette.

Mit schnellen, eleganten Bewegungen richtete sich Miguel vom Vierfüßler- in den aufrechten Stand auf und sah in Richtung des fliehenden Kindes.

Unbeholfen hoppelte sie an der Straße lang. Wieder rief Miguel nach ihr. »Bleib stehen ... Rotkäppchen, du kannst nicht weglaufen. Bleib, wo du bist.«

Sie war jetzt etwa zwanzig Meter entfernt, blickte sich im Laufen um und schaute angstvoll auf Miguel. Dabei drehte sie seitlich ab und lief schräg auf die Straße.

Aus der Richtung, in die die Kleine lief, hörte Miguel Motorengeräusche, die immer lauter wurden. Es waren keine Laute, wie es sein Wagen machte. Ihn erinnerte es an den Lastwagen, der ihn eben noch zu der Vollbremsung gezwungen hatte. Er konnte aber kein Fahrzeug sehen; die Straße verlief im Wald und zog eine enge, durch die dichten Nadelbäume kaum einsehbare Kurve.

Plötzlich kam ihm ein üppig beladener Holztransporter mit langem Anhänger – ähnlich dem, der ihn eben noch abgedrängt und zu einem Unfall gezwungen hatte – in das Blickfeld. Der Truck raste in hoher Geschwindigkeit in ihre Richtung.

Er fühlte sich hilflos. Die Kleine schien den Laster ebenfalls bemerkt zu haben und blieb mitten auf der Fahrbahn stehen – bewegungslos. Ihre kurzen Arme hatte sie in die Höhe gereckt und sie stand einfach nur wie ein Gartenzwerg auf einem Fleck.

»Lauf Kleines, lauf«, hörte er Mateo schreien, der daraufhin in ihre Richtung lief. »Lauf einfach weiter über die Straße. Nicht stehen bleiben.« Mateo spurtete so schnell er konnte.

Dann kreischten alle Reifen – mindestens zwanzig mussten es sein – des überlangen, voll mit dicken Stämmen beladenen Lastwagens laut auf. Das Heck brach aus und verlor die Bodenhaftung. Die hinteren Räder schoben sich dadurch in Richtung der Fahrerkabine, sodass der Anhänger kurzzeitig um neunzig Grad gedreht, wie ein alles hinfort schiebender Pflug über die Straße und den Seitenstreifen schrappte. Es war ein ungeheures

Quietschen und gleichzeitig das angsteinflößende Signalhorn des Lastwagens zu hören.

Dann kippte der schräg gleitende Hänger nach vorn und entleerte die zentnerschweren Baumstämme in hohem Bogen auf die Straße.

Miguel sah das winzige Kind in ihrer bunten Kleidung und dem roten Haarschopf auf der Straßenmitte, wie eine reglose Statue eines Zwerges stehen – vor ihr ergoss sich der Schwall an Holz wie eine mörderische, alles verschluckende Monsterwelle. Das Rumpeln der aufschlagenden und rollenden Stämme, das Schrammen des Metalls des Anhängers auf dem Asphalt unter aufblitzenden Funken, die quietschenden Reifen und das immer wieder gespielte Signalhorn des Lkw erfüllte die Welt. Der Anblick des kleinen Mädchens unmittelbar vor der hölzernen und metallenen Welle und der unerbittliche Lärm waren selbst für Miguel kaum zu ertragen.

9 Vera

Auf dem Fußweg Richtung Potsdamer Platz blickte Vera sich erneut um und schrie vor Angst laut auf. Sie sah den Glatzköpfigen direkt hinter sich. Er blickte ihr in die Augen und setzte noch einen letzten langen Schritt an. Dann packte er mit beiden Armen um ihren Rumpf und hob sie mühelos hoch. Es fühlte sich an, wie von massiven Schraubzwingen zerquetscht zu werden. Vera schlug um sich und strampelte mit den in der Luft baumelnden Beinen. Sie kreischte noch einmal in hohen Tönen, dieses Mal vor Schmerz.

Paula schrie ebenfalls und schlug mit beiden Fäusten auf den Angreifer ein. Sie trat mit einem kräftigen Kick gegen sein Schienbein, nahm einen kurzen Anlauf und schlug erneut mit beiden Fäusten abwechselnd in

Richtung seiner Brust und den Schultern; an den Kopf reichte sie nicht heran. Sie schrie immer wieder verschiedene Beschimpfungen und Drohungen: »Was soll der Scheiß, du Mistkerl?«, »Hau ab. Ich rufe die Polizei.«, »Lass sie los, verpiss dich.«

Er ließ daraufhin einen Arm von Vera ab. Auch so konnte er sie mühelos in Schach halten und drosch seine Faust in das Gesicht von Paula, die wie eine steife Schaufensterpuppe zwei Meter nach hinten fiel und mit dem Kopf aufschlug. Vera hörte beim Aufprall ein dumpfes Rumsen, wie eine aufschlagende Melone, und sah sie blutend und regungslos auf dem Weg liegen. Sie befürchtete, dass sie beim Aufprall einen dicken Stein erwischt hatte.

Der Angreifer hielt Vera weiterhin wie einen Sack an sich gedrückt und trat der am Boden liegenden Freundin mit seinem schweren Stiefel mit Schwung in den Magen. Vera hörte ein kurzes Aufstöhnen und Würgen, dann war Ruhe.

Nun packte der Glatzköpfige wieder stärker zu, sodass Vera vor Schmerzen stöhnte. Sie konnte nicht mehr atmen und erst recht nicht schreien und japste nach Luft. Ihr Blick fiel zurück auf den Gehweg, auf dem sie Paula in einer Blutlache liegen sah – bewegungslos. Automatisch wollte sie nach ihr rufen, bekam aber keinen verständlichen Ton heraus. Unendliche Machtlosigkeit überkam sie. *Woher soll jetzt noch Hilfe kommen?*

Vera sah auf die Straße, dann wieder auf den Gehweg. Es war niemand zu sehen; kein Fußgänger, kein Auto – außer einem angsteinflößenden, fensterlosen Transporter. Der fuhr gerade langsam an den Straßenrang und hielt an. Wie ihre Rettung kam ihr der Wagen nicht vor. Ihr wurde schwarz vor Augen. Sie sah aber noch, wie sie in Richtung Straße getragen wurde, wo der dunkle Lieferwagen wartete. Die hintere Tür war bereits geöffnet.

Vera wurde rabiat in den Wagen geworfen. Dann roch sie einen unangenehmen Duft, der sie an ihren Nagellackentferner erinnerte. Der Mann drückte ein Tuch so fest auf ihr Gesicht, dass sie wieder schreien wollte.

Abrupt entspannten sich alle Muskeln ihres Körpers, als wenn sie ihre Funktion einstellen würden. Eine innerliche Zufriedenheit trat in Veras Bewusstsein und ihre Sinne stellten sich ab – sie schwebte gedankenlos in einem dunklen Raum.

10 Miguel

So hilflos hatte sich Miguel noch nie gefühlt. Trotzdem er während seiner Karriere im Drogenmilieu so viel Leid gesehen und auch gesät hatte, war der Anblick der kleinen Rothaarigen vor der Holzlawine für ihn kaum zu ertragen. Von den lauten Warnungen Mateos an das Kind hatte er nur Bruchstücke verstanden, war sich aber sicher, dass die Kleine bei dem Lärm gar nichts davon mitbekommen hatte.

Doch urplötzlich setzten sich die Beine des Zwerges wieder in Bewegung und sie lief mit kurzen tapsenden Schritten weiter in Richtung der anderen Straßenseite, die nur noch eine Körperlänge entfernt war. Gleichzeitig donnerten die Stämme und der Anhänger auf sie zu. Höchstens fünfzehn Meter Entfernung lagen zwischen ihr und der tödlichen Flut aus Holz. Miguel sah noch, wie sie in einem flachen Graben auf der anderen Straßenseite verschwand, bevor die Massen an Gegenständen die Stelle überschwemmten, an der sie zuvor angewurzelt gestanden hatte.

Das Szenario war nach einigen Sekunden vorüber. Ein letzter Baumstamm polterte vom Hänger auf den Asphalt und rollte noch einige Meter über die Straße, als wenn er die Beendigung der Show verkünden würde. Als er nach einigen Umdrehungen liegen blieb, war es vollkommen lautlos. Auf der anderen Seite der Fahrbahn schaute ein kleiner Kopf mit roten Haaren über ein Gebüsch. Die großen Augen sah Miguel auf sich gerichtet, dann konzentrierte er sich wieder auf seine Mission.

Jetzt, als alles wieder still war, sondierte er in Windeseile die nähere Umgebung und hielt nach Mateo Ausschau. Am Lincoln war er nicht mehr zu sehen. Er erkannte dort nur ein Haarbüschel, das über dem Lenkrad hervorschaute – Mateo musste die Frau auf den Fahrersitz gesetzt und die Tür geschlossen haben. Er rief nach ihm.

»Hier ... hier bin ich.« Aus Richtung seines Camaro hörte Miguel Mateos Stimme, sah ihn aber nicht sofort. Dann winkte er aus dem offenen Fenster. »Hierher, komm endlich. Wir müssen los ... sofort! Nicht lange, und die Bullen sind hier.«

Miguel rannte zu seinem Wagen und ließ sich auf den Beifahrersitz fallen. »Fahr du. Und wo ist die kleine Kumari?«

»Die hab ich in den Kofferraum geworfen. Eben hat sie noch gebrüllt. Jetzt ist sie ruhig, das Luder.« Dabei gab er Gas. Die Hinterreifen des Camaro drehten sofort durch und schleuderten Sand und Steinchen in hohem Bogen nach hinten und bildeten eine staubige Fahne am Heck des Fahrzeugs.

Miguel schaute genervt zur Seite. »Ruhig, denk erst nach. Und gleich vorsichtig über die Rasenfläche, um die Stämme rechtsherum, da ist genug Platz.«

Mateo fuhr nun einige Male sachte an und kam aus den beiden gerade durch die Reifen in den Erdboden gefrästen Kuhlen wippend heraus. Er steuerte auf die steinige Wiese rechts von der Fahrbahn zu. Die Stämme lagen auf der kompletten Breite des Asphalts verstreut, bis zum Rand. Als er neben den letzten Baumstamm rollte und den Fahrstreifen im Blick hatte, gab er wieder Gas. Abermals gruben sich die Hinterräder ein, jetzt stoben Sand und die Grasnarbe in steilem Winkel nach hinten. Er trat noch einmal zu, bis der heulende Motor versagte – es war still.

Aus dem Kofferraum hörte Miguel dann leises Wimmern. Keine Rufe, keine Schreie – ein leises Wimmern, wie von einem geschlagenen und eingesperrten Straßenhund, dachte er. »Lernst du es noch? Auf diesem Boden hat der Camaro keinen Grip, du Idiot. Letzter Versuch. Mach schon.« Miguel schrie jetzt laut und eindringlich und klatschte Mateo mit der flachen Hand an den Hinterkopf.

Mateo startete den Wagen erneut und gab sanft Gas. Dann nahm er es wieder vorsichtig zurück. Der Wagen schaukelte wie eine Wiege in den Löchern, grub sich aber noch tiefer ein.

Plötzlich hörte Miguel wieder Motorgeräusche – dieses Mal von hinten, und es war mehr als ein Fahrzeug. Lautes Signalhorn der Polizei gesellte sich dazu. Gleichzeitig sah er den Fahrer des Lkw torkelnd aus seinem Truck steigen und sich zu allen Seiten umsehen.

»Jetzt mach ... sieh zu, dass wir hier wegkommen, die Bullen sind sofort da.« Er wurde immer lauter und schlug Mateo dieses Mal hart in den Nacken.

Der presste den rechten Fuß in seiner Hektik wieder durch. Der heulende Motor ließ die Hinterräder mit irrer Geschwindigkeit durchdrehen, Staub, Steine, Grasplacken stieben wieder auf und hüllten das Heck des Camaro in einen Nebel aus Dreck.

»Ich lege eine Verstärkung unter einen Reifen, dann fährst du zurück, wenn ich es sage. Aber so sanft auf das Gas, als wenn du deine Frau streichelst. Denk daran, Mateo.«

Miguel stieg aus und rannte die wenigen Meter zu den Stämmen, von denen einige gesplittert waren. Er nahm ein stabil wirkendes Stück und legte es in eine der Kuhlen, in denen die Reifen sich festgefressen hatten. Er schob es tief unter das Rad und gab Mateo ein Zeichen. Der drückte sacht das Gaspedal, gleichzeitig schob Miguel den Wagen nach hinten. Nach drei Schaukelbewegungen stand das Auto wieder auf ebener Erde. Miguel sprang auf den Beifahrersitz und rief »Los. Wir schaffen es noch vor den Bullen.«

Er schaute nach hinten und sah mehrere Einsatzwagen mit Blaulicht, die gerade aus der Kurve kommend auf das Meer an Stämmen zufuhren.

11 Vera

Veras Augen waren geschlossen. Ihr Bewusstsein setzte für kurze Zeit oberflächlich ein und wechselte dann wieder in eine leichte Ohnmacht.

Immer, wenn ihre Gedanken klarer wurden, spürte sie die lähmende Finsternis. Sie lauschte auf alle Geräusche: Ein Motor – starkes Rumpeln und sie wurde durchgeschüttelt; Stimmen – Männer unterhielten sich, Worte waren zu hören, aber sie kannte keines davon. *Wo bin ich? Ich bin so müde.* Sie konzentrierte sich auf die Stimmen. Aber diese Müdigkeit. Sie fiel wieder in einen leichten Schlaf.

Dann wieder holpriges Auf und Ab. Ihr wurde übel. Sie musste sich intensiv anstrengen, um sich nicht zu übergeben. Sie wollte den Mund öffnen, aber er war durch ein Klebeband verschlossen. *Was ist passiert? Wo ist Joscha?* Musik, dann ein Radiosprecher – eventuell die Nachrichten. Stillstand. Kein Rumpeln, kein Auf und Ab. Motorengeräusche, Autos fuhren an. Hupen. *Ich bin doch mit Paula unterwegs. Wo ist Paula?*

Die Bewegung fing plötzlich wieder an. Ruckartige Vibrationen. Ihr Kopf hob sich und schlug dann auf den

Boden. *Diese Kopfschmerzen. Paula. Wo ist Paula? Was ist los mit mir?*

Vera versuchte, die Augen zu öffnen. Erfolglos. Wieder die Männerstimmen, eine Unterhaltung. Wieder keine konkreten Worte. Surreal. *Ein Traum?*

Stillstand. Rhythmisches, schrilles Piepen. Bewegung in die andere Richtung. Lautes Klappern, Scheppern, Stahl auf Stahl. *Ein rollendes Tor?* Vera fiel wieder in einen oberflächlichen Schlaf.

»Schau hier rüber. In die Kamera. Hierher.«

Jemand schlug Vera mit der flachen Hand mehrmals leicht auf die Wange. Ihr Kopf neigte sich, sie konnte ihn aber wieder abfangen.

»Hier. Hier ist Kamera, Blondie.«

Vera hörte eine Männerstimme. *Russisch? Auf jeden Fall osteuropäisch. Was ist passiert?* Sie schaffte es nun, ihre Augen zu öffnen und ließ ihren Blick von links nach rechts wandern. Durch kleine Schlitze erkannte sie eine hohe Lagerhalle und etliche Kartons. Sie waren mit kyrillischen Zeichen beschriftet. Auf einigen waren Wodkaflaschen abgebildet, auf anderen Zigarettenschachteln. Dazwischen lagen Beutel mit bunten Pillen, die anscheinend gerade ein- oder ausgepackt wurden. Die Beleuchtung war karg. Von der Decke baumelten mehrere Glühbirnen an langen Kabeln herunter und ließen sich überlappende Schatten auf dem Boden und Kisten erscheinen.

»Gut so, Schlampe. Schau hier, Schlucha.« Ein Riese mit Glatze stand vor ihr. Ganz in Schwarz gekleidet.

Dann blitzte etwas hell auf. Sein in ihre Richtung gehaltenes Handy machte ein Klick-Geräusch.

»Gut, noch einmal. Schau hierher.« Wieder der Blitz.

In dem hellen Schein erkannte Vera den Mann. Er hatte sich erst vor kurzer Zeit wie ein Linebacker im Footballspiel auf sie gestürzt und dann in den Lieferwagen geworfen. Danach wurde alles schwarz. Und

Paula hatte er umgehauen. Paula sah sie nun in Gedanken in ihrem Blut liegen. Mehr kam ihr nicht in den Sinn.

»Paula. Wo ist meine Freundin?« Vera sah weiterhin in Richtung des Mannes.

»Du hast andere Sorgen gerade, Malenkiy.« Er sah sie teilnahmslos an. »Bleib einfach hocken, dann passiert nichts dir.« Dann setzte er sich auf einen Stuhl, der einige Meter von ihr entfernt stand, und beschäftigte sich mit seinem Handy.

Vera wurde die Situation erst jetzt in aller Konsequenz klar. Sie bekam Angst. Die Tränen konnte sie nicht unterdrücken. Sie spürte die Kabelbinder an Hand- und Fußgelenken bei jeder kleinsten Bewegung drücken. Der Glatzköpfige hantierte immer noch mit seinem Handy herum. Dann telefonierte er. Vera konnte nichts verstehen, wieder dachte sie, Russisch zu hören.

Das Gespräch dauerte nicht lange. Nach wenigen Minuten stand er auf und ging auf Vera zu. Sie zog instinktiv die Schultern hoch, anders konnte sie ihren Kopf nicht schützen.

»Lasst mich laufen. Was wollt ihr von mir?« Vera schluchzte und die Tränen liefen weiterhin über ihre Wangen. Als einige auf ihre Hand tropften, sah sie, wie sich das Schwarz ihrer abgespülten Schminke darin gesammelt hatte und im Licht blitzte.

Er stand breitbeinig vor ihr. Vera musste fast senkrecht nach oben schauen, um in seine Augen zu blicken. Er spuckte ihr wortlos ins Gesicht. Veras Angst verwandelte sich in Wut und sie zerrte an den Kabelbindern. Sinnlos.

Er fasste in Richtung eines Kartons, der direkt neben Vera stand. Erst jetzt erkannte sie diverse Gegenstände, wie Messer, Kabelbinder, Panzerband, ein Fläschchen und eine Strickmütze darauf liegen. Er schnitt vom Panzerband einen Streifen ab und verklebte ihr den Mund. Dann setzte er ihr die Mütze über den Kopf, komplett bis zum Hals. Es wurde wieder schwarz.

Veras Sinne beschränkten sich daraufhin wie schon im Transporter auf das Hören. Der Entführer unterhielt sich mit jemandem, wahrscheinlich wieder auf Russisch. Sie hörte eine weitere Männerstimme, noch tiefer und angsteinflößender als die Stimme des Glatzkopfes. Dann endete die Unterhaltung. Es war still.

Ihre Wut schlug wieder in entsetzliche Angst um. Ihr wurde heiß. Dunkelheit konnte sie noch nie ertragen. Schon seit ihrer Kindheit musste sie immer eine sanfte Beleuchtung haben, selbst nachts im Schlafzimmer – obwohl es ihren Mann störte. Sie dachte dabei an Joscha und dass seine Boston-Reise die schlechteste Idee seit Langem war. *Er hat mich wegen seines Jobs allein gelassen. Warum, warum nur?*

Wenige Herzschläge später hörte sie Schritte, die sich entfernten. Die Entführer sagten nichts mehr. Es war still – und es war dunkel. So schrecklich dunkel. Die Angst wurde unerträglich.

12 Miguel und Mala

Mateo rollte den Sportwagen jetzt langsam neben den Baumstämmen her. Er musste sich extrem konzentrieren, den starken Motor zu kontrollieren und nicht wieder die Bodenhaftung zu verlieren. Nach einigen Sekunden hatte er es geschafft – sie waren an den über die Fläche verstreuten Stämmen vorbei gekommen und auf dem Asphalt angelangt. Er holte auf dem griffigen Untergrund wieder alles aus dem Motor heraus. Laut aufheulend und quietschend jagten sie vom Unfallort davon.

Der Oberkörper von Miguel wurde durch die extreme Beschleunigung in den Sitz gepresst. Mit Anstrengung schaffte er es, seinen Kopf nach hinten zu drehen, und sah, wie sich die vielen Einsatzwagen am Unfallort sammelten

– ein Meer von blau und rot leuchtenden Lampen. »Jetzt aber in den Wald zur Kiste, es wird schon dunkel«, dabei schlug er Mateo auf die Schulter, dieses Mal freundschaftlich.

»Jetzt sollten wir das Navi nutzen, Miguel. Die Abfahrt im Waldgebiet ist nicht einfach zu finden.« Mateo konzentrierte sich extrem auf die Fahrbahn, er schien nicht erneut in ein Fettnäpfchen treten zu wollen. Weiterhin gab er ordentlich Gas.

Miguel schaltete es ein und blätterte die Favoritenliste durch. »Ich hatte es einfach unter ›Grab‹ gespeichert, glaube ich ... Okay, da ist es schon.« Er startete die Navigation.

›Noch siebzehn Meilen. In zweiundzwanzig Minuten sind sie am Ziel.‹

»Das schaffe ich auch schneller«, Mateo lachte und drückte einmal kräftig den rechten Fuß herunter.

»Übertreib es nicht. Besser, wir fallen nicht noch einmal auf.« Indem Miguel die Worte aussprach, hörte er wieder das Wimmern aus dem Kofferraum. Und rief: »Ruhe da hinten, Kleine. Warte ... gleich kommst du da raus.« Nach einem unterdrückten ›Mami‹ hörte er leises Weinen.

»Wir kommen gut voran«, sagte Mateo nach einiger Zeit, »bald müsste die Abfahrt in den Feldweg kommen, dann sind es noch höchstens fünf Minuten.«

Sie waren vor etwa drei Meilen auf eine verlassene, einspurige Landstraße abgebogen, die in einem dichten Kiefernwald verlief. Außer dem Camaro war niemand auf der Straße. Sie hatten keinen Wagen überholt, und es kam ihnen auch kein Fahrzeug entgegen. Die Sonne war inzwischen untergegangen. Das Dämmerlicht reichte allerdings noch aus, um die Umgebung gut einzusehen.

Das Navi meldete sich wieder zu Wort: ›Biegen Sie in zweihundert Yards rechts ab. Dann haben Sie das Ziel erreicht.‹

Der Wagen wurde langsamer. Miguel schaute schon jetzt konzentriert auf den rechten Fahrbahnrand. Direkt neben dem schmalen, vielleicht ein Meter breiten Randstreifen wucherte verschiedenes Grün, gefolgt von hohen Bäumen. Es war kein Durchkommen zu erkennen.

›Sie haben ihr Ziel erreicht.‹

»Dort, noch ein Stückchen weiter vorn – da ist der Feldweg.« Miguel starrte nach vorn gebeugt aus der Windschutzscheibe in die Dämmerung und zeigte nach rechts. Er konnte unter den Lichtverhältnissen gerade so die über Jahrzehnte von zahllosen Gummireifen in die dunkle Erde eingegrabene Doppelspur erkennen. Ringsum breiteten sich Sträucher aus, die bereits bis an die Fahrrinnen wuchsen und diese teilweise überragten.

Mateo hatte den Wagen bis auf Schrittgeschwindigkeit gedrosselt und bog rechts auf den Weg ab. Die Scheinwerfer waren seit zehn Minuten automatisch eingeschaltet und warfen zwei gelbe Kegel auf die Büsche, die das Licht hell reflektierten und den Feldweg zu verschlucken schienen. Der Camaro bahnte sich den Weg durch die enge Schneise am Eingang über den hier nicht mehr asphaltierten Weg. Äste und Dornen schrappten quietschend, wie Krallen unheimlicher Bewohner des Dickichts, an der Karosserie. Der Wagen rumpelte langsam durch die vielen in unregelmäßigen Abständen verteilte Schlaglöcher. Aus dem Kofferraum hörte Miguel jetzt Stöhnen und wieder Wimmern.

Dann kam eine Lichtung von vielleicht dreißig Quadratmetern. Mateo hielt den Wagen noch auf dem Weg an, und Miguel sprang heraus. »Ich kümmere mich um die Kleine, Mateo«, er ging in Richtung Kofferraum. »Leg du schon mal die Kiste frei.«

»Okay, wenn's sein muss. Gut, dass du eine Taschenlampe im Handschuhfach hast, gleich ist hier nichts mehr zu sehen.« Mit den Worten verschwand Mateo im Wald.

Als Miguel den Kofferraumdeckel öffnete, sah er das Mädchen eng zusammengerollt in einer Ecke kauern. Sie hielt sich die Arme über den Kopf. »Komm raus. Und wenn du versuchst abzuhauen, ist was los.«

Die Kleine war jetzt ruhig. Dafür hörte er aus dem Wald ein regelmäßiges, dumpfes Scharren. Gut – *Mateo hat den Spaten gefunden und macht gerade die Drecksarbeit. Jetzt ist die Göre an der Reihe.*

***

Mala schaute aus der hintersten Ecke des Kofferraums in die Dämmerung hinein. Sie hatte so lange im Dunkeln verbracht, dass sich ihre Augen nicht umstellen mussten. Sie konnte alles gut erkennen.

Ihr Gesicht fühlte sich hitzig und verweint an. Der Hals tat vom vielen Jammern ganz weh, und Kopfschmerzen hatte sie. *Im Kofferraum ist es die ganze Fahrt über so heiß gewesen – schlimmer noch als bei uns zu Hause im Wintergarten, wenn die pralle Sonne drauf scheint. Ich will hier weg!*

Die langen Haare hingen ihr verschwitzt im Gesicht und kribbelten, als wenn sie in ein Spinnennest gelaufen wäre. Sie schluchzte wieder und strich sich einige der feuchten Strähnen zur Seite. Vor dem Auto stand ein großer Mann mit Glatze und langem, dunklem Bart; wie ein dürrer Riese kam er ihr vor. Den hatte sie noch nie gesehen. Oder war das der Mann, der sie im Auto auf dem Rücksitz in die Ecke getrieben hatte, als vorhin alles anfing? Der andere mit den schwarzen Haaren war eben noch zu hören gewesen, jetzt war er aber verschwunden.

Haben die bösen Männer mich mitgenommen, weil wir den Unfall hatten? Was konnte ich denn dafür? Ich will nach Hause, dachte Mala. *Ich will nicht bei den Männern sein. Und dann haben die sich eben auch noch gestritten und sich so laut angebrüllt.*

Sie fing wieder an zu weinen: »Mami, ich will zur Mami. Und nach Hause will ich.« Sie schluchzte immer lauter und Tränen liefen ihr ins Gesicht.

»Klappe. Wenn dein Papa macht, was wir sagen, kommt alles in Ordnung. Ruhe jetzt!« Sein barscher Ton stand in starkem Kontrast zu Malas weinerlichem Gejammer.

»Aber ich habe Angst. Ich will …«

»Bist du endlich ruhig! Und bleib erst mal da liegen …«, Miguel versuchte es zunächst mit Lautstärke. Dann klatschte es einmal laut.

Mala gehorchte und schluchzte so leise sie konnte in sich hinein. Die Angst wurde noch größer. Sie bekam immer stärkeres Halsweh vom Schluchzen und vom Unterdrücken zu weinen. Es war jetzt richtig dunkel und der eine Mann, der mit der Glatze, stand vor dem Auto und schaute in den Wald. Er rief zu dem anderen, den sie nicht mehr gesehen hatte, seit er sie in den Kofferraum geworfen hatte.

»Bist du fertig, Mateo?«

»Ja, dauert nicht mehr lange. Komm schon mal rüber.«

Der Glatzköpfige packte in den Kofferraum und hob das Mädchen heraus. »Wie heißt du eigentlich? Bist du die Kumari?«

»Mala bin ich. Kumari heißen wir, Mami und Papi auch.« Sie fing wieder an, zu weinen. »Mami, komm sofort und hol mich. Bitte, bitte!«

Die Kleine steckte jetzt zwischen den starken Armen fest. Der Grobian trug sie immer tiefer in den dunklen Wald hinein. Schon bald sah sie den Schein einer Taschenlampe, der ein Loch erleuchtete, neben dem eine Holzkiste stand – ähnlich einem Sarg mit daneben liegendem Deckel.

Mala schrie auf, als sie in die Richtung der Lampe blickte. *Das sieht aus, wie der Kasten in den Oma gekommen ist, als sie tot war. Ich lebe doch noch*, und dann rief sie wütend: »Ich will da nicht rein. Ich bin noch am Leben. Mami, hol mich ab, sofort.« Sie strampelte und schlug mit den kleinen Händchen nach dem Mann, der einmal etwas fester zudrückte, sodass sie wieder still wurde.

Mala wimmerte weiter vor sich hin.

Der Riese setzte sie direkt in der Kiste ab. »Leg dich da rein. Wir machen jetzt ein Foto für deinen Papa. Wenn der macht, was wir sagen, bist du morgen wieder zu Hause.«

»Die Beule an eurem Auto bezahlt der Papi ... ganz bestimmt. Ich sage auch, ihr hattet keine Schuld«, schluchzte sie und legte sich auf den sandigen Boden der Holzkiste, die mindestens doppelt so lang war wie sie selbst. Sie weinte wieder und streckte ihre Arme zu den Seiten aus. Beide Fingerchen berührten nun so gerade die seitlichen Holzwände. Es roch nach Erde und fühlte sich feucht an. So schrecklich ungemütlich und kalt. »Ich will hier raus«, stammelte Mala, »und ich muss Pipi. Ganz nötig.«

»Ruhe und schau hierher, zu meinem Telefon.« Der Glatzköpfige drückte in unregelmäßigen Abständen dreimal auf sein Handy.

Die Kleine sah drei helle Blitze und erschrak noch mehr. Durch den hellen Schein waren kurz die Wände der Kiste, der daran angelehnte Deckel, ganz viel Dreck und ein Teil des Loches zu sehen. Dann war es wieder dunkel. Sie schrie jedes Mal kurz auf, um dann wieder in ein leiseres Wimmern überzugehen. Sie war lieber leise und wollte die bösen Männer nicht noch weiter ärgerlich machen.

Jetzt wurde es auch noch nass auf dem dreckigen Holzboden und es roch nach Pipi. Mala fühlte sich so schrecklich allein. *Warum kommt nur Mami nicht, warum?*

***

Miguel tippte auf seinem Handy herum und fluchte dann. »So eine Scheiße. Der Empfang hier ist saumäßig. Hier bekomme ich höchsten Textnachrichten raus, aber Bilder bleiben stecken – und das Video lädt erst recht nicht hoch.«

»Soll ich in den nächsten Ort fahren? Du machst hier weiter?« Mateo streckte seine Hand nach dem Handy aus und sah bereits in Richtung des Camaro.

»Ich mache das schon. Das hier ist dein Job. Ich stimme alles mit dem Patron ab und schicke dem Inder das Video und ein paar Bilder. Das dauert aber. Ich bin in ein, zwei Stunden wieder zurück und hole dich ab. In der Zwischenzeit passt du auf, dass niemand stört.« Miguel gab ihm die Pistole.

»Aber wir vergraben die Kiste erst, wenn der Inder nicht spurt, oder?«

Kopfschüttelnd setzte sich Miguel bereits in Richtung seines Wagens in Bewegung. »Der Patron will es anders. Aber mach, was du willst. Pass auf, dass sie nicht türmt. Und wenn hier Leute herumlungern, benutzt du die Waffe. Dein Handy hast du?«

»Ja. Beeil dich aber, Miguel.« Die Stimme von Mateo klang brüchiger und ängstlicher, als Miguel es jemals wahrgenommen hatte.

Er wendete seinen Camaro auf der kleinen Lichtung und fuhr zurück auf die Straße. Bis zum nächsten Ort waren es noch einige Meilen. Dann würde er sich mit dem Patron besprechen und es sich gemütlich machen, nahm er sich vor. Er konnte sich vorstellen, die Zeit besser zu verbringen, als im dunklen Wald zu stehen. Ein Mann war genug, um den Zwerg zu bewachen, dachte er.

13 Bickel

Kyiv, Europa, T5 Plenarsaal, Mai 2307

Die Überwindung der Zeit, dachte Bickel, *als Erster den Strom der Zeit bezwingen, einmal die Richtung umkehren. Auch wenn es nur kleine Datenmengen sind.* Ihn überkam bei dem Gedanken wieder ein Schauer und tausende feiner Härchen stellten sich auf seinen Unterarmen senkrecht auf. Unendliche Ehrfurcht vor dem, was er bewirken konnte und großer Stolz, der Erste zu sein, überkam ihn – eine neue Technologie aus der Taufe zu heben, war zum Greifen nah. Wenn alles so ablaufen würde, wie er es mit seinem Team in der Theorie tausende Male durchgespielt und simuliert hatte, stand er dicht vor seinem Lebenstraum.

Er hatte endlich seinen Termin vor dem T5-Rat – dem Gremium der fünf führenden Technologie-Nationen. Er saß seit einiger Zeit in einem Aufenthaltsraum, den man ihm zur Verfügung gestellt hatte. Noch zwanzig Minuten, dann war seine Rede terminiert. Genau in den zehn Minuten, die man ihm zugestanden hatte, hatte er die Chance, das Gremium, das die halbe Welt vertrat, von seinem Vorhaben zu überzeugen.

Er saß an einem weißen Tisch. Alles hier in dem Raum war steril weiß – alles: der Fußboden, Wände, Türklinken und Möbel. Selbst die Blumensträuße, drei waren im Raum verteilt, hatten weiße Blüten – die kaum auffallenden Stängel hatten eine zartgrüne Einfärbung und fielen dadurch besonders auf. *Tulpen könnten es sein …*, dachte er geistesabwesend, *ja, wahrscheinlich Tulpen*. Er ging seine Rede zum wiederholten Male durch und ließ die geplanten Formulierungen vor seinem inneren Auge ablaufen.

Bickel schweifte dann mit den Gedanken ab und sinnierte über die enorme Bedeutung dessen, was in wenigen Minuten vor ihm lag. Und er dachte an die Historie – die Entwicklung dieses immens wichtigen Gremiums, das seit etwa einhundertzwanzig Jahren die Welt regierte und alle wichtigen Entscheidungen traf. Vor dieser Zeit gab es einmal eine G7, die Gruppe der führenden Industrienationen – aber die Welt hatte sich weitergedreht. Ihm kam der verheerende Untergang der Vereinigten Staaten von Amerika im vorletzten Jahrhundert in den Sinn. Zunächst wurde das Land in zwei Konföderationen gespalten. Ein unsäglicher Autokrat hatte es geschafft, den südöstlichen Teil zu übernehmen und in eine unbedeutende, nationalistische, abgekapselte Nation zu führen, die seitdem verarmt und von Innovationen abgehängt war. Durch die vielen Bürgerkriege wurde es dort zudem immer unsicherer. Der andere, nordwestliche Teil war zwar frei, aber wurde später ebenfalls geteilt, sodass die Bedeutung auch hier abflachte.

Die T5 bestand inzwischen aus der Europäischen Konföderation, China, der Konföderation Africans, Japan und Indien. Den Vertretern dieser Länder musste er heute aufzeigen, dass sein Vorstoß Mehrwert für die Welt bringen sollte. Wieder schaute er auf sein Manuskript und wieder ließ er sich ablenken.

Er hörte nun der Diskussion des Gremiums zu; sein Vorredner hatte sein Anliegen vorgetragen, dann meldeten sich die Abgeordneten. Es ging anscheinend darum, ob die Technologie der Hyper-Lufttröhrenterminals auch an Dritte-Welt-Ländern lizenziert werden sollte – von Nordvietnam, Ostamerika und der Ural-Konföderation war die Rede. Er bekam nur Gesprächsfetzen mit, hörte Worte wie ›sinnlos‹ und ›bringt die Weltwirtschaft nicht weiter‹. Dann wurde abgestimmt und ein Beschluss verkündet, den er akustisch nicht verstand.

Mittlerweile war es still im Sitzungssaal. Noch fünf Minuten laut Zeitplan, dann war Bickel an der Reihe. Um sich abzulenken, schaute er aus den beiden Fenstern.

Zunächst sah er nach links. Dort blickte er auf den Dnepr; er war nur noch ein Rinnsal, seit das Klima vor zweihundert Jahren umschlug. Das ehemalige Flussbett war zwar noch breit, aber annähernd trocken und sandig. Das Fenster auf seiner rechten Seite gab den Blick auf den Maidan frei; den Platz und einige alte Villen hatte die Stadtverwaltung nach der vollständigen Zerstörung im einundzwanzigsten Jahrhundert komplett restauriert. Auch das riesige, gläserne Bahnterminal, an dem er am Morgen angekommen war und wohin er nach seinem Termin auch wieder gehen würde, sah er von dieser Position aus. Er dachte dabei an den enormen Aufstieg der Stadt Kyiv, in der am heutigen Tag zum vierten Male das T5-Symposium abgehalten wurde. *Manchmal haben Zäsuren auch einen positiven Effekt*, dachte Bickel, *aber zumeist nur einen kleinen und das auch nicht immer*.

Es war so weit; von außen öffnete jemand die Tür. Eine Dame im weißen Anzug und mit weißem Hut bat ihn wortlos mit einem Handzeichen, ihr zu folgen. Nachdem beide einen zwanzig Schritte langen Gang zurückgelegt hatten, stand Bickel jetzt im Parlamentssaal. Auf ihn wirkte er kleiner als erwartet. Vielleicht hundert Menschen waren anwesend; alle saßen in weißen Anzügen gehüllt auf ihren Plätzen. Es waren etwa zehn Reihen, die schräg übereinander angeordnet waren, wie eine kleine Tribüne im Stadion. Bickel dachte bei dem Anblick an seine Jugend, als er vor einem ähnlichen Bauwerk seine erste Meisterschaft im Holo-Fechten gewonnen hatte und er seine Eltern stolz in der ersten Reihe stehend applaudieren sah.

Noch hörte er rege Unterhaltung; niemand der Anwesenden schaute nach unten zu ihm am Rednerpult. Das änderte sich schlagartig, als eine Glocke ertönte. *Die*

Glocke – wie der Kirchturm in Heilstadt. Wie aus einer längst vergangenen Zeit in der lange verlassenen Heimat, dachte Bickel, und er erinnerte sich dann an die Alm, hoch oben in den Bergen über Heilstadt, die er in einigen alten privaten Videos gesehen hatte. Die Alm, die seine Vorfahren bewirtschaftet hatten – Generation für Generation hatten die Bickels sie weitergegeben, bis die Trockenheit das Grün der saftigen Weiden zu staubigen, erodierten Narben transformiert hatte. *Wäre das Klima nicht umgeschlagen, wäre ich jetzt vermutlich auf der Bickel-Alm statt hier.* Dann brach er diesen Gedankengang ab und konzentrierte sich auf seine wichtige Mission.

Schon im Warteraum hatte er sich seine Hololinsen aus den Augen entfernt. Jetzt holte er sein markantes Brillengestell aus der Jackentasche und hielt es behutsam in Händen. Er hatte es, genau wie viele Vorfahren seiner Linie, über die Zeit gerettet. Der Überlieferung nach gehörte es Xaver Bickel, der 1989 verstarb. Seitdem wurde es weitervererbt. Er hatte es nach langem Suchen geschafft, einen Handwerker zu finden; früher hätte man ihn vielleicht als Optiker oder Glaser bezeichnet, der ihm für das Gestell passende Linsen anfertigte, durch die er gut sehen konnte.

Diese Brille setzte er nun auf, eines seiner Markenzeichen – seine eigene vintage Mode. Die Gläser hatten eine annähernd quadratische, an den vier Ecken nur leicht abgerundete Form und sie wurden durch einen dünnen metallischen Rahmen gehalten. Die Bügel, die dem Rahmen ähnelten, mündeten hinter seinen Ohren und hielten das Gestell fest vor seinen Augen. Im Publikum hörte Bickel tuscheln und sah in einige schmunzelnde Gesichter. *Dieses Ding aus einer vergangenen Zeit ist immer ein Icebreaker*, dachte er, *die meisten der Anwesenden haben so ein Brillengestell noch nie zu Gesicht bekommen.*

Wie bereits vor seinem Team in CERN trug er hier seinen Plan vor. Er musste sich kurzfassen, nur sieben Minuten plus drei für Fragen standen ihm zur Verfügung.

»Meine lieben Anwesenden der T5 Nationen, im Auftrage des CERN Institutes beantrage ich, dass wir die in Agenda ›51–12‹ dokumentierte Technologie noch in diesem Jahr realisieren dürfen.« Er drehte sein Smartband mit einer schnellen, einstudierten, aber kaum zu bemerkenden Bewegung. Zwei Schritte vor ihm, zehn Schritte vor dem Publikum, erschien seine Folienpräsentation als im Raum schwebende Holoprojektion. »Wir werden, wenn Sie das Einverständnis geben, eine kurze Textbotschaft in das Jahr 2024 senden – an den Ursprung der kristallinen Speichertechnologie, die uns das Vorhaben erst ermöglicht. Der Inhalt: …«

Bickel legte eine längere Kunstpause ein. Er nahm die Hand vor den Mund und räusperte sich zweimal.

Eine Nachricht vom Team des Zeitsprungprojekts CERN aus dem Jahre 2307. Wenn sie diesen Text lesen können, hat die erste Anbindung Ihres Kristallspeichers genauso reibungslos funktioniert wie unser Zeitsprungprojekt des CERN. Wir haben eine Möglichkeit gefunden, Daten in der Zeit zurück zu transferieren und Ihre Projektgruppe ist der erste Adressat. Wenn Sie uns antworten möchten, fügen Sie Text an das Ende dieser Datei ein, wir müssten es lesen können und werden ggf. antworten. Zunächst möchten wir Ihrer Epoche zwei wichtige Fakten mitteilen, die Sie bitte weltweit verteilen:

1. Pegelanstieg der Weltmeere um drei Meter bis 2130 durch den menschengeschaffenen Klimawandel;

2. Eine Verringerung der Weltbevölkerung um dreißig Prozent bis zum Jahr 2150, verursacht durch kriegerische Auseinandersetzungen von autokratisch geführten Ländern.

Bitte stellen Sie sich gemeinsam mit Ihren Regierungen den Herausforderungen und arbeiten auf positive Änderungen hin.«

Bickel setzte seine Brille ab und legte sie auf sein Rednerpult. Er schaute ruhig in die Menge und ließ seinen Blick über alle Reihen wandern. Die Zuhörer, die er zuvor noch klar erkennen konnte, nahm er jetzt lediglich als verschwommene Flecken wahr. Aber das war ihm egal, es ging nur darum, im weiteren Verlauf hoch konzentriert zu sein und valide Antworten auf die Fragen des Rates zu geben.

Eine Abgeordnete hob den Arm und stellte ihre Frage, die automatisiert übersetzt wurde: »Was löst die Übermittlung einer solchen Nachricht bei uns aus? Ändern wir unsere Realität?«

Bickel sah die Dame mit sicherem Blick an und gab erneut ein Räuspern von sich. Er wartete kurz, bevor er die Antwort an das Publikum richtete. »Wir wissen es nicht. Es gibt nur Spekulationen. Wir müssen anfangen, unsere Möglichkeiten zu nutzen. In einigen Jahren ergeben sich durch diese ersten Gehversuche deutlich mehr Optionen. Wir werden zunächst Daten, dann Gegenstände, später Menschen durch die Zeit schicken ... da bin ich mir sicher. Aber wir müssen starten ... diese neue Technologie müssen wir ins Leben rufen ... wir müssen beginnen!«

Eine weitere Wortmeldung aus der ersten Reihe: »Wird die Kommunikation bidirektional sein? Können wir mit den Empfängern im Jahr 2024 in Kontakt treten?«

Bickel nickte. Er gab nun schnell und schnörkellos die Antwort. »Ja. Unsere Vorfahren ... sie können mit einer einfachen Textbotschaft antworten. Das wäre möglich.«

Der Parlamentarier in der ersten Reihe hob erneut die Hand, sah in die Runde, dann wieder zu Bickel und stellte seine zweite Frage: »Geht es Ihnen, Professor Bickel, nur darum, diese bahnbrechende Technologie zum Leben zu erwecken, oder darum, die Missstände, die uns beschert wurden, zu beseitigen, also die Zeitlinie zu ändern?«

Viele der Anwesenden nickten, während die Frage gestellt wurde und brachten zum Ausdruck, dass das Thema für sie von zentraler Bedeutung war. Trotz der unscharfen Sicht entging Bickel die Reaktion des Publikums nicht. Jetzt war der entscheidende Augenblick gekommen.

Er spürte alle Aufmerksamkeit der Ratsmitglieder auf sich haften. Mit einem Blick auf den Boden ging er kurz in sich. Ihm wurde heiß. *Jetzt nicht erröten, keine Unsicherheit zeigen. Meine Stimme muss fest wirken.* Dann wanderten seine Augen wieder hoch zu den Sitzreihen.

»Meine Damen und Herren, primär geht es darum, dass wir eine Zukunftstechnologie treiben und nach der Grundlagenforschung weitere Optionen potenzieller Möglichkeiten erforschen. Aber wir müssen starten.«

Wieder räusperte er sich mit der Hand vor seinem Mund. »Wenn wir zusätzlich positiv auf die schrecklichen hinter uns liegenden Ereignisse hinweisen … und unsere Vorfahren zu klügerem Handeln bewegen, dann … dann sehe ich dies als einen positiven Begleiteffekt.« Danach hob er den Kopf und sah erneut durch die Reihen.

Die Abgeordneten schauten nach vorn zum Pult, alle waren ruhig und wirkten nachdenklich. Die Moderatorin blickte wie Bickel in die Runde und wartete einige Atemzüge.

Sie wandte sich dann an Bickel. »Danke, Professor. Wir haben noch dreißig Minuten zur Diskussion eingeplant. Falls wir Sie für weitere Abstimmungen benötigen, kontaktiere ich Sie. Die Entscheidung bekommen Sie zeitnah, spätestens in vier Wochen, mitgeteilt. Danke, wir informieren Sie zu gegebener Zeit.« Dann wendete sie sich an die Tribüne: »Liebes

Parlament, das war Professor Doktor Bickel vom CERN Institute, Genf, Europäische Föderation.«

Bickel hörte den Applaus nur aus der Ferne, er war wieder so in seinen Gedanken versunken und versuchte die wenigen Zwischenfragen zu bewerten, dachte wieder an die möglichen Risiken – und an den Ruhm. Dann nickte er mit Blick in das Auditorium, nahm seine Brille vom Pult, packte sie in das Etui und wurde unter sanftem Applaus aus dem Plenarsaal hinausbegleitet.

14 Bickel

Nach der anstrengenden Anhörung stand für Bickel jetzt die Rückreise auf dem Plan. Eine halbe Stunde nach seinem Vortrag verließ er das T5-Gebäude, das zwischen dem ausgetrockneten Flussbett des Dnjepr und dem Maidan lag, und machte sich zu Fuß auf den Weg zum Terminal der Hyperbahn, die ihn zurück in seine Heimat bringen sollte.

Die Luftröhren-Technologie war seit Jahrzehnten das weltweit modernste Beförderungssystem – es war umweltschonend, schnell und extrem ökonomisch.

Er hatte nur etwa zehn Minuten zu Fuß zurückzulegen, bis er auf dem Unabhängigkeitsplatz Maidan ankommen würde. *Gut, dass ich in diesen Straßenschluchten im Schatten unterwegs bin*, dachte er, *ich bin so schon schweißnass. Und dann gleich die klimatisierte Bahn – hoffentlich komme ich gesund in Genf an.*

Nur wenige Menschen nutzten die Seitenstraßen, auf denen er unterwegs war. Zumeist ging er allein auf den breiten Gehwegen; nur sporadisch kamen ihm gut gekleidete Geschäftsleute entgegen, die zu ihren Arbeitsplätzen unterwegs waren. An zwei Händen abzuzählenden Kaffees und Speiselokale, die in den

Bürogebäuden beheimatet waren, bereiteten ihre Außenbereiche gerade für den Mittagstisch vor. Wenige Autos und Busse, die unterwegs waren, zogen lautlos ihre Bahnen.

Dann wurde die Bebauung luftiger, die Höhe der Gebäude geringer. Er ging jetzt geradewegs auf den ausladenden Platz im Zentrum der Stadt zu und sah von seinem Standpunkt direkt in der Platzmitte die etwa dreißig Meter hohe holografische Nachbildung der Unabhängigkeitssäule. Auf seiner linken Seite war der Maidan durch die riesige Glasfront des Luftröhrenterminals begrenzt. Genau darauf steuerte Bickel nun zu.

Er bekam wie bereits bei seiner Hinreise ein beklemmendes Gefühl. In seinem Leben musste er bereits mehrmals dieses modernste Verkehrsmittel seiner Zeit für Dienstreisen nutzen, aber er war immer mit einem starken unangenehmen Gefühl, fast mit Angst, in die Röhre gestiegen. Die Enge und die Tatsache, dass bei den wenigen Unfällen, die die Röhrenbahn seit ihrer Inbetriebnahme zu verzeichnen hatte, keine Überlebenschance bestand, trieb ihm auch jetzt wieder Schweiß auf die Stirn. Er dachte an die Implosionen der unter Unterdruck stehenden Röhren und dass bei jedem, der nur vier bisherigen Zwischenfälle, die Fahrgastkabinen binnen Millisekunden komplett platt gedrückt worden waren – samt der sich darin aufhaltenden Personen. Privat sah er daher von dieser Beförderungsart ab.

Inzwischen stand er direkt vor der riesigen Glasfront, die ihm durch ihre Blaufärbung wie ein gigantischer Eisblock erschien – nur die Temperatur passte nicht zu dem Anblick. Er hörte hinter sich Stimmen von Reisegruppen, die von ihren Führern mit Informationen versorgt wurden und von Jugendlichen war Lachen und Unterhaltung zu hören, während sie mit ihren motorisierten Boards knapp über dem gepflasterten Boden über den Platz schwebten.

Die Sonne stand in halber Höhe direkt hinter ihm am Himmel und zeichnete ihr Abbild an die Glaswand. Bickel fühlte sich in die Mangel genommen; von beiden Seiten wurde er wie von einem Glutofen beheizt. Ihm rann hier, direkt vor der Wand, immer mehr Schweiß über Stirn und Nacken, bis auf den Hemdkragen, der bereits feucht und klebrig an seinem Genick heftete. Das Sakko hatte er den ganzen Weg über auf seinem Rollkoffer abgelegt, der ihm automatisch ohne sein Dazutun gefolgt war. Er las in großen Lettern ›CHT – Continental Hyper Tube‹ über der durch ein optisches System gesteuerte Doppeltür

Bickel ließ seine Augen von unten bis hoch zum Dach über die Glasfront wandern und atmete tief ein. Das Spiegelbild der Sonne blendete ihn dabei so stark, dass er die Augen zu Schlitzen zukniff. Dann ging er auf die Tür zu, die zu den Seiten auffuhr, als er einen Schritt davon entfernt war. Kalte Luft schlug ihm entgegen.

Nachdem er zwei Schritte in die Halle gemacht und sein Koffer direkt hinter ihm die Tür passiert hatte, fuhr diese zu. *Was eben noch zu viel war, ist jetzt zu wenig. Diese Temperaturunterschiede machen mich krank.* Er fror beim Eintritt in die Halle plötzlich und die Rinnsale der Schweißperlen ließen nach. Ihm war, als haftete die Kleidung kalt an jeder seiner Hautfasern. Nur noch leichte, klassische Musik beschallte den Raum. Die wenigen Menschen, die an den beiden Kassen standen oder bereits auf den gepolsterten Sofas auf ihre Fahrt warteten, waren ruhig. Es war, als wenn das Leben stillstand. Eine angenehm entspannende Ruhe oder Vorboten auf einen kommenden Niedergang der Kultur? Bickel war sich nicht sicher.

Er schaute auf die digitale Uhranzeige, die über dem Kassenbereich in ähnlichen Blautönen leuchtete, wie er die Fassade empfunden hatte: 11:57 AM. Viel Zeit blieb ihm nicht mehr. Er schlenderte in den hinteren linken Bereich der Abfahrthalle, der für die Westtangente bestimmt war, und sah bereits die zwanzig Türen, die jeweils mit einer Nummer beschriftet waren. Er suchte auf seinem Smartband nach dem Fahrticket und steuerte dann die ›19‹ an.

An manchen der Türen befanden sich bereits einige Reisende, er stand zurzeit allerdings noch allein in seinem Wartebereich. Jedes der kugelförmigen Abteile war für zehn Passagiere ausgelegt. Bickel hoffte, dass bei seiner Fahrt niemand mehr zu ihm in die 19 zusteigen würde, sodass er diese in Ruhe verbringen konnte. Er dachte an die Hinreise, als ein junger Mann ihm keine Sekunde der Entspannung ließ und unablässig immer neue Themen fand, die er ihm unbedingt näherbringen musste.

Noch zwei Minuten. Vor den anderen Türen standen jetzt bereits durchweg vier bis zehn Personen. Bickel schaute zurück zur Eingangspforte und sah ein elegant und ausgesprochen modern gekleidetes Pärchen mittleren Alters in seine Richtung flanieren. *Muss ich mir den Wagen doch wieder mit anderen teilen, war klar. Hoffentlich lassen die mich in Ruhe*, dachte er. Direkt hinter ihm machten sie Halt und begrüßten ihn mit einem Nicken und knappen Worten in slawischer Sprache. Er bewegte seinen Kopf ebenfalls kurz und brachte ein »Hello, nice to meet you« hervor.

Schon hörte er die sanften Elektromotoren der zwanzig Türen gleichzeitig anschlagen. Wie Schiebewände glitten alle synchron zur linken Seite und er sah die zehn Plätze. Elegante Liegesessel mit jeweils einem kleinen Beistelltisch und dezenter Beleuchtung kamen in sein Blickfeld – alles in strahlendem Weiß, ähnlich wie im Plenarsaal, den er eben erst verlassen hatte. Er stieg ein, fuhr seinen Koffer hinter einen Sitz und legte sich in das bequeme Möbel.

Das Pärchen folgte und machte es sich ebenfalls bequem, nachdem sie ihre vier Koffer hinter ihren Sitzen verstaut hatten. »Sie fahren auch bis Milano?«

Bickel hörte einen starken Akzent heraus, konnte aber den Nachbarn gut verstehen. Er sah zur Seite und blickte in ein freundliches Männergesicht, mit aufwendig getrimmtem Bart und gezupften und offensichtlich gefärbten Augenbrauen, dazu war es dezent geschminkt. *Wie viel Zeit der wohl für diesen Look benötigt hat*, dachte Bickel, *ganz feine Gesellschaft habe ich heute*. »Ja, Mailand ist mein Zwischenziel, dann geht es per Drohne weiter in meine Heimat Genf.«

»Wir stellen auf der ›Fashion International‹ aus! In Milano. Eine riesige Show wird das.« Dabei hob er beide Hände bis auf Brusthöhe an und schloss für einen Moment die Augen, um der Aussage Nachdruck zu verleihen. Dann wandte er sich wieder seinem hübschen Partner zu und Bickel hatte seine Ruhe.

Das Einstiegs-Prozedere dauerte keine zwei Minuten, dann schloss sich die Tür und er hörte das Brummen der Unterdruckgeneratoren in der Röhre, die Kabine wackelte fast unmerklich und schon zeigte die Digitalanzeige in der Tür: ›876 km/h | 2:19 h bis zur Endstation‹.

In den beiden nächsten Stunden hörte Bickel nichts mehr von seinen Nachbarn, denn er klappte die Lehne komplett in die Waagerechte und fiel in einen oberflächlichen Schlaf. Erst die Durchsage ›Noch zehn Minuten bis zur Endstation Mailand. Bitte machen Sie sich bereit!‹, ließ ihn wieder in eine aufrechte Position kommen. Ein Blick zu seiner linken Seite zeigte ihm, dass die beiden Nachbarn immer noch in ruhigen, aber intensiven Gesprächen mit sich beschäftigt waren.

Nachdem die Hyperbahn erneut fast unmerklich geruckelt hatte, las er auf dem Display ›0 km/h | Endstation Mailand erreicht‹. Sofort glitt die Tür nach rechts und seine Sitznachbarn traten mit ihren Koffern in das Mailänder Terminal. Bickel bewegte seinen Koffer hinter dem Sitz hervor, zog sein Sakko an und begab sich ebenfalls in die imposante Halle, die identisch zu der in Kyiv ausschaute.

Die Startrampe der Drohnentransportgesellschaft war im selben Gebäude untergebracht, sodass er in wenigen Minuten in seinem nächsten gebuchten Gefährt Platz nahm. Es war achtzehn Uhr, als er seine Heimat Genf erreichte.

15 Bickel

Bickel hetzte nach seiner Ankunft in der zentral gelegenen Genfer Drohnenstation mit langen Schritten zu Fuß bis an das Westufer des ausgetrockneten Sees. Er benötigte etwa eine Viertelstunde, um die wenigen hundert Meter zurückzulegen.

Die Sonne stand inzwischen tief im Westen, aber brannte ihm trotzdem unbändig in den Nacken. Die jahrhundertealte Uferpromenade wirkte noch immer gepflegt und trotz der Hitze zu dieser Tageszeit nutzen einige Städter sie zu Spaziergängen. Zumeist flanierten Pärchen Hand in Hand über den betonierten Weg, auch wenige Radfahrer in Sportkleidung fielen ihm auf. Er ging auf den ausgemachten Treffpunkt, die ehemalige Fähranlage ›Genève-Pâquis‹ zu. Von Weitem erkannte Bickel einige freie Sitzbänke aus weiß schimmerndem, durchsichtigem Material, die durch dichte, künstliche Bäume im Schatten gehalten wurden. Sein Zwischenziel war jetzt greifbar.

Noch einmal hielt er inne und schaute nachdenklich nach rechts auf die Mündung der Rhone. Was vor etlichen Jahrzehnten noch einem imposanten Fluss entsprach, der in einer breiten Mündung den Genfer See mit Wasser speiste, war heute eine längliche Mulde aus Sand, Kies und Felsbrocken, die über ihre komplette Breite mit dornigem Gestrüpp durchzogen war. Die riesige Fläche des Genfer Sees hatte eine ähnliche Beschaffenheit und wirkte wie der endlose Krater eines Meteoriteneinschlags oder gar wie das Resultat eines Bombenschwarms.

Was haben wir getan, was haben unsere Vorfahren getan, oder unterlassen zu tun? Können wir nicht mit Weitblick und Vernunft agieren? Bickel ließ seinen Kopf hängen. Ihm kam wieder die geplante Botschaft an die Menschen in einer Zeit kurz bevor das Klima unwiderruflich gekippt war, in den Sinn. Die Aussicht, vielleicht Einfluss darauf zu nehmen, dass ein gesünderer Pfad für den Erdball und die Menschheit eingeschlagen würde, ließ ihn wieder Mut schöpfen. Er setzte sich und sah wehmütig in östliche Richtung, wo er am Horizont im Dunst noch einige kahle, schroffe Berggipfel erkannte, die gelblich-braun von der untergehenden Sonne angestrahlt wurden.

Wieder fiel ihm auf, dass nur einige wenige Menschen unterwegs waren. Außer dem schwachen, eintönigen Rauschen des Südwindes war kaum etwas zu hören – keine Stimmen, kein Gelächter, keine Motoren. Umtriebiges, geselliges Leben war etwas anderes. Diese intensive Ruhe tat ihm nach der anstrengenden Anhörung in Kyiv und der daraufhin folgenden langen Rückreise gut, dennoch ließ die Stille ein unbehagliches Gefühl in ihm aufsteigen und sie kam ihm gespenstisch vor. Die Weltbevölkerung hatte in den beiden letzten Jahrhunderten um fünfzig Prozent abgenommen. Wie schon im Bahnhof der Hyperbahn vor seiner Rückreise überlegte Bickel, ob diese Entwicklung als Signal des gesellschaftlichen Untergangs zu werten war.

Es war mittlerweile neunzehn Uhr, sein Band vibrierte. Bickel stand auf und drehte sich nach rechts. Er lächelte plötzlich. Dann ging er ihr einige Meter entgegen.

Dieses liebevolle Gesicht, der dunkle Teint, die hübschen, immer noch leuchtenden Augen. Gut, dass ich meine Frau habe. Die Sorgen traten in den Hintergrund, er war glücklich. *Ich darf sie trotz aller wissenschaftlichen Arbeiten nie vernachlässigen.* »Imani!«, obwohl sie noch einige Meter entfernt war, rief er ihr zu. »Imani, was freue ich mich!«

»Mein Maxi. Du siehst geschafft aus. Wie ist es verlaufen?« Imani hechtete einige Schritte nach vorn und legte beide Arme um seinen Hals. Sie gab ihm einen langen Kuss auf den Mund und sah hoch in seine Augen. »Hast du die Zusage? Dürft ihr das Projekt fortführen? Sag schon.«

Max roch den warmen Mandelholz-Duft, als sie ihren Kopf auf seine Brust legte und fühlte sich zu Hause. Ihre glatten, schwarzen Haare kitzelten an seinem Kinn. Dann drückte er sie ein wenig von sich und verzog den Mund, während er nach unten zu ihr blickte. »Ich kann es nicht einschätzen, Imani. Die Entscheidung wird … in einigen Tagen wird sie erst bekannt gegeben. Ich habe keine Ahnung.«

Dann drückte er seine Frau mit beiden Armen sacht noch ein Stück weiter zurück, um sie zu betrachten und sah sie erneut intensiv an. Dabei bemerkte er die leichten Falten rund um ihren Mund und ihre Augen. *Sie wird alt, so wie ich auch – der Lauf der Dinge. Sie ist immer noch mein bester Mensch.* »Imani, das spielt jetzt aber keine Rolle. Wir beide sind wieder zusammen, das ist entscheidend.« Maxs Gesicht wirkte zufrieden und fröhlich. »Lass uns essen gehen – ich habe eine Kuppel reserviert. Wir machen uns einen schönen Abend … komm, meine Beste.«

Sie schlenderten in enger Umarmung weiter über den Boulevard in nördliche Richtung. Ein Schleier von gelbbraunem Sand lag in der Luft und setzte sich auf dem Betonboden ab, sodass er seine Fußabdrucke noch kurz sehen konnte, bevor der Wind den feinen Staub weiter verteilte. Die Sonne schien immer noch heiß und erbarmungslos auf ihre Rückseiten. Imani hatte ihren langen Seidenschal zum Schutz in den Nacken gelegt und ihrem Mann auch einen Teil davon umgehängt.

Max drehte sich nach hinten und blickte in eine dunstig ockerfarbene Wand, in der die Sonne als runde Silhouette eingearbeitet war. *Ich habe einmal gelesen, dass früher bei Südwind die ganze Gegend gelb von Saharastaub war, jetzt kommt der Sand und Staub aus unserer eigenen Region.* Bevor er bei dem Gedanken wieder nach vorn blickte, stolperte er über einen abgestorbenen Krautläufer, der vom warmen Wind vor seine Füße geweht wurde. Max sah dem ausgedörrten, runden Ballen noch nach, als dieser vom Luftstrom rollend und springend weiter auf das sandige Feld rechts von ihnen gefegt wurde und sich mit den vielen seiner Artgenossen einen Wettlauf zu liefern schien. Ihm schossen dabei Bilder aus uralten Western-Filmen in den Sinn, die er so gern sah.

Dann erkannte er durch die sanften Staubwolken etwa hundert Meter vor sich die über ein Dutzend in bunten Farben leuchtenden Kuppeln, die wie durchsichtige Iglus unterschiedlicher Größe am Rande des ehemaligen Seeufers in versetzten Reihen aufgebaut waren. Er drückte Imani während des Gehens einmal fest an sich und zeigte mit der rechten Hand in die Richtung. Imani gab ihm einen Luftkuss.

Kurz vor der ersten Kuppel, die in weißem, hellem Licht leuchtete, stand ein Servicemitarbeiter an einem Pult, der beide schon von etwa zwei Metern Entfernung ansprach. »Was kann ich für Sie tun? Haben Sie reserviert?«

Er wirkte auf Max nicht direkt unfreundlich, aber es schien ihm, dass der Einweiser heute bereits etliche Gäste hatte enttäuschen müssen.

»Bickel. Zwei Personen. Persönliche, kleine Kuppel.«
Der Mann tippte einige Male auf seinem Armband und blickte auf die vor seinem Pult schwebende Anzeige, die permanent andere Zeilen aufleuchten ließ. »Herr und Frau Bickel, hier habe ich sie. Einen schönen guten Abend wünsche ich Ihnen beiden«, dabei schaute er nun seine Gäste kurz an und setzte ein künstliches Lächeln auf. »Für sie haben wir die Kuppel ›Paris‹ reserviert. Der übernächste Gang rechts. Orientieren Sie sich bitte an der Farbe Orange.« Er nickte Max zu und wies ihm mit der Hand die Richtung.

Ab dem Empfangspult war das Gebiet, auf dem die Gebäude aufgebaut waren, mit einem in kräftigem grün leuchtenden Kunstrasen belegt. Sie gingen auf einem künstlichen, auf dem Rasen angebrachten Weg weiter, der wie ein durch viele Menschen ausgetretener, dunkelerdiger Waldpfad erschien, aber doch nur aus einer Art dickem, dunkelgrünem, braun meliertem, Teppich bestand, der ihre Schritte sanft einsinken ließ.

Nachdem sie an drei der Gebäude vorbeigeschritten waren, standen sie vor dem orangen Halbrund, das sie heute Abend beherbergen sollte. Max machte eine kreisende Handbewegung und eine zuvor nicht erkennbare Öffnung fuhr zur Seite. Das Innere wurde sichtbar – ein aufwendig mit Gestecken, Gläsern und Besteck dekorierter Tisch und zwei altertümlich wirkende Holzstühle, die mit dicken, bunt bestickten Leinentüchern behängt waren, kamen zum Vorschein. All das war durch den Schein von vier flackernden Kerzen in ein gemütliches Orange getaucht.

Er streckte seine Hand in Richtung des Tisches. »Nach dir. Such du dir eine Seite aus, Imani, Schatz.«

Sie drückte ihre Wange fest an seine Hand. Dann trat sie ein, setzte sich auf den rechten Stuhl und sah ihn strahlend an. »Maxi, wie lange sind wir nicht mehr hier gewesen? Es ist immer noch so schön. Und perfekt heruntergekühlt haben sie es hier.« Imani lachte ihn jetzt mit leuchtenden Augen an. »Ich fühle mich wie in einem alten Film; fast wie eine Beduinen-Prinzessin ... inmitten einer luxuriösen Oase in einem gemütlichen Zelt.«

»Dann bin ich dein Prinz!«

Beide schmunzelten. Max hatte inzwischen die Tür der Kühlvorrichtung neben dem Tisch per Handgeste geöffnet. »Was trinken wir, Prinzessin?« Sie verbrachten noch einen wunderschönen Abend mit reichlich Alkohol und köstlichem Essen.

Max Bickel kamen zwischenzeitlich Gedanken an seine Arbeit, an das Projekt, die Zeit zu überwinden, in den Sinn – jeweils nur für kurze Phasen. Seine Frau Imani schaffte es immer wieder, ihn abzulenken, sodass er einen erholsamen Abend verbrachte.

KAPITEL 4 – BEFREIUNG

Boston, Massachusetts, Dienstag, 13. August 2024

1 Joscha

Es war mittlerweile später Nachmittag. Joscha saß noch immer zusammen mit Ramesh im Besprechungsraum. Sie unterhielten sich zumeist über die unvorstellbaren Nachrichten, die sie von dem FBI-Agenten und ihrer KI erhalten hatten – die Arbeit war gerade zweitrangig. Er versuchte mehrfach, seine Frau Vera in Berlin zu erreichen – erfolglos. Bei Ramesh schien es nicht anders zu sein. Joscha beobachtete, wie er nun wieder zu seinem Telefon griff, wählte, und es dann Sekunden später hart auf dem Tisch ablegte.

Dann klopfte wieder jemand an der Tür, was Ramesh dieses Mal hörte. Nachdem er geöffnet und den Kollegen vom FBI erkannt hatte, bat er ihn jetzt zum zweiten Mal herein.

»Herr Kumari, ich habe Neuigkeiten …«, begann er, »keine Guten.«

Joscha sah Ramesh an, der unterdessen noch blasser wirkte und seine Schultern hängen ließ.

»Die Polizei hat einen schweren Unfall auf einer wenig befahrenen Landstraße in der Nähe von Framingham gemeldet. Ein Holztransporter und ein silberner Lincoln SUV waren involviert. Dabei wurde niemand verletzt …« Der FBI-ler machte eine kurze Pause und sah Ramesh an.

Der setzte sich daraufhin stöhnend auf seinen Stuhl. Er brabbelte: »Gott sei Dank …«, und wischte sich über die Stirn. »Der Lincoln könnte unserer Nachbarin gehören –

sie holt in dieser Woche ihr Kind von der Vorschule ab und nimmt unsere Tochter Mala mit.«

»Ja, das passt zusammen. Allerdings scheint es zu einem Entführungsfall gekommen zu sein. Die Fahrerin wurde von den Tätern betäubt. Sie ist inzwischen wieder ansprechbar und hat mitgeteilt, dass sie von zwei maskierten Männern überfallen wurde. Dem Kind der Dame ist nichts passiert, beiden geht es körperlich gut. Aber von dem anderen Mädchen fehlt jede Spur. Das scheint ihre Tochter zu sein, Herr Kumari. Ihre Tochter Mala.«

Jetzt überschlugen sich die Ereignisse. Joscha hörte sein Handy surren, eine WhatsApp war für ihn eingetroffen. Die konnte warten, denn Ramesh winkte ihn rüber zu sich und zeigte auf seinen Monitor. Er ging daher zunächst auf die andere Tischseite zu seinem Kollegen.

»Schau Joscha«, sagte Ramesh, »ein Update von RIPE. Die Drogen-Leute haben es anscheinend wirklich auf uns abgesehen. Wie können die so dumm und dreist sein? Die wissen doch, dass das FBI bei uns im Unternehmen ist und alles mitbekommt. Aber lies selbst.«

Joscha überflog die Zeilen.

›RIPE Einsatzempfehlung – Warnstufe vier‹

* (RIPE) Empfohlen wird ein schnelles Eingreifen. Die Hinweise verdichten sich, dass das Drogenkartell Juarez zwei Entführungen verübt hat. Hier die Mitschnitte (leicht geänderter und gekürzter Wortlaut):

* (Telefon) Auftrag ausgeführt – (Miguel Rodríguez, Juarez Gruppe, heute 7:32 PM)

* (Telefon) Gute Arbeit, Miguel. Schick dem Inder ein Bild. Den Deutschen übernehme ich, da sind die

Russen schon dran. – (Jorge Blanco, Boss der Juarez Gruppe, heute 7:33 PM)

Joschas Handy surrte erneut. Erst jetzt schaute er auf die neuen WhatsApp-Einträge, mittlerweile waren es zwei. Beide in einem neuen Chat – von einer unbekannten Nummer. Er saß bewegungslos auf dem Stuhl und konzentrierte sich nur auf die beiden Nachrichten. Die Erste bestand lediglich aus einem Bild, das seine Frau Vera inmitten von Pappkartons in einer Lagerhalle zeigte – gefesselt auf einem Hocker sitzend. Die zweite Nachricht war ein kurzer Text:

* Willst du deine Frau wiedersehen, Gringo? Wir wollen den Zugang zu eurer KI. Ein Spezialist von euch soll alles Notwendige in unserem Data Center installieren, samt Trainingsdaten. Wir melden uns wieder. – Juarez

Er sah Ramesh fassungslos an. Dessen Gesicht wirkte im Schein der Deckenleuchte wie ein blasser Fleck und er kauerte wie Joscha zusammengesackt auf dem Stuhl. Joscha zeigte ihm die Informationen auf seinem Handy. »Die haben Vera und wollen unser KI-System. Was soll der Mist! Können die Typen mit der KI überhaupt etwas anfangen? Völlig abgedreht ist das.« Er sackte noch tiefer in den Stuhl und schüttelte seinen Kopf.

»Geld spielt bei denen keine Rolle …«, antwortete Ramesh, »wahrscheinlich haben die tatsächlich ein Rechenzentrum und haben IT-Spezialisten in ihren Reihen … oder die haben welche eingekauft oder gezwungen. Aber ob die sich auf der Grundlage dessen, was sie von uns einfordern, etwas aufbauen könnten, bezweifle ich … auf die Forderungen dürfen wir niemals eingehen.« Dann stand er auf und schritt durch den Raum. »Joscha, du musst die Polizei anrufen! … Die Polizei bei euch in Berlin.«

Der FBI-Agent hatte intensiv gelauscht und schaltete sich ein. »Die Kollegen haben bereits Kontakt zur Berliner Polizei aufgenommen. Aber dort ist es jetzt Nacht. Bis da gehandelt wird, kann es dauern. Sobald wir Daten aus den Handy-Bewegungsprofilen haben, geben wir die natürlich weiter. Wir müssen aber generell erst die Datenschutz-Thematik klären. Da sind wir gerade dran.«

Ramesh sah den Agenten an und rollte die Augen. »Datenschutz spielt jetzt eine untergeordnete Rolle. Es geht um zwei Menschenleben. Melden Sie sich, wenn es etwas Neues gibt.« Seine brüchige Stimme war dennoch laut und beherrschend.

Der FBI-ler erkannte den Wink und verließ den Raum in Richtung seines Einsatzteams – Joscha war mit Ramesh wieder allein.

Der schaute dann in Gedanken versunken aus dem Fenster und murmelte: »Joscha, wir binden Mica ein. Die hat Zugriff auf alle Daten, unabhängig vom Datenschutz.«

»Wer ist das? Habe ich bislang nicht kennengelernt.«

»Du kennst doch die Serie ›Criminal Minds‹; die Frau mit den extravaganten Brillen; die, die immer unten im Keller sitzt und ihre Kollegen mit Informationen aus allen möglichen Datenbanken unterstützt. So kannst du dir Mica vorstellen. Aber ... das ist eher ein Forschungsprojekt bei uns und nicht offiziell zugelassen. Das bleibt unter uns.« Er sah Joscha jetzt mit funkelnden Augen an.

Während er mit leiser, tonloser Stimme antwortete, starrte Joscha weiterhin ins Unendliche. »Penelope ... ich glaube, das ist ihr Name. Und Mica kann uns helfen, meinst du?«

»Mit Sicherheit. Wir können nicht auf die Polizei oder das FBI warten. Ich schicke dir einen Link. Darüber kannst du eine unserer Apps installieren, mit der du mit Mica kommunizieren kannst. Aber denk daran, das

Thema Unterstützung durch Mica hat Prototyp- und Geheimhaltungs-Status.« Er sah Joscha direkt in die Augen. »Übrigens Joscha, ich habe gerade auch ein Bild per WhatsApp bekommen – und einen ähnlichen Text wie du.«

Tränend hielt er die Anzeige des Telefons in Joschas Richtung. Der sah die kleine Tochter von Ramesh, die mit verweintem Gesicht und nassen, schwarzen Haaren in einer dreckigen Holzkiste lag. *Ein Kind. Diesen scheußlichen Anblick werde ich so schnell nicht vergessen*, dachte er, *fast noch schlimmer als der Anblick von meiner gefesselten Vera. Wäre ich nur bei ihr Zuhause geblieben. Von hier aus kann ich nichts ausrichten. Eine Flasche Whiskey würde mir jetzt guttun.*

Dann sah er Ramesh auf seinem Handy tippen und hörte daraufhin eine freundliche Frauen-, fast Mädchenstimme – Ramesh hatte auf ›Mithören‹ gestellt.

»Hallo Ramesh, hier ist Mica. Schön, dass wir wieder zusammenarbeiten. Wie kann ich helfen?«

»Mica, den Kollegen Joscha Halberstadt habe ich auch autorisiert; wir drei sind jetzt das Team. Schau dir bitte den FBI-Chatverlauf von RIPE an. Da müsstest du Hinweise auf zwei Entführungen haben.«

»Ich bin dabei, Augenblick.«

Joscha kam die Stimme so lieblich und jung vor. Er hielt sie für höchstens zwanzig, wenn solch eine Schätzung auf Basis einer Stimme überhaupt möglich war. Fast so wie die Stimme aus der ›Lidl‹-Werbung, dachte er, nur nicht ganz so nervig.

»So, Kollegen. Ich habe interessante Informationen. Ich konnte eine größere Anzahl an Daten korrelieren, GPS-Koordinaten, Chatverläufe, Telefonate, und ich habe zwei konkrete Standorte, wo ich die Entführungsopfer vermute – die Wahrscheinlichkeit ist jeweils über dreiundneunzig Prozent. Wollt ihr mehr Details?«

»Bitte, Mica!«

»Mala ist in einem Waldgebiet, einige Kilometer von Sherborn entfernt. Vera ist in Berlin in einer Lagerhalle in der Nähe des Spandauer Schifffahrtskanals. Zu beiden Destinationen schicke ich euch die GPS-Koordinaten über die ISF App.«

»Danke, Mica, halt uns bei Neuigkeiten aktiv auf dem Laufenden.« Ramesh beendete das Gespräch und wandte sich an seinen Kollegen: »Joscha, gib bitte die Koordinaten aus Berlin an die Polizei weiter, wir treffen uns an meinem Wagen.«

Der schaute ihn verblüfft an. »Was haben wir vor? Warten wir hier nicht auf das FBI?«

»Vor morgen früh kommen die nicht in die Puschen. Wir beide holen Mala.«

Joscha schluckte und sah ihm nach, während er hastig den Raum verließ. Dann wählte er eine Nummer aus Berlin. In dem Wissen, dass es dort früh am Morgen war, sehr früh, hatte er kaum Hoffnung auf Erfolg. Es dauerte allerdings nur wenige Sekunden, bis er die bekannte Stimme hörte.

»Honsak, Ja?«

Doktor Melanie Honsak war eine Kriminalkommissarin, die Joscha vor gut einem Jahr kennengelernt und zu der er mittlerweile ein freundschaftliches Verhältnis aufgebaut hatte. Sie war, zusammen mit ihrem beruflichen Partner Ilkay Polat, die leitende Ermittlerin des Mordfalls ›Norbert Siegel‹ gewesen – Joschas Vorgesetztem, der in der rechten Szene sein Glück gesucht, aber den Tod gefunden hatte. Während der Ermittlungen gehörte auch Joscha zwischenzeitlich zu den Verdächtigen, konnte aber mithelfen, den wahren Täter zu überführen. Fast wäre er damals eine Affäre mit der jungen, attraktiven Beamtin eingegangen, aber er war glücklich verheiratet und gab ihr damals einen Korb. Sie verstanden sich aber weiterhin gut und waren auch nach Abschluss des Falls in losem Kontakt geblieben.

»Melanie, Joscha hier. Entschuldige die Störung so früh am Morgen. Ich habe ein Riesenproblem. Ich ...«

Sie unterbrach. »Ich weiß. Meine Dienststelle hat gerade Hinweise vom FBI bekommen – aus Austin, Texas, glaube ich. Mein Chef hat mich für das Thema eingespannt. Der Name von Vera ist dabei gefallen. Tut mir echt leid. Wir tun alles für euch. Ich bin schon dabei, mich fertig zu machen. Auf Hinweise warten wir noch.«

»Hinweise kann ich dir geben – frag nicht woher. Vera müsste in einer Lagerhalle festgehalten werden, an einem Kanal. Die Koordinaten sende ich dir.« Joschas Stimme zitterte, er bekam kaum Worte über die Lippen. Während er weiter stammelte, sendete er Melanie die GPS-Daten. »Melde dich. Holt sie da raus ... bitte.«

Nachdem er die Worte gesprochen hatte, hastete Joscha aus dem Raum, um Ramesh zu erreichen, bevor dieser sich allein auf den Weg machte.

2 Honsak

Melanie Honsak stand in ihrer Küche und füllte Kaffee in zwei verschließbare Becher. Kleine Flaschen waren es eher – Ocean Bottle stand in winziger Schrift darauf. In größeren Lettern war ihr Arbeitgeber darauf verewigt:

Polizei Berlin
Direktion 4

Sie und ihre Kollegen hatten diese Flaschen als Geschenk zum 30. Jubiläum der Dienststelle bekommen. Als sie vor einigen Monaten den Jahrestag gefeiert hatten, dachte sie damals, dass sie zur Zeit der Eröffnung der

Abteilung erst drei gewesen war. Beim Einfüllen des Kaffees erkannte sie das ›NFC‹-Zeichen auf der Unterseite und wunderte sich, *jetzt sind auch schon Flaschen smart, solch ein Blödsinn. Bald ist da wahrscheinlich auch noch künstliche Intelligenz integriert, die einem mitteilt, wie toll der Inhalt schmeckt.* Dabei grinste sie in den menschenleeren Raum. Der Kaffee plätscherte beim Umfüllen beruhigend in die Fläschchen, was auf sie einen meditativen Charakter hatte und ihre Augen fast zufielen.

Melanie hatte nur eine gedämmte Ecklampe eingeschaltet. Es war mitten in der Nacht und ihre Augen konnte sie kaum öffnen – das normale Licht der Küchenbeleuchtung wäre in ihrem Zustand Gift gewesen. Sie rubbelte durch ihre kurz geschnittenen Haare, um sie wild abstehen zu lassen. Melanie achtete schon immer darauf, ein wenig frech zu wirken und hatte sich vor einigen Wochen für eine Rottönung entschieden.

Dann ringte ihr Handy erneut.

»Morgen Ilkay. Oder soll ich besser sagen ›Gute Nacht‹?«

Er lachte: »Morgen, Melanie. Ich habe es geschafft – bin angezogen und bereit. Du kannst ab jetzt kommen, das wollte ich dir eigentlich nur mitteilen. Allerdings kann ich den Kaffee so früh am Morgen nicht wie gewohnt besorgen. Aber das dürfte bestimmt klar sein. Muss heute ohne gehen.«

»Lass dich überraschen, mein Lieber. Zehn Minuten noch, dann kannst du an der Straßenecke warten.« Sie legte direkt auf und lauschte wieder dem Plätschern der letzten Kaffeetropfen.

Danach zog sie sich einen Mantel an. Obwohl es Sommer war, war es doch frisch unter freiem Himmel. Im BMW schaltete Melanie die Sitzheizung ein und drehte die Temperatur auf vierundzwanzig Grad – Aufstehen mitten in der Nacht und Kälte waren keine gute Kombination.

In der Seitenstraße, in der ihr Wagen auf einem kleinen ungepflegten Parkplatz stand, war es stockdunkel. Wieder einmal waren Laternen ausgefallen. Ab der folgenden Hauptstraße wurde es besser – gelber Schein von etlichen Beleuchtungspfosten ließ den Asphalt friedlich glitzern. Der rote BMW war der einzige Wagen auf der Straße; nicht ein anderes Gefährt war um diese Uhrzeit zu sehen. Melanie gab Gas. Das Blaulicht war nicht nötig, zu leer waren die Straßen. Trotz Fünfziger-Geschwindigkeitsbeschränkung zeigte der Tacho knapp über siebzig an. Zwei rote Ampeln ließ sie durch langsameres Überfahren hinter sich.

Dann war sie schon am Ziel der ersten Etappe – Ilkay stand bereits an der Kreuzung, an der sie ihn zumeist abholte. Zu anderen Uhrzeiten musste sie ihn in dem Gewusel von Menschen, die sich auf in den Tag machten, erst suchen. An diesem Morgen war er der einzige Mensch, der zu sehen war. Er stand auf der anderen Seite der Kreuzung im Schein einer roten Ampel und wirkte surreal – wie ein rötlich glimmendes Alien in bodenlangem Mantel. Als sie gerade langsam weiterrollen wollte, wechselte er die Farbe in kitschiges, fahles Grün. Melanie gab mehr Gas und hielt direkt neben ihm.

»Morgen Ilkay. Heute bin ich mit Kaffee an der Reihe.« Sie hielt ihm den Becher hin, nachdem er eingestiegen war.

»Guten Morgen und Danke. Ohne Kaffee würde ich vermutlich in den nächsten zehn Minuten eingehen.« Gähnend sprach Ilkay weiter. »Eine Entführung ist gemeldet. Halberstadt. War das nicht auch der Name des IT-lers in dem ›Siegel‹-Fall vor einem Jahr?«

»Exakt. Um seine Frau Vera geht es dabei wahrscheinlich. Ihr Mann hat mich eben aus den USA angerufen. Er ist beruflich dort und wird mir weitere Infos schicken.« Melanie gab jetzt wieder richtig Gas und sah aus dem Augenwinkel, wie sich ihr Partner fast am Kaffee verschluckte.

»Okay. Erst mal ins Büro und die Lage checken.« Bekam er dann noch über die Lippen, nachdem er sich mit der rechten Hand Mund und Kinn trocken gewischt hatte.

Der Verkehr war weiterhin dünn. Wenig später kamen sie in ihrer Dienststelle an. Trotz der frühen Stunde war hier mehr Betrieb als auf den Straßen. Es hielt ein Streifenwagen, aus dem zwei Männer abgeführt wurden; es ging ein Pärchen Arm in Arm zur Pforte, die Frau schien im Gesicht zu bluten; einige Polizeibeamte marschierten zu ihren Autos.

Als sie an der Pforte vorbeiging, hörte Melanie: »Honsak, Polat. Was macht ihr denn hier, mitten in der Nacht? Da muss ja was Schlimmes passiert sein.«

Sie hob nur die linke Hand zum Gruß, in der rechten hielt sie ihren Kaffee, von dem sie im Gehen einen Schluck nahm.

In ihrem schmucklosen Büro angekommen, setzten sich beide jeweils auf ihren Schreibtischstuhl und schauten sich an. Der Raum war kahl eingerichtet. Außer einer Kaffeemaschine, neben der eine Paddose stand, war nicht viel zu sehen. Auf einem Regal lag ein weiß-roter Schal mit der Aufschrift ›1. FC Union Berlin‹ und an einem der beiden alten Holzschränke hing ein Poster, auf dem die ›Alte Försterei‹ zu sehen war.

Melanies Handy vibrierte. Sie las die Nachricht und nahm einen Schluck des immer noch heißen Kaffees. *Gute Flaschen, die halten ja echt lange warm*, dachte sie und wandte sich an ihren Kollegen. »Ilkay, ich habe gerade von Joscha Halberstadt eine WhatsApp bekommen. Der schickt mir hier GPS-Koordinaten. Keine Ahnung, woher er die hat und warum nicht das FBI die Daten sendet.« Sie hatte bereits ihren Laptop gestartet und war dabei, die Tastatur zu bearbeiten. »Ich habe es in ›Maps‹ eingegeben, schau.«

Ilkay stellte sich hinter ihr auf, beugte sich vornüber und blickte intensiv auf ihren Monitor. Er fokussierte die Augen angestrengt auf die kurze Entfernung. »Merkwürdig. Woher hat er die Information? Das ist ja ... mitten in dem verkommenen Industriegebiet am alten Flughafen ... in Tegel spielt sich das ab.«

»Ja. Verlassene Gegend. Und komplett von zwei Schifffahrtskanälen umgeben – eigentlich eine Insel. Komm, wir schauen da mal vorsichtig nach dem Rechten. In höchstens zwanzig Minuten sind wir dort, bei dem geringen Verkehr vermutlich eher.«

Die Situation auf den Straßen Berlins hatte sich in den letzten dreißig Minuten kaum geändert – es war noch dunkel und der Verkehr spärlich.

Als sie in der Nähe des Flughafens Tegel angekommen waren, fuhren sie über eine Brücke und bogen von der Hauptstraße nach links in einen schmalen Weg ein. Eine Beleuchtung war hier nicht zu finden. Das Navi zeigte, dass es noch weniger als ein Kilometer bis zum Ziel war. Melanie fuhr nun fast im Schritttempo und schaute angestrengt nach links und rechts in die Dunkelheit, um Auffälligkeiten oder Bewegungen zu erkennen.

»Nur noch zweihundert Meter ...«, Polat sah dabei auf sein Handy und sprach leise. »Lass uns den Wagen hier abstellen und zu Fuß gehen. Das ist unauffälliger. Die Motorengeräusche würden uns verraten.«

»Alles klar, gute Idee. Ein paar Meter noch.« Melanie hatte inzwischen das Licht abgeschaltet und rollte mit kaum hörbarem Motor weiter. Kurz darauf stellte sie den Wagen auf dem Seitenstreifen ab.

Sie stieg vorsichtig aus und zog ihre Waffe aus dem Holster. Dann sah sie erneut auf die Maps-App auf ihrem Handy. »Komm, da vorn in der Lagerhalle müsste das Ziel sein. Eine echt ätzende Gegend. Wir müssen aufpassen ... sei vorsichtig, Ilkay«, flüsterte sie und zeigte auf ein graues Betongebäude.

Beide schlichen in Richtung der etwa haushohen Lagerhalle und sahen bald ein großes, zugesperrtes Rolltor, durch das selbst ein Lastwagen passen musste, und daneben eine Eingangstür, die ebenfalls geschlossen war. Auf dem mit Betonelementen gepflasterten und in den Ritzen mit Unkraut übersäten Vorplatz stand lediglich ein Auto. Bei der Annäherung erkannte sie einen in die Jahre gekommenen, aber aufgemotzten schwarzen Mercedes. Er hatte Breitreifen, war tiefer gelegt und am Heck mit einem ausladenden Spoiler verziert.

Instinktiv gingen beide in einen gebückten Gang über und hatten die Pistolen, je eine ›Heckler & Koch‹ Kaliber neun, im Anschlag. »Polat, wir kontrollieren die Tür. Aber leise.« Melanie ging in kleinen Schritten bis zur Eingangspforte, die sie bereits von Weitem erblickt hatte. Aus ihrer Perspektive sah diese jetzt kompakt und aus Stahl aus.

Melanie hielt die Waffe waagerecht nach vorne, drückte vorsichtig mit der linken Hand die Klinke hinunter und spürte Widerstand. Sie schien eingerostet und war kaum zu bewegen. »Ilkay, versuch du mal den Türgriff zu bewegen. Der ist wahrscheinlich lange nicht mehr benutzt worden.«

Ilkay stellte sich neben sie und versuchte die Klinke herunterzudrücken. Sie bewegte sich dabei allerdings keinen Millimeter. Er stützte jetzt sein Gewicht auf den rechten Arm und drückte wieder nach unten. Der Griff löste sich und schlug bis zum Anschlag nach unten. Dabei quietschte das Gewinde in einem hohen Ton, so wie eine Feldmaus, deren fast im Ultraschallbereich liegenden Töne oftmals nachts am Wegesrand zu hören waren. Das Scheppern von Eisen auf Eisen der aufschlagenden Klinkensperre übertönte das Quietschen dann um einige Dezibel.

Die Tür sprang einige Zentimeter nach innen auf. Melanie nahm den Schein von Lampen durch die schmale Öffnung wahr und sah Fußabdrücke im Staub des dezent angestrahlten Betonbodens – große Abdrücke. Dann hörte sie Stimmen und jemanden in einer tiefen Stimme rufen. »Wer da? ... Hallo?« Von innen kommend waren Schritte zu hören. »Jemand da? Aleksej ... ty?«

3 Joscha

Ramesh hatte seinen Ford Explorer bereits ausgeparkt und stand mit laufendem Motor auf einem der Fahrwege des Firmenparkplatzes. Joscha kam aus dem Haupteingang gehastet und sah den SUV sofort. Als er den laufenden Motor hörte, dachte er, *der wird doch nicht ohne mich fahren? Der spinnt wohl!* Er stürzte mit großen Schritten voran zur Beifahrertür.

Zusammen mit einigen Straßenlaternen erleuchteten die Frontlichter des Explorers die angrenzenden Beete. Der Himmel war mittlerweile wolkenverhangen und schimmerte nur aufgrund der Beleuchtung der Downtown Bostons in schütterem Schein. Am Horizont war es komplett dunkel. Die Beifahrertür stand bereits einen Spalt offen.

»Komm rein ... setzt dich ...«, rief Ramesh abgehackt und hektisch, »ich will keine Zeit verlieren. Die Koordinaten habe ich schon in das Navi eingegeben. Dreißig Minuten – ich nehme mir zwanzig vor.«

Joscha sprang auf den Beifahrersitz und zog die Tür zu. Der Motor heulte kurz auf und die Reifen meldeten Abrieb, dann bekamen sie Traktion und der Wagen raste los.

Während sie bereits Tempo aufgenommen hatten, schnallte er sich an und wandte sich sorgenvoll an seinen

Kollegen: »Wir haben keine Waffen, oder doch? In den USA hat doch fast jeder einen Revolver.«

»Ja, normal schon – ich aber nicht. Ich habe eigentlich keinen Bock auf so was, obwohl ich jetzt eine gebrauchen könnte.« Ramesh starrte weiter konzentriert auf die Straße, und gab noch mehr Gas. Dann zeigte er mit einer Hand nach hinten. »Im Kofferraum ist meine Golfausrüstung, die Schläger spendiere ich. Besser als gar keine Waffen …«

Der Ford Explorer raste dann über einen kaum befahrenen Highway; schmale, baumgesäumte Landstraßen; durch dünn besiedelte Randgebiete Bostons mit kleinen Ortschaften; durch Wiesen- und Weidegebiete und kam dann in ein dunkles, unübersichtliches Gelände mit ausgedehnten Wäldern.

»Es dauert nicht mehr lange …«, sagte Joscha; den Blick ließ er bereits die ganze Fahrt über zwischen Navi-Display und Straße wandern. Er hatte schon während der letzten Minuten permanent Hinweise an seinen Fahrer gegeben. »Noch ein paar hundert Yards und wir müssen die Landstraße verlassen.«

Dann vibrierte sein Handy und er sah im Sperrbildschirm die Worte ›Kontaktaufnahme Mica‹. Er entsperrte und schon hörte er wieder die freundliche Frauenstimme.

»Joscha, Mica hier. Kann ich reden oder störe ich gerade?«

»Alles gut. Noch fahren wir.« Er stellte auf Lautsprecher und hielt das Handy in die Fahrzeugmitte.

»Ja, das erkenne ich per Handyortung und Maps-Abgleich. Meine Empfehlung ist es, dass ihr gleich an der Straße parkt und zu Fuß in den Wald geht. Seid dabei leise. Ihr müsst ihn überraschen.«

»Okay. Mit wie vielen Gegnern haben wir zu rechnen?«

Mica antwortete mit unaufgeregter und professioneller Stimme. »Da ist nur einer, Mateo Hernandez. Vorsicht, er hat wahrscheinlich eine Schusswaffe. Aber ich wollte etwas ganz anderes. Es geht um deine Frau Vera. Ich konnte eine Überwachungskamera anzapfen. Ich habe gesehen, wie sie in eine Lagerhalle gebracht wurde. Es schien ihr gutzugehen.«

»Danke ...«, Joscha wusste zunächst nicht, ob er eher erleichtert oder erstaunt über die Fähigkeiten der Kollegin und über die Nachricht zum Status Veras sein sollte und einigte sich dann auf beides. »Das sind gute Nachrichten. Ich habe die Polizei in Berlin schon gesprochen.«

»Ich weiß. Doktor Honsak und Herr Polat sind schon in der Nähe deiner Frau. Die sollten sie bald befreien können. Und jetzt konzentriert euch auf die kleine Mala.«

Das Gespräch beendete sich automatisch. Joscha sah irritiert über all das Wissen Micas zu Ramesh hinüber, der den Blick aber nicht erwiderte und sich nur auf die Straße konzentrierte. Joschas Gedanken kreisten um seine Frau, aber er fragte sich auch, woher die Kollegin all das Wissen nahm. *Die RIPE-KI wurde in Lab Alpha mit allen möglichen GPS-Daten, Telegram- und WhatsApp-Texten gefüttert. Mica scheint eine ähnliche Datenbasis zu haben. Außerdem scheint sie clever zu sein – sie fügt die Informationen optimal zusammen und trifft gute Entscheidungen. Besser, wenn Menschen mit Bewusstsein die Bewertung anstatt einer KI übernehmen.*

Dann wurde er aus seinen Gedanken gerissen – die Umgebung verdunkelte sich, als Ramesh das Licht ausschaltete und den Wagen vorsichtig neben die Fahrbahn rollen ließ. »Lass uns jetzt wie vorgeschlagen zu Fuß weiter gehen«, sagte er und schaute Joscha an. »Wir müssen so leise wie möglich sein und ihn überraschen. Komm, es geht los.«

Er stieg aus und öffnete mit behutsamen Handbewegungen den Kofferraum. Aus der Golftasche entnahm er dann zwei Schläger – ein Eisen drei und ein Eisen vier, das er Joscha in die Hand drückte.

Nachdem die Autotüren verschlossen und die Innenlichter erloschen waren, fand sich Joscha in tiefster Schwärze wieder. Es dauerte ein paar Herzschläge, bis die Augen undeutliche Schemen wahrnehmen konnten. Sie gewöhnten sich aber schnell an die neuen Lichtverhältnisse und beide gingen gemeinsam über den sich vage von der Straße abhebenden Randstreifen weiter geradeaus, immer den suchenden Blick nach rechts gerichtet, um den Feldweg nicht zu verpassen.

Plötzlich meldete sich wieder ein Handy, dieses Mal wurde Ramesh angesprochen. Aus seiner Hosentasche war die Stimme von Mica zu hören, so leise, dass sie gerade so zu verstehen war.

»Ihr seid zu weit, etwa zehn Yards zurück, dann müsste ein Pfad in den Wald führen; danach noch etwa hundert Yards geradeaus.«

Dann kehrte wieder Stille ein. Nur das sachte Rauschen des sich in den Bäumen fangenden Windes war noch zu hören. Die Dunkelheit hatte sich inzwischen komplett über den Wald gelegt.

4 Honsak

Die beiden Kommissare standen immer noch vor dem Lagerhaus in Berlin-Tegel neben der einzigen Tür, die sie gerade mit großer Anstrengung, aber mit zu starkem Lärm geöffnet hatten.

Honsak tippte Polat auf die Schulter und deutete mit ihrem Kopf in Richtung der Lagerhallenecke zu ihrer Linken, bis zu der sie vielleicht fünf oder sechs Schritte über sandigen, mit Unkraut durchzogenen Boden zurücklegen mussten. Dort war es stockdunkel, der

Schein der einzigen Leuchte an der Außenfront der Halle reichte gerade bis zu dem Bereich, an dem sie gerade beide hockten.

Durch den Spalt der halb offenen Tür hörte sie im Inneren die Schritte jetzt deutlicher, als wenn schwere Boots auf Beton schlugen und sich näherten. Die Stimme war nun lauter und wurde eindringlich. »Aleksej, ty? Da einer vor Tüü-rr?« Er zog das Wort Tür extrem in die Länge und rollte das ›r‹. *Es wird hier gefährlich*, dachte Honsak, *nichts wie von dem Eingang weg und hinter der Ecke Schutz suchen.*

Polat war inzwischen an ihr vorbeigehuscht und hatte mit schleichenden, aber fixen Schritten die Ecke der Halle erreicht. Honsak war nur knapp dahinter und blickte sich nach hinten um. Aus der Tür schaute nun ein voluminöser Kopf, der durch den langen, schwarzen Bart und den ebenso langen Haaren wie eine heutige Version Rasputins wirkte. Dann sah sie ihn in ganzer Länge auf den Vorplatz treten – zwei Meter maß er mindestens und war komplett in Schwarz gekleidet. Er wirkte auf Honsak wie die Karikatur eines Wrestlers, dessen Hauptaufgabe es war, den Zuschauern der ersten Reihe Angst einzuflößen. Sie kauerte sich hinter die Ecke der Halle neben Polat ins Dunkel.

Wieder rief der Mann nach jemandem. Anscheinend beunruhigte ihn die offenstehende Tür, denn er wurde lauter. Seine Worte waren nicht zu verstehen, aber von innen bekam er Antwort. Die beiden Männer riefen sich russisch klingende Sätze zu.

Der Hüne schaute von links nach rechts und zog einen Revolver hinten aus seinem Gürtel. Er richtete die Waffe nach vorn aus und ließ sie dann zusammen mit seinem Blick über den Platz wandern. Melanie rückte trotz der Finsternis instinktiv einen Schritt nach hinten.

Als sie wieder in Richtung Tür sah, war diese verschlossen und der Mann nicht mehr zu sehen. Aus der

Richtung hinter der Halle war kurz darauf jedoch ein Motor zu hören.

»Schnell, Ilkay. Die hauen hinter der Halle ab. Lass uns versuchen, sie aufzuhalten. Eine bessere Chance bekommen wir nicht.« Dann lief Melanie dicht an der Hallenwand entlang in die Dunkelheit und Ilkay folgte ihr.

An der Längsseite der Halle, die sie gerade passierten, hatte der Boden einen ungepflegten Graswuchs, auf dem mittlerweile etliche Sträucher wucherten. Es war komplett dunkel. Da sich ihre Augen an die Schwärze gewöhnt hatten, erkannte Melanie, dass der höchsten drei Meter breite Rasenbereich durch einen hohen Maschendrahtzaun begrenzt war, der mit Unkraut und Schlingpflanzen überwuchert war. Sie fühlte sich zwischen Zaun und Halle wie in einer Falle, lief aber unbeirrt weiter.

Am Ende der Wand angekommen, nahm sie die Motorengeräusche deutlicher wahr. Es hörte sich nicht nach einem Automotor an, etwas passte daran nicht. Dann erkannte sie, dass das Gelände nach hinten durch den Kanal abgegrenzt war. Direkt hinter der Halle zog das dunkle Gewässer des Spandau-Schifffahrtskanals eine für sie unüberwindliche Grenze.

Der Lärm wurde noch einmal deutlich stärker und ein offenes Motorboot schwamm durch einen Zufluss aus der Halle kommend in den Kanal. Sie sah zwei kräftige Männer und eine kleine Person, deren kompletter Kopf mit einem dunklen Sack verdeckt war, auf dem Boot sitzen. Dann heulte der Motor auf. Das Gefährt streckte die Front gen Himmel und beschleunigte. Nach wenigen Metern war er dann nicht mehr hörbar. Das Boot wurde durch die Schwärze der Nacht verschluckt.

Honsak stützte die Arme in die Hüften und holte einige Male tief Luft. Als sich ihre Atmung beruhigt hatte, schrie sie mit ärgerlichen Worten: »Scheiße, Chance vertan.

Schnell zum Auto«. Sie rannte wieder in die Richtung, aus der sie vor wenigen Minuten gekommen waren.

»Aber pass auf, vielleicht ist vorn noch ein Dritter«, stammelte sie schnell atmend und hielt ihre Waffe weiterhin in der rechten Hand.

Ilkay lief direkt neben ihr und nickte.

5 Joscha

Der dunkle Wald, nicht einmal die Hand vor Augen war zu erkennen; das gespenstische Rauschen des Windes in den Baumkronen; unheimliche Rufe von Wildtieren in der Ferne; die quälende Ungewissheit, was sie erwarten würde; nur simple Golfschläger zur Verteidigung oder zum Angriff – Joscha fühlte sich ängstlich und hilflos.

Er folgte Ramesh über den sandigen Pfad, der immer tiefer in den Wald hinein führte, und setzte in kleinen Schritten Fuß vor Fuß, um nicht in eine Vertiefung zu treten oder über einen abgebrochenen Ast zu stolpern. Obwohl sich die Augen an die Dunkelheit gewöhnt hatten, waren hier tief unter den Kiefern keine Details zu erkennen. Die Beschaffenheit des Bodens konnte Joscha nur erahnen und ertasten.

Plötzlich blieb Ramesh stehen und streckte seinen Arm vor Joschas Körper aus. Er sondierte einige Sekunden lang die Umgebung und drehte sich dann zu ihm um, mit einer Armbewegung in Richtung Wald. Joscha wartete hinter ihm und hielt den Atem an. Er suchte jetzt ebenfalls den Horizont nach Auffälligkeiten ab, konnte aber rein gar nichts erkennen. Seine Angst nahm zu.

Ramesh hielt sich die Hand schräg vor den Mund, kam mit seinem Kopf dicht an Joschas Ohr und flüsterte: »Joscha, ein paar Yards weiter vorn … da könnte der

Schein einer Taschenlampe leuchten.« Dabei zeigte er mit dem ausgestreckten Arm in die Richtung, aus der er den Lichtkegel vermutete. »Zwischen zwei Sträuchern habe ich eben was gesehen ... bin mir nicht sicher.«

Joscha war etwas größer und reckte sich auf Zehenspitzen so hoch er konnte. Über einer Reihe von Wacholdersträuchern, die zwischen abgestorbenem Gehölz wucherten, sah er jetzt tatsächlich den faden Schein einer Lampe, die anscheinend auf dem Boden lag und nur die engste Umgebung mit dünnem Licht erleuchtete. Einige wenige Blätter und Äste in Bodennähe wurden angestrahlt und erschienen in Grautönen über sandigem Boden in ähnlich neutraler Farbe.

»Lass mich von hinten an den Kerl anpirschen. Ich mache einen weiten Bogen, damit er mich nicht hört. Du kommst von hier ... von vorn.« Mit diesen Worten schlich Joscha auch schon weiter und bahnte sich langsam und so leise er konnte den Weg durch den Bewuchs des Waldes.

Die Wacholdersträucher, die wie eine schützende Mauer zwischen dem Entführer und ihm standen, streckten ihre Zweige wie flehende Arme in die Höhe. In der Dunkelheit hoben sich ihre groben Konturen nur blass wie eine ausgeschnittene Papiersilhouette vom Hintergrund ab. Er ließ sie zu seiner linken Seite liegen und umkurvte dann etliche Kiefern.

Der sandige Boden war gesäumt mit abgebrochener Rinde, Ästen, Baumnadeln und Zapfen verschiedener Größen. Joscha passte besonders darauf auf, nicht auf einen Ast oder einen größeren Zapfen zu treten – beides konnte Geräusche verursachen, die ihn sofort verraten würden, oder aber, er könnte umknicken und stolpern.

Er hatte sich die Stelle des Taschenlampenscheins eingeprägt und versuchte in einem weiten Bogen darauf zuzusteuern. Vereinzelt waren Rufe von Tieren zu hören. Joscha dachte an Eulen, die hoch oben in den Wipfeln die Eindringlinge beobachteten, und an Kojoten, die sich vielleicht nicht auf reine Beobachtungen beschränken würden.

Bei jedem Schritt achtete er weiterhin auf den Untergrund, so gut es im Dunkel möglich war. Er wollte nicht den geringsten Laut von sich geben, um die Aufmerksamkeit des Mexikaners nicht zu erhalten und um Füchse und Kojoten nicht auf seine Fährte zu führen.

Zwischendurch suchte Joscha immer wieder den Schein der Lampe, der an einigen wenigen Stellen zu sehen war, wenn zwischen Büschen die Sicht auf den Boden des Zielpunktes frei wurde. Er hatte nun den Eindruck, sich nur noch wenige Yards hinter dem Licht zu befinden.

Jetzt pirschte er sich in noch kleineren Tritten voran – gedrosselt, wie in Zeitlupe. Dann durchbrach die Stimme des Entführers die nächtliche Stille – sie war tief und hatte einen leichten spanischen Akzent.

»Halt. Wer ist da? Ich hab 'ne Waffe.«

Gleichzeitig wurde es einige Yards vor Joscha heller. Anscheinend hatte der Mexikaner die Taschenlampe vom Boden aufgenommen und leuchtete die Gegend vor sich ab. Der Schein warf jetzt deutlich hellere Kreise auf die Vegetation als zuvor und Joscha erkannte dadurch Details und Farben – ockerfarbener Sandboden; bläuliche Wildblumen; die rötliche, borkige Rinde der Kiefern; grüne Wacholdersträucher; an Stämmen wucherndes Efeu, in noch hellerem grün. Dann fiel der Schein auf ein blasses Gesicht, das hell erleuchtet wurde und sich inmitten der Dunkelheit kontrastreich abhob. Es wirkte wie ein in der Finsternis schwebender Geist.

Joscha konnte den Kidnapper, der ihm den Rücken zudrehte, nun ebenfalls gut erkennen. Weiter entfernt stand der angeleuchtete und enttarnte Ramesh bewegungslos und still. Trotz seines dunklen Teints ließ der Lampenschein sein Gesicht wie eine weiß gepuderte Maske erscheinen. Von Mala keine Spur. Joscha war näher am Ort des Geschehens als erwartet – nur noch sechs Schritte, vielleicht sieben. Er musste lautlos sein, sonst würde der Angriff auffliegen. Mit angehaltenem Atem schlich Joscha weiter. In kleinen Tritten, Fuß vor Fuß.

»Wie hast du uns gefunden? Bleib stehen!« Der Entführer ging jetzt auf Ramesh zu und war dicht vor ihm.

Vorsichtig tastete sich Joscha weiter, mit feinen Bewegungen kam er dem Mexikaner immer näher. Unter voller Konzentration und die Augen hauptsächlich auf den Boden gerichtet, hatte er den Kidnapper trotzdem immer im Blick; langsam und nur flach atmend. Er hörte von vorn ein klickendes Geräusch. *Der Kerl hat gerade die Waffe entsichert. Ich muss handeln!*

Drei normale Schritte vielleicht noch – von den Babyschrittchen sicherlich mehr, schoss es Joscha in den Sinn.

Plötzlich spürte er unter seinem linken Fuß, wie der Boden nachgab – ein ganz leises Geräusch war wahrzunehmen. *Das ist noch mal gut gegangen!* Dann trat Joscha mit links auf, um näher heranzukommen. Den Golfschläger hatte er bereits leicht angehoben und war bereit, ihn mit Wucht gegen den Gangster einzusetzen. Unter seinem Gewicht ließ der Auftritt des Fußes unglücklicherweise einen abgebrochenen, fingerdicken Kiefernast brechen. Das Knacken war laut. Die Stille, die zuvor nur durch das Säuseln des Windes und der Stimme des Mexikaners gestört wurde, ließ in dieser Situation das überaus laute Brechen des vollkommen ausgedörrten Astes wirken wie eine Explosion. Ein Vogel, vielleicht eine Eule, flog mit heftig schlagenden Flügeln davon.

Der Entführer fuhr ad hoc herum und Joscha stand ihm Auge in Auge gegenüber. Er sah einen funkelnden, dunklen Blick. *Nicht unsympathisch, aber tödlich*, empfand Joscha und konnte sich aus Furcht nicht bewegen. Er fühlte sich wie eingefroren. Zudem blickte er direkt in den Lauf der Pistole, die nur wenige Handbreit vor seiner Nase fest fixiert auf ihn gerichtet war. Er wollte den bereits gehobenen Golfschläger schwingen, konnte aber keine Bewegung ausführen. Der Zeigefinger seines Gegenübers lag bedrohlich auf dem Abzug der Waffe. Joscha bemerkte eine leichte Bewegung des Fingers, ein winziges Zucken. *Das ist die letzte Bewegung, die ich wahrnehmen werde; dann ist Schluss ...*, dachte er, *diese kleine Bewegung wird mich richten.*

Er schloss die Augen. Dunkelheit. Jetzt war nur noch dieses seit dem Gang in den dunklen Wald bekannte und immer beruhigender werdende Säuseln des Windes in den Baumwipfeln zu hören. Trotz seiner Angst lag es lieblich und aufmunternd auf der Welt, die er nun ausschließlich akustisch wahrnahm. Das war alles, was Joscha in diesem zeitlosen Augenblick spürte. Er wartete. Diese eine Sekunde kam ihm vor wie ein nicht endender Schlaf mit bösen Träumen. Nur die wispernde Brise spendete Trost.

Dann durchbrach plötzlich das alles erlösende Geräusch die Stille. *Aber ich stehe noch auf meinen Füßen; habe keine Schmerzen und kein blutendes Loch im Kopf oder in meiner Brust. Lebe ich?*

Das Geräusch kam von keinem Revolver; es glich einem satten, dumpfen Aufklatschen, wie von einem auf den Ball auftreffenden und ihn weit über das Feld prügelnden Baseballschläger. Dann knisterten Blätter, Äste und Gestrüpp.

Joscha schaffte es, seine Starre zu überwinden und die Augen zu öffnen. Er sah Ramesh mit dem Eisen drei Schläger in beiden Händen vor sich stehen. Dazwischen lag der Mexikaner auf dem Boden. Die Taschenlampe befand sich etwas entfernt neben Zapfen und Ästchen auf dem Waldboden und schien seinen Kopf an. Zwischen den dichten, schwarzen Haaren erkannte Joscha eine lange Platzwunde, aus der nun Blut strömte – eine dunkle Flut von Flüssigkeit, die im sandigen Boden versickerte.

»Mala ... wo ist Mala?« Die Stimme von Ramesh klang ängstlich und war voller Hilflosigkeit.

Joscha war wieder voll fokussiert – er sprang nach vorn, nahm die Lampe auf und leuchtete die nähere Umgebung ab. Er sah ein in den Sandboden gegrabenes Loch, in dem eine Holzkiste lag. Sie war leer. Nur Reste von verkrusteter Erde waren darin zu erkennen. Der Deckel stand angelehnt daneben. Joscha ließ den Schein weiter nach rechts wandern. Zunächst war nur der mit Pflanzenresten übersäte, sandige Untergrund zu sehen – dann kam Mala in sein Blickfeld. Kleine Füßchen schauten hinter einem Baum hervor. Der Körper lag dahinter, in eine übergroße Jacke gehüllt.

Ramesh war inzwischen über den Entführer gesprungen und an Joscha vorbei gespurtet. Kurz danach stand er neben dem leblosen Körper, und Joscha sah Tränen in seinem Gesicht. Als er dazu kam und der Kleinen ins Gesicht leuchtete, dauerte es nur einen Wimpernschlag und sie öffnete die Augen zu kleinen Schlitzen, die sie dann mit beiden Armen schützend abdeckte. Mit schläfriger Stimme stammelte sie müde: »Papi. Endlich. Ich will nach Hause. Der liebe Mann hat hier im dunklen Wald auf mich aufgepasst und ich bin dabei eingeschlafen.«

Ramesh versuchte, einen Weinkrampf zu unterdrücken, was ihm nur schlecht gelang. Er nahm seine Mala vom Boden auf und beide umarmten sich innig.

»Mala. Alles ist gut, wir fahren jetzt zur Mama. Hat der Mann dir was getan?«

»Nein ... nur aufgepasst hat er. Der andere, der böse Mann, ist weggefahren und der hier hat nur auf mich aufgepasst. Und seine Jacke hatte er mir gegeben, als ich gefroren hab.«

Joscha erkannte, dass sie in eine Jeansjacke gehüllt war, die für den kleinen Körper wie ein überlanger Mantel wirkte.

Er hatte in den letzten Minuten das zunächst Wichtigste erledigt: Er hatte Mala gefunden und ihren Gesundheitszustand für gut befunden – Ramesh kümmerte sich um sie; für Joscha gab es in der Hinsicht keinen Handlungsbedarf. Aber der Entführer lag ja noch in Reichweite. Er und seine Schusswaffe standen nun ganz oben auf seiner Liste.

Er leuchtete erneut in Richtung des Ganoven. Als er ihn immer noch an derselben Stelle liegen sah, an er durch den Treffer des Golfschlägers zu Boden gegangen war, wischte sich Joscha mit dem Handrücken über seine kalte Stirn. Er atmete aus, richtete aber sogleich den Schein der Lampe auf die nähere Umgebung. Da war sie. Die Pistole lag eine Körperlänge entfernt vor einem Wacholderstrauch. Wie von hundert Kojoten gehetzt, sprang er auf die Waffe zu und packte sie fest mit seiner freien Hand. Nun hielt er beides, Taschenlampe und Pistolenlauf, in Richtung des verletzten und immer noch ausgestreckt auf dem Waldboden liegenden Mexikaners.

Joscha vernahm ein leichtes Stöhnen und eine ganz sachte Bewegung. Damit schaltete er in noch stärkere Alarmbereitschaft. »Ramesh, haben die Entführer irgendwo Handschellen oder Ähnliches liegen?« Dabei haftete sein Blick unaufhörlich und hoch konzentriert auf dem am Boden liegenden Kidnapper. »Schau mal an dem Baum, an dem Mala lag ... oder in den Taschen der Jeansjacke. Schnell ... er rührt sich gleich!«

Ramesh drückte Mala weiterhin fest an sich, ging aber einmal um den Baum herum. Dann sah Joscha, wie er sich bückte.

»Dort steht eine Tasche ... warte.« Nachdem er darin herumgekramt hatte, warf er ihm etwas vor seine Füße. »Hier ... Kabelbinder! Warte, ich komme und helfe.«

Joscha hatte sich bereits auf den sandigen Untergrund gekniet und zugegriffen – den Blick immer auf die Gefahr gerichtet. Als Ramesh kurz danach neben ihm stand, gab er ihm die Lampe, um eine Hand freizubekommen. »Leuchte auf den Kerl ... ich fixiere das Schwein.«

Er drehte ihn unter weiterem Stöhnen auf den Bauch und hatte mit wenigen Handgriffen die Handgelenke zusammengebunden. Nachdem er auch die Fußgelenke bearbeitet hatte, hielt er den nach oben zeigenden Daumen in Richtung Ramesh. Wegen des hellen Scheins der Lampe konnte er keine Details erkennen, hörte aber die zierliche, müde Kinderstimme Malas:

»Klasse Onkel Joscha. Aber der Mann ... der war doch eigentlich der Liebe von den beiden.«

Kurz darauf hörte er das erleichterte Lachen seines Kollegen.

Plötzlich vibrierte Joschas Handy erneut. Er nahm an und begann direkt die Unterhaltung.

»Mica, wir haben es geschafft. Mala lebt. Der Mexikaner ist verletzt und bewusstlos.«

»Glückwunsch an euch beide – und ich habe es geschafft, die Polizei davon zu überzeugen, euch zu unterstützen. Die müssten gleich aufkreuzen.«

»Gibt es von Vera Neuigkeiten?«

»Sorry. Dann würde ich mich aktiv melden.«

Damit war das Gespräch beendet. Joscha schaute weiterhin gedankenverloren auf sein Handy.

Die Dunkelheit wurde in der Ferne durch blaues und rotes Licht durchbrochen, das die Wipfel der höheren Kiefern anstrahlte und wie blasse, futuristische Leuchttürme erscheinen ließ. Dann hörte er Autos, die wenige Yards entfernt hielten, gefolgt von Stimmen.

Die Polizei kümmerte sich um den Entführer und überließ Ramesh die Entscheidung, ob seine Tochter durch einen Krankenwagen abgeholt werden sollte. Da es ihr anscheinend gut ging, nahm er sie direkt mit zu seinem Wagen. Die Drei fuhren nun gemeinsam zurück zum Haus der Kumaris. Von Mala war nichts mehr zu hören. Sie lag friedlich mit geschlossenen Augen in ihrem

Kindersitz. Eskortiert wurden sie von zwei Polizeiwagen, zu groß war die Gefahr, dass sich Mitglieder des Drogenclans in der Nähe befanden und wieder aktiv wurden.

»Joscha, du schläfst heute bei uns. Morgen sehen wir weiter. Die Polizei hält heute Nacht bei uns zu Hause Wache«, Ramesh sah kurz nach rechts zu ihm.

Joscha nickte nur geistesabwesend, er befand sich bereits im Halbschlaf. Als sein Handy klingelte, konnte er es gerade noch vor seine Augen heben und sah den Namen des Anrufers aufleuchten – ›Kollege Alpha‹. Er hatte in dieser Situation keine Lust, mit Ben zu reden, und steckte es wieder zurück in die hintere Hosentasche. Dann fielen ihm mit ängstlichen Gedanken an Vera seine Augen zu.

6 Miguel

Während Mateo noch Wache im Wald schob, hatte Miguel bereits fünfzehn Minuten mit seinem Wagen zurückgelegt, und die einsame Landstraße führte immer noch durch dunkles Waldgebiet. Er wurde ungeduldig. Ein paar Bier, Absenden der Drohung an den Kumari nebst Bild von seiner Tochter in der Kiste und Anrufe beim Patron und Sofia waren das, was er sich vorstellte – und zwar so schnell wie möglich.

Aber die Dunkelheit und die endlosen Baumreihen waren eine schlechte Kombination. Ihm wurde flau im Magen. *Raus aus dem Wald, raus aus der Finsternis –* diesen Gedanken wurde er nicht los. Schweiß rann ihm über die Stirn, die er immer wieder mit dem Handrücken trocken wischte.

Er dachte an seine schwierigste Situation, als er vor etlichen Jahren von einer feindlichen Gang stundenlang in einem dunklen, fensterlosen Kellerraum, nicht größer als eine Besenkammer, eingekerkert worden war. Damals hatte er sich nur mit Glück und der Hilfe von zufällig vorbeikommenden Jugendlichen befreien können. Sonst wäre er in dem gut gesicherten Raum wie eine Ratte verreckt. Diese Angst vor dem Dunkel spürte Miguel seit dem Verlassen des Waldstücks, in dem er Mateo zurückgelassen hatte, wieder in jeder seiner Poren. Seit er allein unterwegs war, keimten diese verdammten, erstickenden Gefühle in ihm auf.

Nach einigen weiteren Attacken dieser Art erkannte er, dass die Bewaldung dünner wurde und sich die Fahrbahn ein wenig verbreiterte. Dann setzten sich entfernte Lichter über die Baumwipfel; es wurde stetig heller. Das Ortsschild: ›Sherborn City Limits‹ gab ihm Hoffnung.

Er hielt am Straßenrand und sendete eine Textnachricht mit Bild von der kleinen Göre in der Holzkiste an die Nummer, die Mateo als die Verbindung zu Ramesh Kumari ausgemacht hatte. Schnell war die dringlichste seiner Aufgaben erledigt. Er gab wieder Gas. Ein paar ältere Häuser mit üppigen Vorgärten zogen vorüber, eine Einfahrt zu einem modernen Wohnviertel – typisch amerikanisch, schachbrettartig aufgebaut und mit beschranktem Zugang. Dann die Kirche, die Elementary School gefolgt von einem Fast-Food-Restaurant mit abgeschalteter Neonbeleuchtung – geschlossen. Dann war er auch schon wieder in waldigem Gelände unterwegs. Keine Minute hatte die Ortsdurchquerung gedauert. Dunkelheit – nur die Frontscheinwerfer spendeten ihm Trost.

Mit einem Schlag auf das Lenkrad brüllte er seinen Wagen an: »So eine Scheiße ... was ein Drecksnest!«, und gab Gas. Dabei schaute er auf die Navikarte. »Ein paar Meilen bis Medfield. Das sieht größer aus«, nuschelte Miguel nun sich selbst zu. »Einen Burger, zwei

Bier. Mehr brauche ich jetzt nicht. Ist das zu viel verlangt?«

Sein Handy machte sich bemerkbar – Sofia las er auf dem Bildschirm des Bordcomputers. *Die kann warten, ich melde mich, wann es mir passt!* Wieder ein aggressiver Schlag auf den Lenker, wieder ein verstärkter Druck auf das Gaspedal, wieder leichtes Quietschen der Reifen.

Doch diese Phase durch dunkles Waldgebiet zog schnell vorüber. Wieder helle Baumkronen und erste beleuchtete Häuser. Hinter dem Schild ›Medfield City Limits‹ erstreckte sich eine breite, mit einigen Geschäftsgebäuden gesäumte Einfallstraße. Nach einer kleinen Craft-Bier-Brauerei folgte eine Kiesgrube, eine Schule, ein Krankenhaus, dann wieder ältere Einfamilienhäuser mit üppigen Grundstücken, wie er sie von Bostons Wohngebieten nicht kannte. An der nächsten größeren Kreuzung bemerkte Miguel an der links mündenden Straße etliche grelle Leuchtreklameschilder, die die Straße wie ein buntes, antikes Foto wirken ließen. Er bog ab.

Trotz der Festtagsbeleuchtung hatten die meisten der Läden bereits geschlossen, sodass er an einem Starbucks anhielt und kurze Zeit später als einziger Gast mit einem dampfenden Kaffee und einem dicken Schoko-Muffin am Fenster Platz genommen hatte. *Bier gibt's später zu Hause*, dachte er. *Wichtig ist es jetzt, den Patron zu informieren*. Er wählte ihn an.

»Miguel, mein Bester. Wie ist der Stand?«

Die Stimme konnte Miguel mal wieder nicht einordnen, zu teilnahmslos, zu abgeklärt sprach sein Boss – wie fast immer.

»Chef, alles erledigt. Es ist im Gange.« Wieder wischte er sich über die nasse Stirn und trank den ersten Schluck aus dem Pappbecher. Er konnte einen Aufschrei nur schwer unterdrücken, ließ dafür aber das meiste des Kaffeeschlucks aus den Mundwinkeln auf sein Kinn laufen. Auf dem Weg zu seinem Bart war die Hitze immer noch zu spüren. Er sah mit heruntergezogenen Mundwinkeln zum Tresen, wo die Schlampe von Bedienung ihre Fingernägel betrachtete und konnte sich so gerade noch beherrschen.

»Ist sie in der Kiste? Ist Mateo bei dir?«

»Ähm ... Mateo ... der hält noch Wache. Bei ihr im Wald.«

»Im Wald?«, die Stimme des Patrons wurde schlagartig laut. »Mateo ist noch im Wald? Warum ist die Kiste nicht vergraben und ihr in Sicherheit? Idiot! Die Bullen sind sicher schon in der Gegend unterwegs. Haut da beide ab.«

Während er dem Patron zuhörte, war Miguel instinktiv aufgesprungen, ließ den Kaffee stehen und stand kurz darauf bereits in der Eingangstür des Starbucks. »Ich wollte ihn gerade abholen. Mateo sollte noch alle Spuren verwischen ... ich bin ...« Mehr brauchte Miguel nicht zu sagen, die Verbindung war beendet.

War sein Gemütszustand eben in der Dunkelheit des Waldes auf einem niedrigen Niveau, so rutsche es nun noch einmal drastisch ab. Pure Angst keimte in Miguel auf. Hatte er seinen Chef schon einmal so laut erlebt?

Er fuhr die Strecke nun wieder zurück – schnell. Die dunklen Straßenpartien nahm er dieses Mal kaum wahr, so tief saß die Angst vor dem Patron, falls er versagte.

Erst als das Navi das Ziel in wenigen hundert Yards ankündigte, fiel Miguel auf, dass die Baumwipfel rot und blau leuchteten – er wunderte sich kurz. In demselben Augenblick erkannte er im Rückspiegel ebenfalls etliche bunte, blinkende Lichter, und eine laute Stimme ertönte aus einem Lautsprecher. Den Wortlaut konnte er nicht verstehen, aber ihm wurde schlagartig klar, dass er verloren hatte. Wirklich verloren? War die Festnahme nicht das kleinere Übel?

Er dachte in dieser aussichtslosen Situation an die eindringliche Geschichte von den an ihren Beinen an einer Brücke in Juarez aufgehängten Kollegen, die der Patron ihm aufgetischt hatte. Vor seinen Augen sah er die Männer mit starren, toten Augen und aufgeschnittenen Hälsen, aus denen Blut tropfte. Besser Knast, als an der Brücke zu baumeln oder in einem fensterlosen Keller zu verrecken.

Mit diesen Gedanken öffnete er die Autotür und wurde sogleich von FBI-Agenten auf den Boden gedrückt und fixiert – ob es zwei oder mehrere waren, nahm er nicht wahr. Es war ihm auch egal, Widerstand schien ihm zwecklos.

Als Miguel in gebückter Haltung von zwei komplett in schwarz gekleideten Männern zu einem dunklen SUV geschleppt wurde, spähte er in einen Polizeiwagen, den sie gerade passierten. Aus dem Fenster sah ihn Mateo mit ausdrucksleeren, toten Augen an. Er hatte ein blutverschmiertes Gesicht und schien ebenfalls auf dem Rücken gefesselt zu sein. Nur einen Wimpernschlag lang trafen sich ihre leblosen Blicke, dann waren beide allein mit ihren Ängsten.

7 Honsak

In Berlin ging die Sonne auf. Während Melanie Honsak und Ilkay Polat auf dem Parkplatz vor der Lagerhalle in ihrem roten BMW saßen, erhellte sich die Umgebung von Minute zu Minute stärker. Melanie sah aus dem Wagen und überlegte, wie sie vorgehen sollte. Sie hatten es verpasst, Vera Halberstadt zu befreien. Aber wo konnte das Motorboot, mit dem sie verschleppt wurde, angelegt haben? Wo könnten die Entführer ihre Geisel an Land gebracht haben? Es gab unzählige Alternativen.

Sie schaute wieder auf ihr Handy. Sie hatte Maps geöffnet und ging den Verlauf des Schifffahrtskanals zum wiederholten Mal durch. Er mündete in die Havel und dann gab es nördlich und südlich hunderte Wege zur Flucht. Zu viele Anlegestellen waren denkbar; auf gut Glück eine davon anzufahren war vollkommen sinnlos, dachte sie.

Sie wählte jetzt zum dritten Mal die Nummer ihres Vorgesetzten Doktor Dierkes, um Alternativen zu diskutieren oder konkrete Anweisungen zu bekommen – abermals ergebnislos.

»Ilkay, der Dierkes geht nicht an sein Telefon. Ich bin komplett ratlos«, resigniert schaute sie Polat an.

Der konnte sich trotz der misslichen Lage ein Grinsen nicht verkneifen. »Dierkes arbeitet von neun bis fünf, wissen wir doch. Lass uns erst mal in die Dienststelle. Hier ist jedenfalls tote Hose.«

Melanie schaute wieder nach draußen. Inzwischen war die Sonne über dem alten Flughafen Tegel bereits zum Teil zu sehen. Der zuvor dunkle Betonbelag des Parkplatzes wurde angestrahlt und zeigte lange Schatten von verschiedenen Sorten Unkraut, die den hellen Boden mit schwarzen Streifen verzierten. Zwischen dem Grünbelag steckten verwehte Müllreste fest. Neben der einzigen hohen Straßenlaterne, die hier auf dem Platz zu sehen und die in der Nacht dunkel geblieben war, lag eine Papptüte mit der Aufschrift ›McDonald's‹, aus der diverse Gegenstände aus Pappe und Kunststoff herausragten und auch davor in einem Halbkreis verteilt waren. *Schnell weg von diesem scheußlichen Ort. Da ist ja selbst unser Büro besser.* Wie in einem Endzeitfilm kam es Melanie vor und sie startete den Wagen.

Dann surrte ihr Handy. Noch bevor sie ihren BMW in Bewegung setzte, konnte sie die eingegangene Textnachricht lesen und las sie Polat vor.

»Ilkay, hier ist eine Nachricht von einer Mica. Angeblich eine Kollegin von Joscha Halberstadt aus Boston. Sie hat für uns eine Textnachricht eingestellt: ›Joscha ist gerade unabkömmlich, daher sende ich Ihnen diese Nachricht. Vera Halberstadt ist per Boot verschleppt worden. Sehen Sie sich den nördlichen Verlauf der Havel an. Das Boot ist gerade in der Nähe der Teufelsbruch-Moore angelandet. Die Koordinaten sende ich Ihnen sofort. Mehr kann ich zurzeit nicht in Erfahrung bringen. Mica‹, schreibt sie.« Melanie machte dabei große Augen und schaute ihren Beifahrer an.

Ilkays Gesichtsausdruck zeigte pure Verwirrung. Nach Sekunden des Nachdenkens fand er wieder Worte: »Woher hat sie diese detaillierten Informationen? Das ist ja komplett strange.«

»Sehe ich auch so. Aber das FBI ist doch involviert – die kommen sicher an alle notwendigen Handy-Positionsverläufe und auch Gespräche. Allen technischen Schnickschnack haben die. Wenn sie die Geräte der Entführer kennen, ist das denkbar.« Melanie zuckte die Schultern und tippte wieder auf dem Handy herum.

»Dann nichts wie hin. Schick mir die GPS-Koordinaten weiter – ich gebe die in Maps ein und lotse dich. Fahr schon mal in Richtung einer der Havelbrücken.« Ilkays Handy vibrierte kurz und er sah, dass sie ihm die Daten bereits übermittelt hatte. Er kopierte schnell alle Zahlen in die Maps App und startete die Routenführung.

Inzwischen hatte Melanie Gas gegeben und die Ausfahrt in Richtung Norden angesteuert.

Auf der Hauptstraße angekommen, fiel sofort der jetzt dichtere Verkehr auf. Mit überhöhter Geschwindigkeit und das Überfahren roter Ampeln Zeit herauszuholen, war bei diesen Verhältnissen keine Option mehr. Melanie musste sich nun in den Verkehr einordnen. Nachdem sie über eine breite Havelbrücke eher geschlichen als gefahren waren, öffnete sie das Seitenfenster und packte das mobile Blaulicht auf das Autodach. Somit kamen sie deutlich flüssiger voran.

Als sie ein größeres Wohngebiet verlassen hatten, führte die Straße durch ein Waldgebiet. Ilkay schaute intensiv auf die Landkarte und gab seiner Fahrerin dann wieder Anweisungen: »Wir fahren in hundert Metern über den Teufelsseekanal, dann sofort recht einbiegen und noch ein paar hundert Meter.«

Sie fuhr wieder deutlich langsamer und packte das Blaulicht ein, als die Abbiegung direkt vor ihnen lag.

»Lass uns jetzt aufpassen, Ilkay. Wir sollten nicht auffallen. Wieweit noch?«

Ilkay zeigte bereits nach rechts und rief: »Stopp … direkt hier unten könnte es sein. Halt an.« Er sprang aus dem Wagen, noch bevor Melanie ihn zum Stillstand gebracht hatte. »Da liegt ein Boot, die Stelle passt perfekt zu den Koordinaten!«

Melanie sah ihn seine Waffe ziehen und durch dichtes, aber nur hüfthohes Gebüsch brechen. Sie kämpfte sich hinter ihm her. Vor sich sah sie dann ein etwa vier Meter langes Boot am Ufer liegen, vor dem Polat bereits stand und ratlos über das Kanalufer spähte.

»Nichts …«, hörte sie ihn sagen. »Keine Menschenseele.«

Melanie kletterte vorsichtig in das Boot und sah sich die dunklen Flecken an, die sie schon von Land aus gesehen hatte. »Schau dir das an, Ilkay.« Sie fasste mit dem Finger in eine der Lachen und roch daran. »Das ist Blut … und noch warm. Nichts von ihr zu sehen. Die sind mit einem Wagen weiter, schätze ich.«

Melanie stand neben Ilkay am Ufer und war ratlos. Sie schaute ein weiteres Mal frustriert die ganze Länge des Wasserweges ab und sah keine weiteren Hinweise. Sie setzte sich in die Hocke und sagte ernüchternd zu ihrem Partner: »So ein Mist, Ilkay. Wir haben es nicht gepackt.

Keinen Schritt sind wir weiter gekommen ... Scheiße. Hoffentlich lebt sie noch. Wie ich ihren Mann informiere, überlege ich noch.«

»Komm, wir fahren erstmal ins Büro«, Ilkay fasste sie kurz an ihrer Schulter und half ihr die Böschung hoch. Sie machten sich auf zum BMW.

8 Vera

Etwa eine halbe Stunde zuvor wurde Vera grob an den Armen gepackt. Immer noch hatte sie eine Wollmütze oder einen kleinen Jutesack über dem gesamten Kopf. Sie wusste nicht genau, worum es sich handelte, aber sie roch das Material, das leicht vermodert, fast wie feuchtes Stroh in ihre Nase drang. Es widerte sie mittlerweile an. Der Gestank war intensiv und wurde widerlicher; eine Gewöhnung daran war ausgeschlossen.

Immer noch war sie durch die Kopfbedeckung in komplette Dunkelheit gehüllt und hatte stetig diese Panikattacken, die sie sporadisch für wenige Augenblicke und nur schwer verdrängen konnte. Sie hatte vor einigen Sekunden Schritte gehört, dann den brutalen Griff an beiden Armen gespürt.

»Was ist los? Was wollt ihr?« Keine Antwort. Sie stand nun und wurde mit kräftigem Griff festgehalten. Keine Worte, nur den röchelnden Atem hörte sie – regelmäßiges, rasselndes Hecheln. Dann mischte sich Alkoholgeruch unter den moderigen Gestank der Kopfbedeckung und ihr wurde speiübel. Sie würgte einige Male, wurde dabei aber wie mit Schraubzwingen, die sich immer fester zurrten, gepackt. Der Drang, sich zu übergeben, wurde immer stärker.

Dann wurde sie geschoben. Vorsichtig setzte sie Fuß vor Fuß. Nachdem sie etwa vier Körperlängen hinter sich gebracht hatte, hörte Vera endlich wieder die beiden Stimmen. Eine Unterhaltung in russischer Sprache? Wieder Russisch?

»Was wollt ihr von mir? Wie kann ich helfen?« Ihre Fragen blieben unbeantwortet.

Die Stimmen klangen fremd und bösartig, waren ihr allerdings lieber als die unerbittliche Stille.

Dann wurde sie brutal geschubst, fiel zu Boden. Dabei schlug ihr Kopf auf etwas wie eine Stufe auf und es gab einen hölzernen Laut. Der Untergrund wankte und schaukelte.

Vera hörte ein gluckerndes Geräusch, wie von Wellen, die sanft an eine Kaimauer schlugen. *Ein Boot. Die haben mich auf ein kleines Boot geworfen.* Erst jetzt spürte sie den Schmerz an der Stirn und das blutige Rinnsal, das ihr über die rechte Wange lief. Dann hörte sie Motorengeräusche und das Gefährt setzte sich in Bewegung.

Ihr wurde schwindelig. Sie blieb einfach liegen. *Ich kann nicht mehr. Ich habe keine Chance. Es ist vorbei.*

Am Rande einer Ohnmacht hielt Vera sich wach, lauschte, nahm alles wahr, was sie erhaschen konnte. Aber außer dem Motor, ein paar plätschernde Wellen, war aus der Dunkelheit nichts herauszuhören.

Nach einiger Zeit – wenige Minuten? – verstummte der Motor und die Bewegung fand abrupt ein Ende. Es war still, so unheimlich still. Gelegentlich eine gluckernde Welle, aber keine Stimmen mehr. Veras Angst wurde unerträglich. *Ich kann nicht mehr – ich muss raus aus dem Boot, den Sack von meinem Kopf bekommen. Weg von den beiden Typen. Ich haue ab – alles egal.* Sie stand auf und sprang nach vorn.

Das waren ihre letzten Gedanken, ihre letzte Bewegung. Sie hörte noch einen lauten Knall, dann wurde ihre Welt hell und ruhig.

9 Bickel

CERN Institut, Europa, August 2307

Professor Doktor Bickel spürte ein Beben am ganzen Körper. War es die Angst zu versagen, vielleicht sogar zu sterben, oder vielmehr Ehrfurcht vor der unbändigen Kraft der Natur?

Er war sich nicht sicher, woher der Gefühlsausbruch kam. Jetzt stand er vor dem Labor und schaute auf die Eingangstür – sie trug ein Schild mit der Aufschrift ›Positron Collider‹. Bickel trat durch die Schleuse ein und befand sich dann in einem kleinen Raum, in dem Boris Hradek bereits auf einem Stuhl Platz genommen hatte. Beide sollten die Durchführung des Zeitsprungs zunächst vorbereiten und dann durchführen.

Er grübelte und dachte zwei Monate zurück.

Zu diesem Zeitpunkt hatte er die positive Mitteilung des T5-Rates per Holonachricht erhalten, dass das Zeitprojekt weiter durchgeführt werden durfte. Am selben Tag hatte er seinem engsten Team, das zuvor mit ihm dafür gestimmt hatte, den Vorstoß zu wagen und dem T5-Gipfel den Antrag zur Entscheidung vorzulegen, die Erfolgsmeldung mitgeteilt. Die vom T5-Rat übermittelte Nachricht hatte er sich zusammen mit seinem Team genau in dem Raum angesehen, in dem die gesamte Gruppe einige Monate zuvor die Abstimmung vollzogen hatte.

Das Hologramm einer ganz in weiß gekleidete Frau hatte bei der Teamsitzung über dem schwarzen Carbontisch geschwebt und die erfreuliche Nachricht des Rates vorgetragen:

›Herr Professor Doktor Bickel, danke für die Vorbereitung dieses epochalen Unterfangens. Wir sind uns der Tragweite des Eingriffs in die Zeitlinie bewusst und haben auf Basis AI-gesteuerter Risikobewertungen, aber auch im Hinblick auf Förderung und Weiterentwicklung von Technologiemöglichkeiten, den Entschluss gefasst, dass Sie und Ihr Team bitte mit dem Projekt fortfahren. Aber: die zu sendenden Hinweise sollen den Adressaten im Jahre 2024 ausschließlich vermitteln, dass eine Möglichkeit der Kommunikation hinweg über die Zeitlinie besteht. Es sollen noch keine Details über die zwischen den Zeit-Eckpunkten 2024 und 2307 manifestierten Geschehnissen gemacht oder angedeutet werden. Wir befürchten dadurch eine Einflussnahme auf die Realität, halten diesen Schritt aber für eine spätere Projektphase für durchaus möglich. Viel Erfolg Ihnen und Ihrem Team. Hochachtungsvoll G. Radix iV. Rat der T5‹.

Dann hatte er die Holo-Einheit abgeschaltet und unter Applaus sein Team freudig angesehen.

Bickel hatte nach der positiven Mitteilung sofort mit den ersten Vorbereitungen begonnen, die jetzt und hier im Lab abgeschlossen werden sollten. Er war bereit zur Durchführung. In den beiden Monaten war sein engster Vertrauter, Boris Hradek, immer dabei gewesen. Er sollte in den kommenden Minuten die einzelnen Schritte des Vorhabens unter Bickels Beobachtung ausführen.

Es ist so weit, wir schreiben Geschichte, er nickte Hradek zu, dessen ernstes Gesicht ihn anblickte. Er sah durch das Visier des Helms die dicken, runden Wangen seines Partners rot glühen.

Das Lab war ein nur drei mal drei Meter großer, komplett abgeschirmter und nur durch eine dreifach gesicherte Schleuse zu betretender Raum. Er war mit Neonlicht beleuchtet. Das einzige kleine Fenster legte die Sicht auf die Röhre frei – den Teilchenbeschleuniger, der über eine Länge von vielen Kilometern das Rückgrat des Projektes bildete.

Bickels Anspannung stieg. Inzwischen hatte er Feuchtigkeit auf der Stirn. Er sah auf den Labortisch, der eine Tastatur, einen Monitor und die Manövrier-Vorrichtung für den Artefakt-Schlitten beherbergte. *Wie vor hunderten Jahren, keine Holo-Technologie, keine Gesten- oder Gedankensteuerung. Alles wie früher*, dachte er, *sauber funktionierende Materie- und Analogtechnik.*

Das Fenster war klein, lediglich zwanzig mal zwanzig Zentimeter und es zeigte nur einen winzigen Ausschnitt der Röhre. Es gab Einsicht auf exakt die Stelle, an der in wenigen Minuten das Wurmloch gebildet werden und die Protonen einschlagen sollten. Damit der Speicherkristall an genau diesem Punkt ausgerichtet werden konnte, stand er bereits stark befestigt auf einem in alle drei Dimensionen beweglichen kleinen Schlitten. Darüber war eine weitere, gläserne Speichereinheit angebracht. Gesteuert wurde er vom Labortisch durch eine Art Joystick.

Die Abertausenden von dünnsten, kaum sichtbaren Leiterbahnen im Inneren des Kristalls mündeten an seiner Unterkante, wurden in einer Schnittstelle exponiert und über ein dick abgeschirmtes Kabel, das nach innen in das Lab führte, mit dem Leitrechner verbunden, der in einem Schrank verbaut war. Über dem Speicherkristall, dem eigentlichen Objekt des nun beginnenden Vorhabens, war ein weiteres Artefakt angebracht, das ebenfalls mit dem Datenkabel verbunden war: der Prototyp der DNA Speichertechnologie, die ISF zwar im Jahre 2025 eingeführt hatte, die sich im Laufe der Zeit aber nie durchsetzen konnte. Es handelte sich um ein winziges Glasröhrchen, in das eine kaum sichtbare Substanz eingeschlossen war: eine nur etwa einen Kubikmillimeter große DNA Sequenz, die tausende von Gigabyte speichern konnte. Wie eine minimale Verunreinigung in einem Glastropfen wirkte sie.

Neben dem Speichervorgang in den Kristall sollte die DNA Sequenz ebenfalls als Ziel der Speicherung dienen. Für Bickel war es so etwas wie ein doppelter Boden. An beiden Technologien hatte ISF zur gleichen Zeit geforscht, also stieg somit die Wahrscheinlichkeit auf Erfolg. Bickel fragte sich, warum die Technologie der DNA-Speicher, die damals in dem ISF-Büro in Berlin entwickelt wurde, nie den Durchbruch geschafft hatte; er vermutete firmeninterne Gründe.

Er sah dann auf den Kristall und den darüber befestigten DNA-Glastropfen. Nachdem vor zwei Monaten das ›Go‹ aus Kyiv gekommen war, hatte er beides aus Paderborn, einer eher unscheinbaren Stadt im deutschen Teil der ehemaligen EU, selbst abgeholt. Die beiden Speicher wurden dort in dem weltgrößten Computermuseum, dem ›HNF‹, Heinz-Nixdorf-Forum, ausgestellt und auf Anfrage des CERN Institutes für das kurz vor der Vollendung stehende Projekt zur Verfügung gestellt.

Glücklicherweise konnte der Speicherkristall vor über hundert Jahren, kurz vor dem Zusammenbruch der ›Nordöstlichen Konföderation Amerikas‹, als schützenswertes, historisches Artefakt in Sicherheit gebracht und von Boston nach Paderborn überführt werden. Des Weiteren hatte die Kuratorin des Computermuseums dem CERN noch den DNA-Speicher übergeben, welcher zusammen mit dem Speicherkristall des ISF in einer Vitrine ausgestellt wurde – Bickel hatte dankend angenommen. Damit hatte er die beiden Prototypen erhalten, die damals, im Jahre 2024, Gegenstand der Forschung des Bostoner Unternehmens gewesen waren.

All das ging Bickel durch den Kopf, als er sich wieder Hradek zuwandte. »Ist alles vorbereitet? Wollen wir starten und die Checkliste durchgehen?« Seine Stimme klang belegt.

»Sofort. Ich muss noch einmal innehalten. Meine Hände zittern so stark. Einen Augenblick noch, Doktor Bickel«, antwortete Hradek brüchig und neigte seinen Kopf nach unten in Richtung der Gegenstände, die größere Flächen des Tisches bedeckten. Dann wendete er sich wieder langsam seinem Vorgesetzten zu.

Bickel sah ihn an. Hradek war, wie er selbst, in einen dicken, weißen Ganzkörperanzug gehüllt. Die hellen, luftdicht an den Ärmeln des Anzugs verschweißten Handschuhe hielt er sich nun an den Helm, genau in Höhe der Schläfen. Durch das von innen beschlagene Visier des Gegenübers erkannte Bickel nasse, an der Stirn klebende Haare. Er schaute in unsichere, ängstliche Augen und sagte: »Wir haben Zeit ... mir geht es wie Ihnen. Nur noch wenige Handgriffe, dann ist es vollbracht. Aber lassen wir uns Zeit, Hradek. Lassen wir uns alle Zeit, die wir benötigen.«

Plötzlich kam Bickel seine Frau Imani in den Sinn. Hatte er sich heute schon mit einem aktuellen Status gemeldet? Hatte er ihr mitgeteilt, dass alles bis jetzt gut verlief? Er war durch das Projekt so sehr angespannt, dass er bisher nicht an sie gedacht hatte. Ein Schuldgefühl überkam ihn. Schnell sendete er noch eine Textnachricht, bevor es richtig losgehen sollte. ›Imani, ich denke an dich. Alles geht hier bisher perfekt vonstatten. In Liebe, dein Max.‹

»Es geht schon wieder. Gehen wir es an, legen wir los. Gehen Sie die Checkliste durch, Professor.« Hradek setzte sich jetzt bewusst aufrecht auf den Stuhl, fuhr ihn eng vor den einzigen Tisch im Lab und legte die Hände neben der Tastatur ab. Sein üppiger Bauch stieß an die Tischkante, als er sich nach vorn neigte.

Max Bickel holte mehrfach tief Luft. Dann öffnete er die Checkliste als letzte Vorbereitung, bevor das epochale

Vorhaben starten sollte. »Beginnen wir. Legen wir gemeinsam los!«, waren seine letzten Worte vor dem Start.

KAPITEL 5 –
DIE ÜBERWINDUNG DER ZEIT
CERN Institut, Europa, August 2307

1 Bickel

Max Bickel stand im Collider Lab und sah auf Boris Hradek herab, der am Arbeitstisch Platz genommen hatte und konzentriert den Bildschirm vor sich musterte.

»Legen wir gemeinsam los!«, sagte Bickel und projizierte per Holo eine Tabelle mit sechs Zeilen in den Raum. Er fing an, den Ablauf zu initiieren: »Ich gehe jetzt Schritt für Schritt die einzelnen Arbeitsvorgänge mit ihnen durch, Hradek.«

Bickel sammelte sich ein letztes Mal und las laut vor.

»Erstens …«, er räusperte sich laut und konzentrierte sich dann auf die Zeilen, die das Holo-System im Raum schweben ließ. »Prüfung der Steuerung des Artefakt-Schlittens.«

Hradek betätigte daraufhin den Joystick und ließ den Schlitten in winzigen Bewegungen in alle Richtungen fahren. Dabei beobachtete er den auf der Vorrichtung befestigten Kristall durch das Fenster und sah sich jede Bewegung genauestens an. »Okay«, war sein knapper Kommentar nach einiger Zeit. Bickel ließ während des kompletten Prozedere seine Augen permanent zwischen Hradeks Handbewegungen und dem Schlitten gleiten.

»Zweitens. Einspielen der vorbereiteten Datei mit der gekürzten Botschaft an das Jahr 2024 in das Transferterminal.« Bickel bewegte zeitgleich seine rechte Hand in Richtung der Brusttasche des Laborkittels, stockte dann aber für kurze Zeit. Bevor er hineingriff, brach er die Bewegung ab. Voller Konzentration schloss er seine Augen. Als er sie nach zwei Atemzügen wieder öffnete, bemerkte er, dass Hradek zu ihm hochsah und ihn fragend fixierte. Daraufhin fasste Bickel in seine linke Hosentasche und zog eine Finger-große Schachtel hervor, aus der er einen winzigen Datenträger entnahm und Hradek reichte. Der nickte ihm dankend zu.

Dies war der Augenblick, vor dem Bickel sich am meisten gefürchtet hatte. Bis gerade war ihm seine Entscheidung unklar. Bis vor Sekunden wusste er nicht, ob er die Datei mit der ›Hello World‹ Botschaft, oder der vom T5-Rat nicht genehmigten Botschaft, die Hinweise auf Klimakatastrophen und Kriege enthielt, für den Transfer durch die Zeit verwenden sollte. Vor der Handbewegung in Richtung Hradek war für ihn fraglich, ob er sich für Gehorsam oder für die mögliche Rettung der Welt entscheiden sollte.

Diese Millisekunde der Entscheidung – Chaostheorie, Butterfly-Effekt, fuhr es ihm in den Sinn, *habe ich sie bewusst getroffen, oder hat mich das Schicksal dazu getrieben?* Wochenlang hatte er gehadert, wusste nicht, ob er das Wagnis eingehen sollte. Erst mit der Übergabe an Hradek fällte er die Entscheidung und ihm fuhr wieder ein Schauer in alle Zellen seines Körpers. Gänsehaut bildete sich auf den Armen und dem Rücken. Seine Gedanken an das, was gleich ausgelöst werden sollte, beängstigten ihn – Bickel malte sich alle möglichen Szenarien von paradiesischen Zuständen bis zum Weltende aus. Auf seinem Kopf schossen Schweißtropfen aus jeder Pore und durchtränkten seine Haare.

Hradek nahm den Chip entgegen und führte ihn in den Datentransferschacht der Tastatur ein. Bickels Augen weiteten sich zu panisch anmutenden Kreisen. *Habe ich es richtig gemacht? Habe ich überzogen? Alles zurück?* Er hob die Hand und wollte gerade eine Anweisung an

Hradek geben – doch der drückte bereits eine Taste auf dem vor sich stehenden Keyboard. Auf dem Monitor erschien im selben Augenblick: ›data transmission to transfer buffer finished‹.

»Okay«, Hradek bestätigte die Beendigung auch dieses Schrittes wieder mit einer gewohnt knappen Antwort.

Bickel schloss die Augen und ließ den Kopf für einen Moment sinken. *Zu spät. Keine Korrektur mehr möglich. Dann wird es die richtige Entscheidung gewesen sein!* Mit einem lang gezogenen Atemzug sog er seine Lungen voll Sauerstoff und baute seinen Körper wieder in eine aufrechte Lage auf.

»Drittens«, seine Stimme klang jetzt brüchig, unsicher. »Prüfung der Anbindung der kristallinen Speichereinheit an das Hostsystem.« Bickel schaute nach Beendigung des Satzes wieder Hradek an.

Der betätigte einige Male mit schnellen Bewegungen die Tastatur. »Okay.« Gleichzeitig zeigte der Monitor: ›crystalline memory online‹.

»Viertens. Prüfung der vollständigen Abschirmung des Labors ›Positron Collider‹.« Danach stand Bickel auf und begutachtete intensiv die Eingangspforte der Schleuse. Er betätigte an der Tür einige Schalter und dieses Mal kam von ihm kurz und bündig: »Okay.«

»Fünftens. Prüfung der Energiestabilität.« Wieder war Bickel am Zug – er schaute auf einen kleinen, in die Wand eingelassenen Monitor. »Hauptenergie und Notfallaggregat in erwartetem Zustand«, dann wendete er seinen Blick zu Hradek und erhob den Zeigefinger. »Aber Hradek, wir müssen uns gleich beeilen. Wenn das Wurmloch erst einmal aufgespannt ist … dann werden extreme Energiemengen verschlungen. Länger als eine Minute können wir es laut Berechnungen und vergangenen Tests nicht aufrechterhalten.« Er nickte Hradek zu und schaute dann noch einmal auf den Wandmonitor. »Aber es sieht gut aus. Ich gebe das Okay.« Bickel hob beide Daumen in Richtung Hradek, um das Ergebnis zu unterstreichen.

»Sechstens. Prüfung der Notfallabschaltung. Das können wir nicht simulieren, Hradek ... das müssen wir überspringen. Der Punkt steht in jedem Protokoll, dient aber nur als Hinweis für die Techniker, die die Wartung der Anlagen verantworten. Deren Dokumentation hatte ich gestern eingesehen ... alles wie erwartet.« Er ballte beide Fäuste, so gut es in den Handschuhen funktionierte und hielt sie wieder in Hradeks Richtung. »Legen wir los, Hradek ... legen wir los!«

»Legen wir los«, Hradek wiederholte die Worte seines Vorgesetzten und streckte noch einmal beide Arme weit nach vorn und dehnte sich – nach einer kurzen Pause betätigte er endlich die Tastatur.

Sofort war aus dem Collider-Ring Lärm zu hören. Bickel schaute gebannt auf das kleine Sichtfenster in die Röhre hinein. Er hielt den Kopf ein gutes Stück vor seine Brust gebeugt und konzentrierte sich auf kleinste Änderungen, die er gleich im sichtbaren inneren Bereich der Röhre vermutete. Säuselnde Elektromotoren und das immer lauter werdende, dumpfe Knistern von den aufladenden Magneten mischten sich mit dem Zischen der durch den Ring rasenden und magnetisch in der Bahn gehaltenen Teilchen: Wuusch – Wuusch – Wuusch. Zunächst in Abständen von Sekunden, dann mit immer stärker ansteigender Frequenz, Wuusch, Wuusch, WuschWuschWusch – bis nach wenigen Augenblicken ein einziger lang gezogener und alles andere übertönender wummernder Laut zu vernehmen war.

Auf dem Display erschien die Meldung ›collider ready for smash phase‹. Jetzt gab Hradek weitere Befehle in die

Konsole ein. Ein einziger lauter Knall übertönte plötzlich den durchgängigen Wusch-Ton, der dann komplett verstummte. Es war still.

Bickel neigte seinen Kopf noch weiter nach vorn und hatte die Nase fast auf der Umrandung der Collider-Röhre. Er blickte durch das kleine Fenster hinein in den Tubus, in dem nicht sichtbare Teilchen in irrer Geschwindigkeit toben mussten. *Ich sehe nichts. Natürlich sehe ich bisher nichts, aber gleich wird es so weit sein*, dachte er. Er ging einige Male hinter dem nach wie vor auf seinem Stuhl sitzenden Hradek auf und ab. Der kleine Raum ließ ihm kaum genügend Platz für drei Schritte. Ihm stieg nun der Geruch einer Art von verbrannter Materie in die Nase – ein Gestank, den er von überhitzten Energiespeichersilos kannte oder von durchgeglühten Drähten. Er roch die Elektrizität förmlich. Die Anspannung war für Bickel fast unerträglich – erst die Geräuschkulisse, dann die schlagartige Stille, und jetzt der elektrische Geruch nach versengender Materie.

Plötzlich bildete sich kaum wahrnehmbarer Nebel an der Stelle, an der das Wurmloch geplant war. Bickel sah eine winzige, sich ausbreitende Rauchfahne – wie von einer sanften Windbrise davongetragener Zigarettenqualm, der ausgehend von einer fixen Stelle im Raum lang gezogen oder abgesaugt wurde. Sie waberte auf der Stelle und nahm langsam Form an. Wie ein Trichter – wie die winzig kleine Schultüte eines Erstklässlers, die waagerecht, wenige Zentimeter über der Grundfläche der Collider-Röhre schwebte – dessen geöffnete Spitze in Richtung der endlos langen Bahn der Röhre schielte und Protonen in sich aufsaugte.

Die Rauchfahne formte sich zügig immer mehr zu einem nach außen gebogenen Trichter – eine Seite in einer winzigen Spitze mündend, die andere mit einer runden Öffnung von etwa zehn Zentimetern Durchmesser. Zeitgleich schwoll mit der Manifestierung des Trichters wieder ein Ton an, der lauter wurde. Ein durchdringendes, immer stärker zunehmendes Brummen oder Säuseln wie von Millionen Bienen.

Und dann war es zu sehen. Zum ersten Mal nahm Bickel es wahr. Die winzige Spitze des rauchenden, flatternden, auf der Stelle tanzenden Trichters wurde schwarz. Schwarz.

Ein winziges Loch – reines Schwarz.

2 Bickel und Max

Im Labor, hinter Hradek stehend, sah Bickel gebannt auf das schwebende Loch. Es pulsierte und waberte jetzt in schnellen, abgehackten Bewegungen im Raum – blieb standhaft, blieb immer an dem vorgesehenen Ort, durch immense magnetische Kräfte gehalten – wie eine im Sturm tanzende Honigbiene, die es immer wieder schaffte, sich trotz der auf sie einwirkenden Kräfte über ihrer Blüte zu halten.

Die winzige Öffnung hinter dem konisch zulaufenden Trichter, der nun wie geisterhaft geformter Nebel wirkte, ließ in tiefes Schwarz blicken. Angetrieben durch Naturkräfte, verformte sich der zuckende Trichter immer wieder und wirkte wie ein waagerecht liegender Vulkankegel, als wäre er von einem Zauberer ausgeatmet und in blassen, sich vermischenden Schwaden von Zigarrenrauch zum Leben erweckt. Eine winzige Öffnung, Schwarz, war an der Spitze zu erkennen – reine Schwärze, ein Nichts – eine Leere die sichtbar und spürbar war.

Bickel liefen Tränen an der Nasenwurzel vorbei und kribbelten, als sie über seine Oberlippe den Weg seitlich zum Kinn fanden und dann abtropften. Er war so gerührt wie bei der Geburt seiner Tochter.

Er sah wieder in das Wurmloch – so klein wirkte es, klein wie ein Stecknadelkopf, so gewaltig in der Auswirkung. *Oh mein Gott*, dachte er, *was erschaffen wir hier gerade ... oh mein Gott. Bitte, lass uns nicht scheitern, lass das Loch nicht alles ins Verderben reißen. Lass die Welt nicht darin verschwinden. Lass es nicht in einem neuen Urknall enden.*

Im Geiste sah Bickel nun das stecknadelgroße Schwarz aufquellen und stellte sich vor, wie dieses rotierende, schwarze Auge sich rasend schnell vergrößerte und immer voluminöser werdendes, blankes Vakuum zeigte. Es fraß sich wabernd und in zitternden Bewegungen in die Welt, legte sich wie ein gigantischer Mähdrescher, alles abhackend, schwarz und leer über alles – über alles.

Bickel spürte einen kalten Schauer nach dem anderen über seinen Körper laufen. Er fühlte sich blass und ausgelaugt. Trotz der Anspannung und der Vorfreude darauf, sein Lebenswerk zu starten, fühlte er sich wie ein Häufchen Elend. In der Gegenwart der Kraft der Natur fühlte er sich winzig wie ein Staubkorn – hilflos, machtlos, wie ein Papierbötchen, das den turmhohen, tobenden Ozeanwellen im peitschenden Orkan ausgesetzt war. Er wusste, ab diesem Punkt im Ablauf konnte er nichts mehr ändern; die Kette der Reaktionen auf den Start der Teilchenbeschleunigung war nicht mehr aufzuhalten. Er konnte nur noch beobachten, was die Naturgewalten als Antwort parat hatten.

Langsam fasste er sich wieder. Mit einer schnellen Handbewegung wollte er sich die feuchten Augen trocken wischen, aber fasste nur auf das Visier seines Helmes. Dann wandte er sich an seinen Kollegen. »Hradek, fangen wir an, starten wir den Datentransfer in den Kristallspeicher. Das Wurmloch steht ... nur wenig Zeit bleibt uns, es wird in einigen Sekunden kollabieren. Die Energieanzeige richtet sich schon im unteren Drittel aus.«

Hradek hatte bereits auf die Anweisung gewartet. Er fasste nun den Hebel, der den Schlitten steuerte, auf dem der Kristall fest verankert war. Er bewegte ihn mit sanften Bewegungen.

Wie man es bei Computerspielen im vorletzten Jahrhundert gesehen hat, dachte Bickel, *Joystick nannten sie diese Hebel – ich glaube Joystick.*

Ganz vorsichtig fuhr der Kristall in Richtung des stecknadelgroßen Nichts. »Auf keinen Fall zu weit«, sagte Bickel, »exakt vor das Loch ... das schwarze Loch.«

Wieder stellte Hradek an dem Hebel, Millimeter für Millimeter, bis der Kristall mit seinem Mittelpunkt im nebelartigen Trichter und direkt vor dem Loch platziert war. Die Verkabelung, an der er angeschlossen war, wurde sanft mitgezogen. Er beugte sich nach vorn, um die Sicht auf das Objekt zu verbessern.

»So, das passt jetzt. Nur noch die Daten in den Kristall speichern und wir sind fertig«, sagte Hradek. In dem Augenblick rutschte ihm ein Smartpen aus der Brusttasche seines Kittels. Instinktiv griff er danach und schrie sofort panisch auf.

Bickel sah, wie die Hand durch das Sichtfenster nahe an den Trichter geriet, zu nah. Der Zeigefinger der linken Hand verlängerte sich nun, sah aus wie die Nase von Pinocchio – wurde durch unvorstellbare Kräfte in Richtung des Lochs gezogen. *Obwohl es so klein ist, hat es immense Kräfte. Wir müssen höllisch aufpassen. Wir dürfen die Natur nicht unterschätzen.*

Der Finger hatte bereits eine fast doppelte Länge. Bickel wusste nicht, ob er wirklich verlängert wurde, oder ob es optisch nur so wirkte, weil der Trichter die Umgebung verzerrte. Aber die lauten Schreie von Hradek ließen ihn vermuten, dass nichts Gutes passierte.

Die Spitze zog nun weiter in Richtung des Lochs, war nur noch wenige Zentimeter davor. Hradek schien ihn vergeblich zurückziehen zu wollen. Er schrie weiter. Ob vor Angst, Erstaunen oder Schmerz, war für Bickel unklar. Als der Finger das Loch zu berühren drohte, nahm Bickel den Laserschneider, der immer griffbereit an diesem Arbeitsplatz lag. Er hatte die Größe eines Kugelschreibers. Er beugte sich vor das Fenster und fuhr mit dem Cutter in einer schnellen Bewegung direkt vor dem Loch her.

Hradek schrie noch lauter auf, zog jetzt den Arm ein und hielt die Hand in Richtung seines Gesichtes. Dann war er still und er schaute nur verstört auf seine verletzte Hand. Bickel konnte ebenfalls alles betrachten, sah die fehlende Spitze des Fingers; sah eine weiße Einfärbung in der Mitte des Lochs im Handschuh; sah den sauber abgetrennten Stumpen – nur kurz, dann färbte sich die Fingerspitze rot. Es floss Blut aus der Wunde, ein regelrechter Schwall an Blut, der Fingerknochen wurde darunter verdeckt.

»Hradek, weiter. Die Daten müssen gespeichert werden. Los Hradek, … nicht schlappmachen. Die vorbereitete Datei muss in den Kristall.« Bickel lief zwei Meter zurück zu einer Wand und nahm den dort hängenden Erste-Hilfe-Kasten. »Erst die Daten, ich verbinde dann die Wunde. Wir suchen gleich die Fingerkuppe, die kann wieder angelasert werden, ganz sicher.« Er schrie fast in seiner Aufregung.

Hradek stöhnte laut auf und drückte mit der funktionstüchtigen Hand auf der Tastatur herum. Bickel öffnete den Verbandskasten, schaute aber permanent gebannt auf den Monitor, auf dem soeben ›data transmission started‹ und einen Moment danach ›data transmission finished‹ erschien. Wieder hörte er das laute Stöhnen von Hradek und sah verspritzte Blutstropfen auf dem Tisch und dem Boden.

***

»Ich verbinde Sie jetzt«, hörte sich Bickel sagen und dann vernahm er das Läuten von Glocken – hörte das Spiel von vielen, asynchron und laut durcheinander schallenden Glockenschlägen, als wenn alle Kirchen der Welt zum Gottesdienst riefen. Er schaute sich um und sah in saftig grüne Weiden, die mit blauen und gelben Blumen gesprenkelt waren; sah, wie die steil emporsteigenden Felsformationen hinter den Wiesen weit oben in einer geraden Linie mit reinem, weißem Schnee bedeckt waren.

Die Sonne flutete gelbes Licht auf den Hang, welches das Weiß des Schnees flimmern und Felsen, Bäume und Sträucher lange Schatten werfen ließ. Bickel drehte sich wieder nach vorn und blickte nun direkt in die tief stehende Sonne hinein – in einen klaren gelben Ball, der noch gerade zwischen zwei Gipfeln auf der anderen Seite des lang gezogenen, grünen und mit einem breiten, blau leuchtenden Fluss durchzogenen Tals hindurch lugte. Rund um ihn herum standen grasende Kühe – eine ganze Herde großer, grauer Milchkühe, die alle je eine bei jeder Bewegung bimmelnde Glocke um ihren Hals trugen.

Er fror. Obwohl die Sonne noch Wärme verströmte, fror Max.

Er roch unbekannte Düfte: Kräuter, die Kuh, Ozon und besonders das unglaublich intensive Gras – diese Frische. Und die Luft – so reine Atemzüge hatte er noch nie verspürt, so unglaublich sauber und intensiv, so gesund und befriedigend.

Er hörte ein Plätschern. Max schaute nach links und sah einen waagerecht liegenden, ausgehöhlten Baumstamm, der mit durchsichtigem Quellwasser gefüllt war. Das Wasser rann in kleinen Fällen in ein Auffangbecken – eine im Laufe der Zeit zwischen dem grünen Gras entstandene Matschemulde – und erzeugte diese unwiderstehlichen, ungleichmäßigen und doch wiederkehrenden Geräusche: das Plätschern reinen, natürlichen Wassers. Sauberes, klares, durchsichtiges Gebirgswasser.

Max hörte wieder Glocken. Sie schallten in seinen Ohren wie von Engeln gezupfte Harfen und Leiern.

Glockengeläut. So vertraut und doch so unbekannt.

Grün, Wasser. So normal und doch so besonders.

Grasgeruch. So natürlich und doch so verzaubernd.

Bickel wurde es schwarz vor Augen. Er sah nach rechts. Ihn starrte eine direkt neben ihm stehende Kuh an. *Ich rede mit einer Kuh*, dachte er. *Ich habe gerade ›Ich verbinde Sie jetzt‹ gesagt. Warum will ich die Kuh verbinden?* Dann sackte er auf seine Knie. Ihm war schwindlig, er sah nur noch schemenhaft seine Umwelt. Er hörte die ängstliche Stimme seiner Frau.

Die vertraute Stimme, und doch so fremd.

»Maxi, ich komm. Maxi, wasch is los? Wart.«

Ihm war der Akzent fremd und doch vertraut. Die Stimme, unbekannt und doch heimisch, als hätte er sie täglich vernommen. »Imani. Hilf mir. Mein Kreislauf. Hilde, komm schnell.«

Bickel hatte in dieser Sekunde seine Frau vor Augen, *Hilde, Imani? Meine Frau. Meine gute Frau hilft.*

Dann sackte er mit dem ganzen Körper auf die grüne, weiche Weide und die Schichten seines Bewusstseins schalteten ab. Im Unterbewusstsein, auf einem tief unter der Oberfläche wirkendendem Layer verarbeitete er jetzt zwei Handlungsstränge, die ihm die Zeit eingebrannt hatte und die an dem jetzigen Zeitpunkt konvergierten.

Seine beiden Leben schwebten von den Geburten an durch sein Unterbewusstsein – ohne sein Dazutun, ohne eine Chance der Abschaltung. Sie kamen in Warp-schnellen Wellen über ihn und nur wenige Herzschläge später mündeten die Gedanken in den Sekunden rund um die Gegenwart – neonerleuchtetes Lab in CERN und grüne Alm in den Bergen über Heilstadt – neonhell und saftig grün.

Immer wieder toggelten die unterbewussten Gedanken um diese letzten Bilder: Neonhelles Labor und grüne Weide – wie eine unheilvolle Endlosschleife, nie endend, bösartig und zermürbend.

3 Bickel und Max

Helle Halle – Grüne Weide

Hell – grün – hell– grün – hell – grün
Schwarz – schwarz – Leere
Leere

4 Hradek

Auf dem Stuhl am Arbeitstisch des Collider-Labs sitzend, presste Boris Radek den Verband auf seine blutende Wunde. Das weiße medizinische Gewebe war bereits zur Hälfte rot. Er stöhnte auf. Der Schmerz ließ ihn sein Gesicht zu einer Grimasse verziehen.

»Ich habe endlich das Wunden-Verschlussspray gefunden.« Doktor Halligan zeigte ihm eine Sprühflasche, deren Deckel er bereist entfernt hatte.

»Danke! Schnell … bitte sprühen Sie schnell, ich nehm den Verband fix von der Wunde.« Hradek stöhnte wieder laut auf und streifte den Verband unter noch stärkeren Schmerzen ab. In der Mitte der Fingerkuppe, oder dessen, was noch davon übrig geblieben war, haftete der Verband an. Er riss noch einmal kräftig daran und der Finger war mit einem unterdrückten Schrei freigelegt. Ein roter, fleischiger Kreis.

Hradek hielt ihm nun die stark blutende Wunde entgegen. Mit einem Zischen legte sich der Dampf aus der Flasche um die Kuppe. Es bildete sich sofort eine dünne Schicht künstlicher Ersatzhaut, welche die Blutung ad hoc stoppte. Zudem enthielt das Spray Zusatzstoffe, um den Schmerz zu lindern. Er atmete laut durch.

Die Beschwerden ließen tatsächlich nach. Erst jetzt spürte Hradek den Widerspruch. Hatte er die Projektdurchführung nicht mit Professor Bickel begonnen? Nun stand sein langjähriger Vorgesetzter und Leiter der Einrichtung, Doktor Halligan neben ihm. Wer aber war Doktor Bickel und warum war er nicht mehr anwesend? Bei den Gedanken wurde ihm erneut schwindelig. Jetzt nicht von der Wunde und den Schmerzen, wie zuvor.

Ihm schossen merkwürdige Gedanken durch den Kopf. Hradek sah seine Vergangenheit in zwei unterschiedlichen, parallel nebeneinander verlaufenden Realitäten, die beide im Jetzt, die hier im Lab mündeten. Er sah zwei abweichende, aber doch ähnliche Lebensstränge seiner selbst. Seine Kindheit und Jugend, das Studium, alles war ähnlich.

Nur die äußeren Umstände unterschieden sich stark. Während er in dem einen Strang die meiste Zeit im Freien und in der Natur verbrachte, spielte sich das andere Leben deutlich mehr im Inneren ab, in Sport- und Veranstaltungshallen und in überkuppelten, künstlich angelegten Parkeinrichtungen.

Ihm fiel auf, dass der große Unterschied der Linien, was seine Entwicklung betraf, ab dem Zeitpunkt zu erkennen war, an dem er dem Institut beitrat. Die Vorstellungsgespräche wurden mit anderen Schwerpunkten geführt; seine Vorgesetzten waren einmal Doktor Bickel und in der alternativen Linie Doktor Halligan. Beide forschten an ähnlichen Sachverhalten und banden ihn, so wie andere Kollegen des Teams, intensiv ein. Aber es waren andere Chefs und andere Schwerpunkte, andere Tätigkeiten, andere Gefühle.

Bis vor wenigen Minuten – Halligan schien sich durchgesetzt zu haben, immerhin stand er jetzt wie selbstverständlich neben ihm. *Der Strom der Zeit hat ihn favorisiert, oder war es einfach Zufall? Eine Laune der Natur – der Zeit?* Hradeks Gedanken konnten noch keine plausible Erklärung finden. Er hielt die Vorkommnisse für ein interessantes Thema, vielleicht gut geeignet für seine kommende Doktorarbeit. Aber konnte er Belege finden, oder waren dies alles nur Hirngespinste? War er verrückt?

Hradek schaute wieder auf seine Hand; die Blutung war vollkommen gestoppt, der Schmerz war verschwunden. Er atmete erneut tief durch, stand auf und sah verunsichert zu seinem Vorgesetzten.

Halligan kam nun auf ihn zu und nahm ihn in den Arm. Er drückte noch einmal fester zu und schaute Hradek in die Augen. »Boris Hradek, Glückwunsch! Wir haben es geschafft.« Hradek sah die lachenden Augen durch das Visier und den vor und zurück wippenden Helm. »Wir beide und unser Team ... wir haben Geschichte geschrieben. Das sollten wir feiern. Alles ist so verlaufen, wie wir es aus den Vorberichten kennen.«

Dabei sah Hradek jetzt, dass sein Gegenüber mittlerweile Tränen in seinen Augen hatte.

»Ja, alles wie geplant und vor ... vorhergesagt. Ich glaube, ich muss meine Gedanken erst noch einmal sortieren. Ein wenig schwindlig ... fühl ich mich«, stammelte Boris nur leise und ließ sich wieder auf den Stuhl fallen. Er war durch die Durchführung des Projektes und die unklaren, besorgniserregenden Erinnerungen an zwei Leben vollkommen ausgelaugt. Er legte seinen Kopf auf den Tisch, dann fiel er in Ohnmacht.

5 Joscha

Boston, Massachusetts, Mittwochmorgen, 14. August 2024

Joscha hatte nach der gelungenen Befreiung Malas bei den Kumaris übernachtet. Das Frühstück, welches die Familie ihm angeboten hatte, hatte er nicht angerührt; zu sehr belastete ihn die unklare Situation seiner Frau Vera. Einen Becher Kaffee hatte er sich allerdings gegönnt, den er nun im Auto noch in Händen hielt.

Er saß auf dem Beifahrersitz neben Ramesh, der den Explorer gerade durch die geöffnete Schranke auf das Firmengelände lenkte. Vor und hinter ihnen war je ein schwarzer Chevy Suburban mit verdunkelten Scheiben zu sehen; Bestandteile der Eskorte, die auch während der vergangenen Nacht vor dem Haus der Kumaris Wache gehalten hatte. Das FBI nahm die Attacke des Drogenkartells ernst.

Auch vor dem Firmengebäude standen einige dieser unter anderem aus vielen Fernsehsendungen bekannten Wagen halb auf dem Gehweg. Joscha versuchte Gesichter hinter den Scheiben zu erkennen, aber das war unmöglich – die Außenhaut der Autos inklusive Verglasung war komplett schwarz und sie kamen ihm vor wie eigenständige, mechanische Wesen, die versuchten, die Macht an sich zu reißen.

An den Eingangspforten erspähte er dann zudem komplett in schwarze Anzüge gekleidete Männer mit dunklen Sonnenbrillen, die versuchten, unauffällig die Umgebung zu sondieren, dadurch aber besonderes Augenmerk auf sich zogen. Joscha spürte, wie nicht nur er die Wächter immer wieder ansehen musste. Die Gewissheit, dass das FBI in großem Umfang vor Ort war, hätte ihm eigentlich Sicherheit geben sollen, aber er spürte dadurch ebenfalls, dass der Feind nicht zu unterschätzen war.

Die vergangene Nacht war für Joscha miserabel und hatte ihm kaum Schlaf gebracht – immer wieder war er aufgeschreckt, hatte an seine Frau Vera gedacht und dann sein Handy auf neue Nachrichten durchsucht. Genau das tat er auch jetzt wieder, aber Veras Handy schien ausgestellt zu sein. Zudem wartete er auf einen neuen Status von Melanie Honsak, die sich aber seit Stunden nicht gemeldet hatte. *In Berlin ist es bereits nachmittags. So langsam müssten sich bei der Suche doch Neuigkeiten ergeben haben und Melanie sich melden*, überlegte er, und starrte weiterhin auf sein Smartphone. Nichts.

»Übrigens ...«, durchbrach Ramesh die Stille, während er auf seinen Parkplatz zusteuerte, »mein Team hat gestern Abend noch einige wertvolle Tipps von deinem Mitarbeiter Marcel bekommen – du hattest ihn ja darum gebeten. Wir wollen gleich einen weiteren Versuch unternehmen, den Kristall mit unseren Testdaten zu füttern und dann wieder auszulesen. Vielleicht konnte mein Team die Probleme inzwischen beseitigen. Wir gehen jetzt direkt in Lab Beta und sehen uns das an. Okay?«

Joscha nickte nur beiläufig. Sein Handy summte kurz und er las die eingegangene Nachricht.

»Ist es Vera oder die Polizei? Gibt es Neuigkeiten?« Ramesh sah ihn beim Einparken interessiert an und wäre fast gegen einen Poller gefahren. Der Abstandswarner piepte laut auf und konnte dadurch einen Blechschaden verhindern.

»Nein. Nur eine Bestätigung der Flugbuchung. Heute spätabends habe ich einen Rückflug nach Berlin bekommen. Hoffentlich ist Vera dann befreit.« Er schaute jetzt vom Handy auf und blickte Ramesh kurz an. Dann untersuchte er wieder gefrustet seine WhatsApp-Posts und E-Mails.

»Ich fahre dich später direkt zum Hotel, um deine Sachen zu holen, dann zum Flughafen. Sag, wenn wir losmüssen. Eigentlich stand noch das Lab Omega auf dem Plan. Jack und ich wollten es dir heute Nachmittag oder morgen zeigen. Aber das wird nichts mehr«, dabei schüttelte Ramesh heftig den Kopf, schaute aber dieses Mal aufmerksam auf den Parkplatz, den er ansteuerte. »Wenn du zurück in Berlin bist und die Sache mit Vera geklärt ist, dann kann ich dir zunächst per Telefon eine Menge dazu berichten. Freu dich darauf!«

»Zwei, drei Stunden haben wir noch. Lass uns zu deinem Projekt in Lab Beta. Vielleicht lenkt mich die Technik ein wenig ab ... besser als im Hotel abzuhängen.« Er hielt weiterhin nur seine WhatsApps im Blick.

Nachdem Ramesh den Wagen abgestellt hatte, stiegen beide aus und Joscha trottete mit gesenktem Oberkörper hinter seinem Kollegen her.

Sie gingen auf schnellstem Wege in das Labor. Schon auf der Wendeltreppe sah Joscha, dass rund um den Kristall reges Treiben herrschte. Er erkannte, dass sich neben Faw vier weitere Kolleginnen und Kollegen drängten, die in Diskussionen vertieft waren, und ihre Blicke gebannt abwechselnd auf den Kristall und einen davorstehenden Monitor richteten. Auch von einigen unauffällig an den Seitenwänden des Labors angelehnte FBI-Agenten nahm er Notiz – er konnte bei einem schnellen Blick in die Runde vier von ihnen erkennen.

Joscha drehte sich die hölzerne Wendeltreppe hinunter und ging direkt hinter Ramesh her auf die Kollegen zu. Je näher sie kamen, desto lauter hörte er die Stimmen der kleinen Gruppe, deren Mitglieder intensiv zu diskutieren schienen.

»Morgen Leute«, Ramesh begrüßte sein Team bereits von einigen Metern Entfernung und hob zum Gruß seine rechte Hand auf Augenhöhe. »Wir machen Fortschritte, habe ich gehört, Faw?«

Der drehte sich sofort halb um seine Achse und sah beiden kurz in die Augen. Dabei strahlte Faw und wirkte vollkommen enthusiastisch. »Morgen, ihr beiden. Ja, genau … Marcel hat uns während der letzten Nacht wertvolle Hinweise zukommen lassen. Wir haben unsere Software und den Adapter angepasst! Theoretisch sollte der Speicher jetzt deutlich performanter funktionieren. Wir wollen einen ersten Versuch starten – haben nur auf euch gewartet.«

Ramesh ballte die Faust und setzte einen ähnlichen Gesichtsausdruck auf wie Faw, als wolle er ihn imitieren. Joscha nickte nur beiläufig und schaute ein weiteres Mal auf sein Handy – keine Neuigkeiten.

»Komm, Joscha. Sehen wir uns den Fortschritt an – scheint spannend zu werden.« Er gab ihm einen leichten Schlag auf die Schulter und schob ihn ein wenig in Richtung der Gruppe. »Von hier, aus der Ferne, kannst du in Berlin eh nichts beeinflussen.«

Joscha nickte wieder nur beiläufig und ließ sein Handy endlich in der Gesäßtasche verschwinden. Bei dem Blick auf den Testaufbau versuchte er seine Gedanken zu sortieren, was ihm nur halb gelang. Immer wieder rutschte er gedanklich ab und hatte alle möglichen Szenarien rund um Veras Verschwinden im Kopf – und eine Flasche Whiskey, die ihm kurzzeitig alle Erinnerungen rauben würde, kam ihm in den Sinn.

Beim Blick auf den durchsichtigen, bläulich gefärbten Kristall, der ihm wieder wie ein winziges Aquarium erschien, löste er sich endlich von seinen Problemen. Die kaum erkennbaren Linien der Datenleitung, die er beim ersten Anblick als die Aorta des Gnom empfunden hatte, kamen ihm unter dieser Beleuchtung vor, wie eine im Becken senkrecht aufstrebende blaue Alge. Ruhig und friedlich stand er neben dem Monitor und der Tastatur;

hoffnungsvoll und entspannend wirkte das Stillleben auf Joscha. Es dauerte allerdings nicht lange, dann hatte er erneut diese unsägliche, von der Drogenbande herbeigeführte Entführungssituation im Kopf. Alles andere war wieder wie ausgeknipst. Er dachte daran, wie mächtig die Clans geworden waren und dass es vielleicht schon zu spät war, deren Herrschaft aufzuhalten. Der Verfall der friedlichen Gesellschaft? Ihm wurde übel bei den negativen Vorstellungen.

Seine Gedanken wurden jäh unterbrochen – er hörte ein piependes Geräusch und auf dem Monitor erschien:

›* Ready for data transmission *‹.

Zunächst starrte Joscha auf das zeilenorientierte Display, das so gar nicht nach Hightech aussah, daraufhin richtete er seine Augen auf die Gruppe der Anwesenden. Immer noch unterhielten sich die anderen Beteiligten und wechselten ihre Blicke zwischen den Gesichtern, dem für sie anscheinend langweilig wirkenden Monitor und dem Kristall.

Faw strich dann mit dem erhobenen Zeigefinger in einer geraden Bewegung durch die Luft und sah in die Runde. »Leute, wir legen los.«

Alle verstummten jetzt und blickten ihn an. »Wir speichern unsere Testdaten auf dem Zielsystem, dem Gnom, und lesen sie dann später wieder aus.« Dabei starrte er gebannt auf den Kristall und nickte. »Ich hoffe, die Datei, die wir danach zurückholen, deckt sich mit dem Input.«

Joscha schaffte es mittlerweile, sich immer mehr auf das bevorstehende Szenario zu konzentrieren, als an seine privaten Probleme zu denken. Er sah, wie Faw mit flinken Handbewegungen die Tastatur bediente – als Resultat flackerten einige Lämpchen unterhalb des Kristalls in hektischen Bewegungen auf und pulsierten unregelmäßig.

Nach nur einem Wimpernschlag erschien eine neue Meldung auf dem Monitor:

›* Data transmission to Gnom completed. 42 GB transferred in 0,19 ms. * * Ready for data transmission in both directions *‹.

Stille. Alle sahen sich an und hielten inne. Ramesh durchbrach das Schweigen nach einigen Sekunden.
»Los. Holen wir sie zurück, die Daten ... dann ... dann fahren wir einen Abgleich. Mal sehen, ob die Dateien identisch sind und wie lange die Leseprozedur dauert.«
Allgemeines Nicken und Gebrabbel folgte.
Wieder betätigte Faw einige Tasten, was ad hoc von einer neuen Anzeige auf dem Display quittiert wurde:

›* Data transmission from Gnom to backend complete. 42 GB transferred in 0,09 ms. *
* Ready for data transmission in both directions *‹.
Darunter eine Liste mit den übertragenen Daten:

›* 1. Testset-ISF – 42 GB – 2024-08.14-09:42:19‹
›* 2. MessageCERN – 993 B – 2307-08.19-10:12:35‹

Die Gruppe jubelte, streckte die Arme in die Luft und einige umarmten einander. Es war plötzlich laut, die Stimmung so ausgelassen wie bei einer Sportveranstaltung. Einige Ingenieure, die in den angrenzenden Räumen ihrer Arbeit nachgingen, kamen in schnellen Schritten hinzu, sodass sich mittlerweile über ein Dutzend Personen um den Testaufbau gruppierten.
Joscha stand regungslos neben ihnen und starrte auf den Monitor. *Was ist das für eine Scheiße! Wieso ist auf dem Kristall eine Datei aus weit entfernter Zukunft gespeichert? Fast dreihundert Jahre liegen dazwischen. Da muss was schief gelaufen sein.*

Dann sah er, dass auch Ramesh kein Wort mehr von sich gab und konzentriert die Anzeige beobachtete. Daraufhin ergriff dieser das Wort: »Faw, was hat das zu bedeuten? Eine Datei mit nur 993 Byte. Haben wir eine Protokolldatei mit in den Ablauf programmiert? Mit dem Timestamp stimmt was nicht.«

Alle wurden still und sahen auf den Monitor, dann in Faws Gesicht. Er sah blass aus.

»Nein ... nein, haben wir nicht. Das kann ich auch nicht erklären. Keine Ahnung, wo die Datei herkommt. Ich lasse den Inhalt mal anzeigen, eventuell ist es ein Text.«

Wieder klimperte er einige Befehle ein, woraufhin eine neue Meldung erschien:

›* Listing file MessageCERN:

Eine Nachricht vom Team des Zeitsprungprojekts CERN aus dem Jahre 2307. Wenn sie diesen Text lesen können, hat die erste Anbindung Ihres Kristallspeichers genauso reibungslos funktioniert wie unser Zeitsprungprojekt des CERN. Wir haben eine Möglichkeit gefunden, Daten in der Zeit zurück zu transferieren und Ihre Projektgruppe ist der erste Adressat. Wenn Sie uns antworten möchten, fügen Sie Text an das Ende dieser Datei ein, wir müssten es lesen können und werden ggf. antworten. Zunächst möchten wir Ihrer Epoche zwei wichtige Fakten mitteilen, die Sie bitte weltweit verteilen:

1. *Der Klimawandel lässt bis zum Jahre 2180 die Meeresspiegel um drei Meter steigen. Die Auswirkungen können Sie selbst berechnen. Nutzen Sie diese Information, um es abzuwenden. Der Kipppunkt ist zu Ihrer Zeit noch nicht erreicht.*
2. *Autokratische Herrscher lassen ihre Nationen verrohen. Es kommt zu Bürgerkriegen in einigen*

Staaten Amerikas, Osteuropas und Asiens. Dies hat zudem globale Kriege zur Folge. Die Weltbevölkerung wird aufgrund dessen um dreißig Prozent schrumpfen.
Bitte nehmen Sie die Meldungen ernst.
Maximilian Bickel,
wissenschaftliche Leitung CERN, August 2307‹

Ramesh las die Meldung mit gedämpfter Stimme vor, alle Anwesenden starrten zunächst schockiert auf den Monitor, danach auf Ramesh. Joschas Blick wanderte in die Runde und er sah, dass sich auf dem Tisch direkt neben dem Kristall eine dicke, klebrige Flüssigkeit ausbreitete. Nicht viel, höchstens das Volumen eines Schnapsgläschens, rot und schleimig. Dann hörte er Faw: »Hier riecht es nach versengtem Fleisch. Was ist denn das Häufchen Schleim da auf dem Tisch?«

Das Nächste, was Joscha auffiel, waren einige der dunkel gekleideten FBI-Leute, die in Richtung seiner Gruppe sahen und sie beobachteten. Ramesh winkte einen von ihnen heran, der daraufhin mit einer Verstärkung von drei Mann zu ihnen aufbrach.

Bevor sie angelangt waren, flüsterte er Joscha zu: »Joscha, ich glaube, ich kann dich nicht zum Flughafen fahren. Ich werde hier gebraucht. Nimm besser ein Taxi.«

Joscha nickte, schaute aber weiterhin auf die anrückende Gruppe.

»Und verschwinde jetzt. Ich glaube nicht, dass das FBI uns hier in den nächsten Stunden gehen lässt. Die werden uns eingehend befragen und zunächst alles abriegeln. Geh am besten langsam aus dem Labor und dann nach draußen.«

Wieder nickte Joscha wortlos und setzte sich in Bewegung. Er schlenderte an der Gruppe der FBI-ler mit behutsamen Schritten vorbei und spürte, dass diese sich mehr auf das kommende Gespräch mit Ramesh und seinen Mitarbeitern konzentrierten als auf ihn. Er öffnete die Ausgangstür, schaute über die rechte Schulter zurück zu dem nun gewaltig angewachsenen Menschenpulk. Durch eine kleine Lücke zwischen zwei FBI-Agenten hindurch sah er zum letzten Male den bläulichen Schein des Gnom.

Dann verschwand Joscha aus der Tür und stand auf dem ebenfalls belebten Flur. Wenige Augenblicke später hatte er den Haupteingang erreicht und griff zu seinem Handy, um ein Taxi oder Uber zu ordern, aber es standen bereits drei Taxen wenige Meter entfernt und warteten auf Gäste. Nachdem er eingestiegen war und sich der Wagen in Richtung Ausgang des Firmengeländes in Bewegung gesetzt hatte, kam ein kleiner Konvoi von vier weiteren schwarzen Chevy Suburbans entgegen. Joscha bekam Gänsehaut und dachte: *Entweder haben die wegen der Datei aus 2307 sofort Verstärkung geordert, oder die Angst vor den Drogen-Leuten ist extrem groß. Beides beängstigend.*

Er ließ sich zum Marriott-Hotel fahren, um später am Abend seinen vorgezogenen Flug nach Berlin pünktlich zu erreichen. Die Gedanken an Vera und die möglichen Szenarien zu ihrem Zustand traten ab jetzt wieder in den Vordergrund seiner Wahrnehmung.

Auf dem Zimmer angekommen, ließ sich Joscha auf das Bett fallen. *Meine Klamotten kann ich gleich noch packen, zehn Minuten Powernap tun mir bestimmt gut.*

So lag er auf der weichen Matratze, starrte unter die Decke und schloss dann die Augen. Ihm ging Veras Situation nicht aus dem Sinn und er machte sich Vorwürfe, nach Boston gereist zu sein. Er dachte zudem an Marcel und das Projekt, das er mit ihm zusammen durchführte. *Wie weit Marcel jetzt wohl mit der Programmierung der Schnittstelle ist, wo er doch anscheinend den Kollegen hier in Boston helfen konnte? Wie wäre das Projekt in Berlin und die Situation Veras verlaufen, wenn ich nicht geflogen wäre*? Mit diesen Gedanken schlief er tief und fest und fühlte sich im Traum plötzlich wieder zu Hause in Berlin vor der Reise.

KAPITEL 6 –
DIE NEUE REALITÄT?
Berlin, wieder Freitagmittag, 9. August 2024

1 Joscha

»Joscha, was machen deine Vorbereitungen für den Flug nach Boston, hast du alles erledigt? Visum, Mietwagen, Hotel?«

Joscha Halberstadt stand grübelnd am Fenster des Großraumbüros und schaute auf den gut gefüllten Parkplatz, zwei Stockwerke unter ihm. Er drehte sich zu seiner Mitarbeiterin um. »Danke, Ann-Kathrin, ich hab alles im Griff, keine Sorge. Ich überlege gerade, wie es um einige Projekte hier bei uns in Berlin steht. Ich lasse euch ungern eine ganze Woche allein.«

Dann wandte er sich Marcel Becker zu, der auf der anderen Seite auf seinem Bürostuhl direkt neben Joschas Platz saß. »Speziell um dein Projekt mache ich mir Sorgen, Marcel.« Er hob dabei den Zeigefinger und neigte ihn einige Male in Marcels Richtung. »Nicht, weil ich dir das nicht zutraue, das weißt du! Nein … wenn du den Durchbruch schaffst, dann muss ich unterstützen. Ich habe in dem Projekt auch meine Aufgaben. Wie läuft es denn mit der Entwicklung der Speicheranbindung?« Daraufhin machte er ein ernstes Gesicht und sah ihn eindringlich an. »Und mach bitte nicht wieder so viele Überstunden, während ich unterwegs bin … der Betriebsrat sitzt mir seit Monaten im Nacken.« Joscha hielt seinen nach oben ausgerichteten ausgestreckten Zeigefinger nun auf Augenhöhe und fixierte Marcels Gesicht.

Marcel sah ihn nur kurz mit einem desinteressierten Gesichtsausdruck an und spielte dann mit einer Münze, die er auf den Tisch fallen ließ; danach sah er wieder Joscha an – er wirkte mit seinem runden Kopf und den braunen Augen wie ein wuchtiger Teddybär. »Mach dir keine Sorgen, Chef. Ich habe immer noch meine regelmäßigen Therapie-Sitzungen und sportlich betätige ich mich mittlerweile auch, wie du weißt ... vierundzwanzig mal sieben kann ich somit nicht an die Firma denken.« Er machte große Augen und lachte dann. »Aber ich habe tatsächlich eine Neuigkeit für dich.«

Joscha stand immer noch am Fenster, schaute ihn aber jetzt gespannt an. »Sag schon. Was gibt's?« Er hob beide Handflächen zu einer fragenden Geste.

Marcel nahm die Münze, die er zuvor fallen gelassen hatte, vom Tisch auf und stellte sich vor Joscha. »Ich glaube, ich habe es geschafft. Diese Nacht im Bett hatte ich solch einen Gedankenblitz. Heute Morgen habe ich dann unser optisches Gateway umprogrammiert und ich glaube, ich kann Daten aus unserem DNA-Speicher Prototypen auslesen.« Er schaute mit einem verklärten Blick direkt in Joschas Augen.

»Bitte? Was erzählst du da?!« Joscha packte ihn mit beiden Händen an den Schultern. Er konnte es nicht fassen und schaute so verblüfft wie ein Kind. »Warum sagst du mir das nicht sofort, Marcel? Das ist ja der Wahnsinn!« Jetzt schüttelte er an Marcels Oberkörper, der allerdings so massig war, dass er sich kaum rührte und wie ein Fels auf der Stelle stehen blieb.

Marcel sah zu Boden, als wenn es ihm peinlich war. »Es läuft alles noch deutlich zu langsam und fehleranfällig, da müssen wir noch enorm optimieren. Außerdem möchte ich dich nicht von deiner Boston-Reise abhalten. Darum wollte ich eigentlich noch nichts sagen, war mir aber unsicher. Dann habe ich die Münze geworfen und Zahl lag oben ...« Er sah wieder auf. »Fahr aber ruhig. Wir können täglich telefonieren.«

Joscha schüttelte wild den Kopf. »Ich bleibe hier. Ich storniere alles. Ins Headquarter kann ich später noch. Zeig mir erst mal die Daten der ausgelesenen DNA-Sequenz. Ist das komplett unser eingespieltes Testpattern, was du wieder zurückholen konntest?« Dabei wunderte er sich über das Verhalten seines Mitarbeiters. *Der Marcel hat es geschafft und sagt beinahe nichts – lässt es auf einen Münzentscheid ankommen, fifty-fifty – vollkommen bekloppt, das ist wie eine Chaostheorie-Story, wie ein Butterfly-Effekt.*

»Ja, die komplette Sequenz, aber mit Lücken und Fehlern – ist noch viel Arbeit. Aber Joscha ... da war auch noch mehr. Ganz merkwürdig ... eine Datei mit dem Zeitstempel August 2307. Muss eine Fehlinterpretation sein. Das ist der eigentliche Grund, warum es dir doch schon vor deiner Boston Reise sagen wollte.« Mit einem ungläubigen Blick setze Marcel sich wieder auf seinen Platz und tippte auf den Tasten. »Hier. Schau dir beide Dateien an.«

Joscha starrte über die Schulter Marcels und las mit leisem Flüstern alles, was er auf dem Bildschirm sah. Dann kniff er die Augen zusammen, beugte sich noch weiter nach vorn und betätigte einige Tasten auf Marcels Keyboard. Er hielt Marcel die flache Hand entgegen. »Du hast es geschafft! Das ist ja unglaublich ... und diese merkwürdige Datei mit dem falschen Timestamp sehen wir uns später an. Ich kümmere mich jetzt erst mal um die Stornierungen und sage Ramesh ab.«

Marcel schüttelte seinen wuchtigen Kopf. »Von mir aus kannst du fliegen, deine Entscheidung.«

Dann wurde es ein wenig geräuschvoller. »Na, Halberstadt. Bekommen deine Leute ihre Arbeit nicht allein geschafft, oder warum starrst du so lange auf Marcels Bildschirm?« Von Weitem kam Ben Budde mit seinem Rollstuhl angefahren; laut wie meistens beschallte er mit seiner Stimme das gesamte Großraumbüro.

Joscha lächelte ihn an. »Ben, wie geht's dir? Wenn du mit deinen Aufgaben fertig bist, zeigen wir dir mal was richtig Cooles. Aber du bist sicher so ausgelastet, dass du keine Zeit für uns hast.«

»Verarschen kann ich mich auch allein«, schnaubte Ben, dessen Gesicht errötete. Er kurbelte hektisch an den Rädern und stand nun direkt vor Joscha. »Du fliegst nach Boston und lässt dein Team allein? Jetzt … so kurz vor Abschluss der wichtigen Projekte? Das hätte ich mir mal erlauben sollen.«

»Nein, den Besuch sage ich ab, Ben. Marcel hat den DNA-Speicher gerade online und funktionsfähig bekommen. Da gibt's hier für mich wichtigere Dinge zu tun.«

Marcel strahlte über beide Backen und sah Ben an: »Ja, seit heute Morgen kann ich Daten auslesen – langsame Verarbeitungsgeschwindigkeit, aber es funktioniert!«

Ben schaute zur Seite und drehte dann mit dem Rollstuhl ab. »Dann sieh zu, dass das Ding besser performt. Wenn das alles so langsam ist, können wir nichts mit dem Speicher anfangen – einfach nutzlos.« Damit war er schon wieder auf dem Durchgang in Richtung seines einige Meter entfernten Arbeitsplatzes.

Mit einer beschwichtigenden Handbewegung in Richtung Marcel gab Joscha ihm zu verstehen, nicht zu kontern. Als Ben außer Hörweite war, sagte er: »Lass ihn, der kann es nicht vertragen, dass andere auch gute Arbeit machen. Ich bleibe auf jeden Fall hier in Berlin – wir beiden optimieren das Ding ab Montag gemeinsam und ich kümmere mich um einige Dokumentationsaufgaben und die Übergabe an das Testteam.«

Joscha beschäftigte sich im weiteren Verlauf des Nachmittags damit, die Reise zu stornieren und Ramesh in Boston zu benachrichtigen. Er kam wieder einmal erst spät am Abend zu Hause bei seiner Frau Vera an.

2 Joscha

Berlin, Freitagabend, 9. August 2024

»Hallo Schatz«, Joscha umarmte Vera und gab ihr einen innigen Kuss, nachdem er den Hausflur betreten hatte.

Sie hatte ihn durch die Haustür kommen hören und war bereits in seine Richtung gegangen. Erstaunt sprach sie ihn an: »Joscha, du bist spät. Übermorgen in der Früh geht es für dich los. Ich hoffe, du hast den ganzen formellen Kram wie ESTA, Platzreservierung, Hotelbuchung und so schon im Büro erledigt!« Dabei wurden ihr Blick und auch ihre Stimme zunehmend vorwurfsvoller. »Eigentlich sollte ich dir doch bei den Aufgaben helfen … aber nicht mehr so spät!«

Er setzte einen ernsten Blick auf. »Nein, noch keine Zeit gehabt. Es war eine Menge los in der Firma.«

»Jetzt fängt der Stress erst richtig an. Ich habe keine Lust, den ganzen Samstag vor dem Rechner mit irgendwelchen Buchungen zu verbringen und dir dann noch beim Packen zu helfen.« Vera stemmte Ihre Hände in die Hüften und sah ihm jetzt funkelnd in die Augen.

Joscha schmunzelte daraufhin verschmitzt und packte sie an den Schultern. »Ich habe alles abgeblasen. Der Flug ist verschoben. Kein Stress für dich an diesem Wochenende!«

Sie löste sich von Joschas Griff und schlug nach seinen Händen. »Du Ekel, sag das doch gleich.« Daraufhin umarmte sie Joscha wieder und sah ihm freudig in die Augen. »Dann können wir uns ein schönes Wochenende machen und gemeinsam was unternehmen.« Nach einigen Sekunden wurde ihr Blick wieder ernst. »Warum denn überhaupt? Du hast dich so auf Boston und auf Jack und Ramesh gefreut.«

»Wir haben beim Speicherprojekt den Durchbruch geschafft. Marcel hat den DNA-Storage so weit, dass er für erste Tests nutzbar ist. Ist das nicht geil?« Er drückte seine Frau fest an sich und sah wieder in ihre Augen. »Aber ich hab daher am Wochenende noch einiges zu tun. Den Schriftkram wie Dokumentation und Übergabe an das Testteam will ich Marcel abnehmen – das hatten wir vorher vereinbart. Er hat wochenlang so hart an der Technik gearbeitet, da will ich ihn jetzt ein wenig schonen. Bis Montagabend soll das durch sein. Am Dienstagabend gehen wir beide zusammen raus – versprochen.«

»Dann habe ich erst meinen Spinningkurs. Den lasse ich nicht ausfallen. Aber danach trinken wir einen auf den Erfolg.«

Joscha nickte. »Auf jeden Fall machen wir das am Dienstag. Aber auf den Erfolg trinken wir schon heute Abend!« Dabei packte er in seinen Rucksack, den er beim Hereinkommen neben sich abgestellt hatte, und zog eine Flasche Rotwein heraus.

»Was ist denn mit dir los?« Vera sah nun ein wenig verwirrt aus und schüttelte den Kopf. »Du trinkst nur Bier und mal ein Glas Sekt. Aber Rotwein?«

»Na ja. Ich bin gerade am Weinladen vorbeigekommen und hatte die Idee. Besonderer Anlass – besonderes Getränk, meine ich«, und grinste dabei Vera an.

Die nahm ihm die Flasche mit einem verwunderten Ausdruck auf dem Gesicht aus der Hand und verschwand in der Küche. Auf dem Weg rief sie ihm noch zu: »Geh du schon mal in das Wohnzimmer und hol schnell zwei Weingläser, bevor du doch noch in den Kühlschrank fasst und dann ein Bier an den Hals setzt.«

An diesem Abend konnte Joscha einigermaßen gut abschalten und befasste sich nicht mehr mit den Themen in der Firma. Unter anderem durch einige Gläschen Wein war er sehr entspannt und fand guten Schlaf.

***

Am übernächsten Tag, am folgenden Sonntag, änderte sich das Bild allerdings. Joscha begab sich schon früh am Morgen mit einer Tasse Kaffee in sein Arbeitszimmer und starrte auf seinen Notebook-Monitor. Vera hatte er in der Küche zurückgelassen und ließ ihr so die Ruhe für ihr morgendliches Sudoku – ein Ritual, das sich seit Jahren gehalten hatte.

Er hatte sich am Freitagnachmittag, als er von Marcel die positive Nachricht des Durchbruchs im Storage-Projekt erhalten hatte, vorgenommen, bis Montagabend die dringlichsten seiner Aufgaben erledigt zu haben. So las er nun seit mindestens zehn Minuten die ersten beiden Sätze, die er in das Word-Dokument eingeklimpert hatte, das die Übergabe an die Testabteilung initiieren sollte. Aber immer wieder schweiften seine Gedanken ab und er fühlte sich unsicher und verwirrt. Ihm stiegen immer wieder Gedanken an das Packen seines Koffers und den Boston-Flug in den Kopf, den er heute wider Erwarten nicht angetreten hatte.

So vergingen einige unproduktive Stunden, bis Vera ihn zum Essen rief.

»Joscha, bist du für heute fertig? Ich habe den Nudelauflauf von gestern aufgewärmt. Kommst du?«

Joscha schaute jetzt zum wiederholten Mal auf das Word-Dokument und las die Statistik am linken unteren Rand – vier Abschnitte, 242 Wörter, das war nicht viel. »Ja, ich komme. Essen wir draußen?« Er schlurfte frustriert in die Küche.

Vera schaute ihn besorgt an. »Alles in Ordnung? Du siehst blass aus und müde. Hast du heute wieder nicht geschlafen, nur an das Projekt gedacht?«

»Nein, nein ... geschlafen habe ich besser als sonst, wenn es in der Firma hoch hergeht. Aber ich kann mich nicht konzentrieren, habe alles Mögliche andere Zeugs im Kopf. Ich komme mir vor, als wenn ich auf einem engen Platz im Flieger nach Boston sitze. Denke immer wieder an die Airbus-Kabine, habe Bilder von den hellen Wolken und blauem Himmel hinter dem Bullauge vor Augen. Total merkwürdig.«

»Unser letzter Flug war erst vor zwei Monaten. Den hast du im Kopf. Und zu viel Stress hattest du in den vergangenen Tagen. Wir hatten vereinbart, dass du kürzertrittst. Jetzt reicht es echt mal.« Vera drückte seine beiden Hände und schaute ihn danach noch besorgter, aber auch mit einem liebevollen Unterton an.

»Ja. Mache ich. Bis morgen Abend muss ich noch einiges fertig machen, danach ist erst einmal Ruhe angesagt.« Joscha erwiderte den Blick und zog die Mundwinkel hoch. »Und Dienstagabend hole ich dich wie vereinbart vom Spinningkurs ab und wir gehen eine Kleinigkeit Essen. Freue mich schon!«

Nachdem beide es sich auf der Terrasse gemütlich gemacht und gegessen hatten, bewegte sich Joscha wieder in sein Arbeitszimmer, setzte sich an sein Notebook und tippte weiterhin einige wenige Anschläge pro Minute in sein Dokument ein. Gegen Abend hatte er endlich ein paar Seiten fertiggestellt und wollte das Kapitel schnell abschließen, bevor er den Text speicherte.

Plötzlich nahm er auf seiner rechten Seite eine Regung wahr – eine ältere Dame saß neben ihm und drehte sich mit langsamen Bewegungen zu ihm hin. Sie lehnte ihre linke Schulter an Joscha an und zeigte mit der rechten Hand vor seinem Gesicht her zu seiner linken Seite. Joscha war entsetzt. Er bekam Panik, ließ sich aber noch nichts anmerken. *Woher kommt die Oma? Was soll das Ganze bedeuten?* Er sah dann, wie sie mit dem Zeigefinger nach links zeigte und ihn ansprach. »Schauen

Sie mal, da ist schon die Downtown. Ein herrlicher Anblick.«

Joscha schloss die Augen kurz, so hell leuchtete die Sonne in das kleine Fenster, auf das er blickte. Nach wenigen Sekunden der Anpassung an die Helligkeit erkannte er tief unten unzählige Hochhäuser, die von blauem Meer und einigen lang gezogenen Inseln umgeben waren. *Was ist passiert? Wo ist mein Arbeitszimmer? Wo ist Vera?*

»Vera«, nuschelte er. »Vera, hilf mir. Schnell!«

Dann hörte Joscha einen plumpen Aufschlag und spürte kurz darauf, wie an seinen Schultern gerüttelt wurde – heftig und immer wieder.

»Joscha ... Joscha, mein Schatz. Komm zu dir.«

Das war nicht die Stimme der alten Dame, es war eine bekannte Stimme. Veras Stimme? Joscha öffnete vorsichtig seine Augen und sah weiße Buchstaben auf schwarzem Untergrund. ›Q‹ und ›Z‹, dachte er. Was soll das? Dann hob er leicht den Kopf an und las ›QWERTZ‹.

»Joscha. Schau mich an.«

Wieder hörte er die Stimme von Vera. *Wo ist Vera? Und wo ist die alte Dame geblieben?* Dann drehte er seinen Kopf und sah seiner Frau in ihre Augen, die ihn mittlerweile an seinen Schultern hochgezogen und an ihren Oberkörper gedrückt hatte.

»Joscha. Endlich. Komm, leg dich im Wohnzimmer auf die Couch. Ich helfe dir.«

»Was ist passiert? Wo ist die andere Frau, die Oma?« Joscha stützte sich auf Vera und beide hinkten langsam ein Zimmer weiter. Er ließ sich auf das breite Sofa fallen und schaute Vera ernst an. »Was ist passiert? Ich saß am Schreibtisch und dann war ich plötzlich im Flugzeug.«

»Ich habe einen Knall aus deinem Zimmer gehört. Ich glaube, dein Kopf ist auf die Tastatur gefallen. Jedenfalls lagst du darauf, als ich bei dir war. Geht's wieder? Am besten, ich fahre dich zum Arzt. Du bist total blass!« Vera war nun ebenso bleich wie Joscha. Sie wischte sich mehrfach über die Stirn und drückte sich an ihn.

Auch Joscha fasste sich an die Stirn und prüfte dann seinen Handrücken. Er vermutet Blut, denn sein Kopf schmerzte. Aber er erkannte nur Spuren von Schweiß. Wieder sah er seine Frau an. »Heute ist Sonntag, da können wir höchstens zum Notarzt. Aber es geht schon wieder. Mir ist nur ein wenig schwindlig. Lass mich noch kurz hier liegen.«

Vera reichte ihm ein halb volles Glas mit Wasser, das noch von ihr auf dem Couchtisch stand. »Trink erst mal einen kleinen Schluck, mein Schatz. Gleich wird's besser und wenn du es schaffst, gehen wir am besten kurz an die frische Luft.«

Etwa eine Stunde später kamen beide von dem Spaziergang zurück zu ihrem Haus. Joscha schleppte sich durch den Hausflur bis zum Sofa und warf sich in die mit drei Kissen ausstaffierte Liegeseite.

Er schnaufte zweimal kräftig durch und seufzte: »Puh. Was war nur los mit mir? Das fühlte sich an wie ein realer Traum. Ich habe auf meinen Monitor geschaut und plötzlich war es, als wäre ich in einer anderen Welt im Flieger – so real!« Er blickte zu Vera hoch, die ihm gefolgt war und wieder mit einem Glas Wasser vor dem Sofa stand. »Aber es geht schon wieder. Mir ist leicht schwindlig, sonst ist alles okay.«

»Ich mache mir trotzdem Sorgen. Du bleibst jetzt erst einmal liegen und der Rechner bleibt für heute aus.«

Joscha nickte nur und schloss dann die Augen, um bis zum frühen Sonntagabend zu schlafen.

Am folgenden Montag und Dienstag verliefen seine Tage wieder annähernd normal: Er arbeitete im Büro und setzte sich mit Marcel mehrmals zusammen, um gemeinsam das Projekt fertigzustellen. Zwischendurch spürte Joscha einige Male wieder eine innere Unruhe und ihm wurde schwindlig, allerdings nur leicht. Dabei kam es ihm manchmal vor, als stünde er neben Ramesh in Boston und sah sich gemeinsam mit ihm die dortigen Forschungsprojekte an. *Ich hatte mich auf den Besuch in Boston gefreut; das ist alles eine lebhafte Einbildung,* beruhigte er sich.

Ihm ging es im Laufe des Dienstagtages immer besser, bis kurz vor Feierabend sein Handy klingelte und er den Namen ›Ramesh Kumari‹ las. Er nahm ab und sagte »Ramesh, guten Tag. Schön, von dir zu hören. Wie läuft's bei euch?« Dann lauschte er den ersten Worten seines Gesprächspartners und kippte vornüber mit der Stirn auf die Tastatur.

3 Ramesh

Boston, Dienstag, 13. August 2024

Ramesh saß am Dienstagvormittag zu Hause am Wohnzimmertisch und spielte mit Mala. Er half ihr, das fünfzigteilige Puzzle fertigzustellen, das drei süße Koalabären mit großen, runden Augen inmitten eines kleinen Bambuswäldchens zeigte.

»Nein, Mala. Nicht so fest hineindrücken. Wenn das Teilchen passt, dann heftet das ganz leicht an …, wenn du feste drückst, machst du es kaputt.« Er schnaufte dabei kurz durch und sah sie zum wiederholten Male vorwurfsvoll an.

Mala blickte nur auf das schöne Bild und drückte weiter. »Ich glaube, das ist richtig so, Papa. Das ist die Nase, schau.«

»Ja, die Nase ist das, aber die vom Panda in der Mitte glaube ich – das passt erst später, wenn du den Mittleren fast fertig hast.« Dabei holte er gelangweilt sein Handy aus der Hosentasche.

Ramesh hatte sich den heutigen Tag freigenommen, um seine Tochter zu betreuen. Schon den ganzen Morgen hatte er mit ihr verbracht. Zunächst mit großem Spaß und Enthusiasmus, was sich aber jetzt, nach etwa drei Stunden, eher in Langeweile und Missmut umgewandelt hatte. *Ich muss mich mit Joscha endlich abstimmen. Der wartet nach der Absage seiner Reise sicher auf meinen Anruf. In Berlin müsste er jetzt noch gerade im Büro sein*, dachte er.

Er wählte die Nummer und hörte das Freizeichen. »Mala, meine Prinzessin, ich muss kurz jemanden von der Firma anrufen. Ich helfe dir gleich wieder weiter, ja?«

Sie blickte nach wie vor auf das Puzzle, nickte nur einmal vor sich hin und suchte konzentriert nach weiteren Panda-Nasen. Ramesh hörte nach wenigen Sekunden die weit entfernte Stimme seines Kollegen.

»Ramesh, guten Tag. Schön, von dir zu hören. Wie läuft's bei euch?«

Ramesh setzte sich nun aufrecht auf den Stuhl und grinste das Telefon an. Er freute sich zumeist, die Stimme seines deutschen Kollegen zu hören, der ihm sympathisch war.

»Joscha, mein bester Kollege. So lala würde ich sagen. Da du den Besuch bei uns abgesagt hast, hab ich mir heute Urlaub genommen ... kümmere mich um Mala, meine Tochter. Falls du mich im Büro per Zoom nicht erreicht hast, ist das der Grund.«

Seine Stimme änderte sich dann und wurde ernster. Er senkte sie zudem und ging zum Fenster, damit sein Mädchen von der Unterhaltung nichts mitbekam. »Außerdem hat das FBI heute eine Warnung herausgegeben ... einer der Drogenclans, gegen die Ermittlungen geführt werden, plant Entführungen. Da scheinen Mitarbeiter von uns und deren Angehörigen auch im Fokus zu sein ... wir haben mit unserer KI ja das FBI unterstützt. Seitdem lasse ich meine Tochter nicht aus den Augen. Von Berlin war in dem Zusammenhang auch die Rede. Sei bitte vorsichtig. Übrigens bewacht uns das FBI gerade verdeckt – das beruhigt mich ein wenig. Aber ...«, dann hörte Ramesh einen dumpfen Aufschlag. »Joscha? Joscha, hörst du mich noch?«, er rief nun laut in sein Handy und ging in den Nachbarraum, um Mala nicht zu erschrecken.

Mit einer hektischen Bewegung hielt sich Ramesh dann das Handydisplay vor die Augen, um zu schauen, ob die Verbindung noch aktiv war und rief jetzt noch einmal energisch in das Mikrofon: »Joscha, alles klar bei dir ... Joscha, hörst du?« Er hielt das Handy direkt vor seinen Mund und sprach so laut, dass Mala von ihrem Platz aus ängstlich nach ihm rief. Wieder im Wohnzimmer beruhigte Ramesh sie mit einer beschwichtigenden Handbewegung und deutete auf das Puzzle. »Mach weiter, Prinzessin«, flüsterte er ihr zu.

Aus dem Hörer vernahm er mittlerweile nur noch Atemgeräusche und weit im Hintergrund fremde Stimmen in deutscher Sprache, wenn er es richtig interpretierte. Wieder rief er einige Male Joschas Namen und wartete und lauschte. Dann war eine andere, tiefere Stimme zu hören.

»Hallo, Ramesh? Bist du es? Hier spricht Marcel.«

»Marcel, was ist los. Ich hatte Joscha in der Leitung.« Er war inzwischen geistesabwesend zum Fenster gegangen und blickte besorgt mit großen Augen hinaus, ohne dort Details wahrzunehmen.

»Joscha ist gerade auf die Tastatur gesackt. Ann-Kathrin kümmert sich um ihn. Er hat die Augen schon wieder geöffnet und redet mit ihr. Scheint nicht so wild zu sein.« Die Stimme von Marcel klang für Ramesh fest und souverän, sodass seine erste Angst verflog.

»Ist Joscha krank? Hat er das häufiger in letzter Zeit?«

»Am Wochenende ging es ihm nicht so gut, hat er mir heute Morgen erzählt. Er sieht auch etwas blass aus.

Warte, er will dich wieder sprechen. Mach es gut, Ramesh. Ich übergebe.«

Er wartete noch einige Sekunden und hörte dann die altbekannte Stimme.

»Ramesh, hier bin ich wieder … Joscha. Sorry, aber mir war plötzlich schwindlig und ich bin ganz kurz weggetreten. Als du das Thema Entführung angesprochen hast, habe ich vor Augen gesehen, wie meine Frau Vera verschleppt wurde. Das war wie ein realer Traum. Tut mir leid … es geht jetzt auch schon wieder.«

Ramesh war beruhigt, ihn wieder in der Leitung zu haben. »Vielleicht war es ganz gut, dass du in Berlin geblieben bist. Du solltest kürzertreten, Joscha. Die Projekte sind bei uns beiden zurzeit anscheinend zu stressig. Geh am besten direkt nach Hause.« Mit sanfter, väterlicher Stimme sprach er die Worte eindringlich und dennoch leise.

»Das mache ich, und zwar sofort. Das Wichtigste ist erledigt. Außerdem muss ich meine Frau gleich vom Sport abholen. Wir gehen dann noch auf ein Bierchen raus. Tut mir sicherlich gut.«

»Mach das. Ich melde mich morgen mal, wenn ich Neuigkeiten zu den Projekten hier in Boston habe. Wir sind kurz vor dem Durchbruch mit der neuen Speichertechnologie. Mal sehen, wer schneller ans Ziel kommt – ihr in Berlin oder wir hier in Boston.«

Er legte auf und ging wieder zu seiner Tochter. Beim Blick auf den Tisch sah er jetzt drei Pandabären – das Puzzle war fertiggestellt und Mala sah ihn mit strahlenden Augen an. Ramesh konnte nicht anders, als sie fest an sich zu drücken.

»Komm, Kleines, wir bringen den Müll raus. Oder schaffst du das schon alleine? Ich kann dann noch einen Kollegen in der Firma anrufen.«

»Klar, Papa. Mach ich.« Mala nahm die zugeknotete Plastiktüte, die Ramesh schon in der Hand hielt, und wackelte singend aus der Haustür hinaus.

Er sah ihr nach und fing dann innerlich an zu lachen, als sie mit hampelnden Bewegungen die Mülltonnen erreichte, aber die falsche öffnete und den Beutel darin verschwinden ließ.

»Schätzchen, der Beutel muss in den Restmüll – die Tonne ganz rechts. Nicht zu den Kunststoffsachen.«

Dann lief er zu ihr und richtete das kleine Missgeschick. Lachend liefen beide zurück ins Haus.

4 Mateo

Boston, Dienstagmorgen, 13. August 2024

Mateos Nacht war kurz. Bereits um fünf stand er auf, um rechtzeitig in der Nähe des Kumari-Hauses Wache zu halten. Er durfte nicht verpassen, wer die Tochter abholte und wohin sie gebracht wurde. Andernfalls wäre der Plan für den heutigen Tag zu vergessen gewesen. Noch gestern vor dem Schlafengehen hatte er die Adresse der Kumaris ermittelt – durch die guten Kontakte zu anderen Ganoven im Clan-Umfeld war dies für ihn eine Kleinigkeit.

Er saß nun in Miguels schwarzem Camaro und hatte das Radio an. WWBX spielte ›Marvins Room‹ von Drake. Mateo hatte den Sitz weit nach hinten gestellt, den Hinterkopf lässig an die Kopfstütze gelehnt und tippte sich mit den Fingern im Rhythmus der Musik auf seinen Bauch. Der Kopf ragte minimal über die Höhe des Lenkrads, sodass er gerade genug von der Umgebung erkennen konnte.

Die Sonne ging währenddessen auf, stand aber noch hinter der Häuserreihe. Es trübten noch keine Schattenpartien die Sicht auf den Hauseingang. Noch konnte er die Umgebung des Kumari-Hauses gut einsehen.

Womit hat so ein Inder das verdient, dachte Mateo und schaute neidvoll auf den gepflegten Vorgarten und die moderne Front der Villa. *Ich reiße mir den ganzen Tag den Arsch mit der Drecksarbeit auf – und der Typ sitzt mit einer Kaffeetasse am Schreibtisch.*

So wartete Mateo gelangweilt im Auto. Nach etwa zwei Stunden nahm er plötzlich eine Bewegung wahr und sah ein kleines Mädchen in einem rosa Kleid und einem pinken Blouson aus dem Haus kommen. Sie hatte lange, pechschwarze Haare und einen dunklen Teint. In ihren Händen trug sie einen kleinen Plastikbeutel, den sie spielend baumeln ließ und dabei irgendetwas sang. Mateo konnte aus der Entfernung nichts verstehen, es wirkte für ihn aber wie ein fröhliches Kinderlied, denn sie wackelte bei jedem Schritt mit ihrem gesamten Rumpf.

In der inzwischen herrschenden strahlenden Helligkeit war sie ihm schnell aufgefallen, und durch ihre ständige Hampelei haftete sein Blick förmlich auf ihr. Mateos Gemütszustand wandelte sich zunehmend in eine siegessichere Erleichterung.

Er erkannte, wie sie den Beutel in einen der drei Mülleimer warf, die am Rande der Garage unter einem hölzernen Schutzdach standen, und sich dann wieder in Richtung der Haustür aufmachte. Dann hörte er eine Stimme aus der Richtung des Hauses und sah einen Mann zu ihr gehen – anscheinend der Vater Ramesh Kumari. Er gab ihr einen Kuss auf die Stirn und zeigte auf die drei Müllbehälter. Dabei sprach er mit seiner Tochter und deutet mit der Hand abwechselnd auf die beiden Gefäße. Sie lachte und beide rannten nun mit schnellen Schritten zur Haustür zurück und waren verschwunden.

Mateo schlug die geballte Faust auf die Armablage zwischen den Sitzen. Er schrie kurz »No!«. *Warum haben die so viel Zeit, der Kerl soll sie endlich zur Schule fahren.*

Muss ich hier weiter rumlungern wie ein Idiot? Er stellte seine Rückenlehne ein wenig weiter nach hinten und lag daher mehr auf dem Sitz, als er saß.

Es tat sich nichts. Seine Gedanken verloren sich immer mehr in der Vorstellung, dass sie mit Jacke und Schulranzen aus der Tür trat – aber es blieb bei der reinen Vorstellung in seinem Geiste.

Drei Stunden und länger hänge ich jetzt hier ab. Die wird heute nicht mehr zur Schule gebracht – alles nutzlos. Zehn Minuten noch, dann haue ich ab. Es dauerte dann nicht mehr lange und er startete seinen Wagen.

Mateo fuhr noch eine Zeit lang den Camaro aus und kam am frühen Nachmittag zur Villa, in der Miguel es sich in der Sonne bequem gemacht hatte.

»Wie war dein Ausflug, Mateo? Hast du die kleine Göre verfolgen können?« Miguel räkelte sich auf einer Sonnenliege, blieb aber unbeeindruckt liegen. Er kniff die Augen zusammen. Trotz dunkler Sonnenbrille blendeten die Sonnenstrahlen, die am Kopf von Mateo vorbei den Weg in sein Gesicht fanden.

»Stundenlang habe ich das Haus der Kumaris beschattet. Aber sie wurde nicht zur Schule gebracht – wahrscheinlich ist sie krank oder die Betreuung fällt heute aus irgendeinem Grunde aus.« Mateo setzte sich in den Schatten auf einen Stuhl und wartete auf eine Reaktion.

Stille.

»Wie geht es weiter, was ist der Plan?«

Erneut beantwortete Miguel die Frage nicht. Er dachte angestrengt an die Reaktion des Patrons, wenn sie nicht bald handeln würden. Dann rappelte er sich auf, überlegte weiter einige Atemzüge lang und sah Mateo ernst an.

»Mateo, wir müssen loslegen – so schnell wie möglich. Lass uns beide noch heute Nachmittag noch einmal zum Kumari Haus fahren. Dann packen wir uns die beiden.«

»Alle beide? Und dann?«

»Wir nehmen den gestohlenen Van, der hier in der Garage steht. Das ist unauffällig genug. Beide betäuben, knebeln und ab zurück hierher – dann sehen wir weiter. Hol schon mal den Wagen und ich mache mich schnellstens fertig.«

Zehn Minuten später standen beide mit dem schwarzen Chrysler Voyager vor dem Cortenstahl-Tor, welches die Zufahrt zum Grundstück vor Einblicken und Eindringlingen schützte. Die Scheiben hatten eine ähnliche Farbe, wie der Lack des Wagens, sodass beide Insassen für Außenstehende kaum zu erkennen waren.

Nachdem Miguel mehrmals auf die Fernbedienung gehämmert hatte, öffnete sich das schwere Tor endlich, und sie setzten sich in Richtung des Kumari- Hauses in Bewegung.

Wenig später fuhr Miguel direkt auf die Einfahrt von Rameshs Einfamilienhaus und beide stiegen mit vermummten Köpfen aus. Ganz in Schwarz, mit böse wirkenden Sturmhauben, schlichen sie zur Haustür und Mateo setzte das Brecheisen an.

Er erstarrte förmlich, als er von der Hausseite ein unheilvolles Klicken hörte. Das Geräusch kannte er von den etlichen Waffen, die er bereits entsichert hatte. Er schaute in die Richtung des Geräusches und blickte in den Lauf eines Revolvers und die Mündung von zwei Schnellfeuerwaffen. Die drei FBI-Agenten waren wie auch er selbst komplett in Schwarz gekleidet. Er sah dann Miguel zur anderen Seite in Richtung ihres Vans abdrehen, aber dort standen plötzlich zwei fette SUVs, aus denen etliche schwer bewaffnete Beamte heraussprangen. Er und Miguel legten sich freiwillig auf den Boden und verschränkten ihre Arme auf dem Rücken.

Bei der Abfahrt sah Mateo noch einmal aus dem Wagenfenster in Richtung des Kumari Hauses, das jetzt so friedlich wirkte und immer kleiner werdend nach der ersten Abbiegung aus seinen Augen verschwand.

5 Vera

Berlin, Dienstagabend, 13. August 2024

»Paula, gehen wir noch eine Kleinigkeit essen? Und wir trinken ein Weinchen dazu. Was meinst du?« Vera stand nur in Slip und BH bekleidet vor dem bodentiefen Spiegel und schüttelte mehrmals ihre lange Mähne, um sie trockener zu bekommen. Sie drehte sich in Richtung ihrer besten Freundin, die gerade ihre Jeans und Bluse aus dem Spind holte und sorgsam auf die Holzbank vor sich legte.

»Wartet Joscha nicht auf dich?«

»Doch, tut er. Er holt mich mit dem Wagen ab. Wir haben geplant, noch was zusammen zu unternehmen; du kannst gerne mit uns mitkommen. Wir haben auch erst acht Uhr, der Abend fängt jetzt an … und ich meine, ein, zwei Stündchen könnten wir doch noch zusammen raus – oder?« Vera rubbelte ihre blonden Haare mit einem Frotteetuch weiter trocken. Dann schlug sie die Hose aus und begann, sich in die eng anliegende Skinny Jeans zu zwängen. Dabei dachte sie, wie gut es war, dass es Stretch-Material gab. Sie schaute Paula nun fragend direkt in die Augen.

»Okay, wenn ich nicht störe. Habt ihr schon einen Plan?« Paula fasste in ihren Weekender und kramte einen Föhn hervor.

Ein Bein hatte Vera bereits in der Jeans. Sie setzte sich, um das Zweite hineinzuquetschen. »Nein. Joscha holt mich in fünf Minuten ab. Wo es hingeht, haben wir bisher nicht besprochen. Eigentlich wäre er in dieser Woche beruflich in Boston, aber die Reise wurde aus irgendeinem Grunde verschoben – jetzt hat er Zeit für mich. Wollen wir vielleicht ins Hemmingways?«

»Wieder Hemmingways? Lass uns doch mal was anderes checken. Da soll es so einen neuen Irish Pub geben. Am Potsdamer Platz«, schlug Paula vor.

»Warum nicht? Hört sich interessant an.« Vera beeilte sich jetzt, um Joscha nicht warten zu lassen. Sie schaute noch einmal in Richtung Paula, die gerade den Föhn mit Strom versorgen wollte. »Ich gehe schon mal schnell zum Eingang und schaue, ob Joscha bereits da ist. Wir warten dort auf dich. Lass dir Zeit.«

Als Vera nach der Türklinke greifen wollte, flog diese auch schon auf und drei laut tratschende Frauen stolperten herein. Sie rannten Vera fast um und ignorierten sie vollkommen. Ein ›Entschuldigung‹ war nicht zu vernehmen. Der Föhn von Paula legte dann ebenfalls los, was dazu führte, dass in der Frauengruppe noch lauter geschnattert wurde.

Diese Tussen, ärgerte sich Vera, als sie den Raum verließ. *Gut, dass ich mich damals für den früheren Spinning-Kurs entschieden habe.*

Am Empfang des Gym stand eine Bank für Besucher, auf der nur eine fremde Frau saß und anscheinend wartete. Von Joscha war allerdings nichts zu sehen. Vera schaute daraufhin aus der Eingangstür hinaus in Richtung Gehweg und Straße. Auf einem der parallel zum Fahrstreifen verlaufenden Parkplätze erkannte sie ihren Wagen. Joscha saß am Steuer und winkte ihr zu. Vera lief zu ihm, blieb aber seitlich des Wagens auf dem Gehweg stehen und bückte sich vor die geöffnete Scheibe. »Können wir Paula mitnehmen?«, fragte sie, »Sie kommt sofort raus. Es soll einen neuen Pub am Potsdamer geben. Das wäre doch mal etwas anderes, oder?«

Joscha hob den Daumen und nickte in ihre Richtung.

Vera wartete vor dem Auto noch auf ihre Freundin und schaute sich um. Einige, wenige Menschen schlenderten vor ihr her, um noch Besorgungen zu machen, in eine

Kneipe zu gehen oder einfach nur spät nach der Arbeit zu ihrem Sofa zu gelangen.

Sie war gerne unter Menschen und beobachtete interessiert das Treiben. Doch in ihrem Innersten hatte sie hier ein beklemmendes Gefühl, sogar Angst. Ihr wurde schwindlig, sie bekam Kopfschmerzen und fühlte sich desorientiert. *War das Spinning heute zu anstrengend für mich*, dachte sie und überlegte, ob sie sich vorsichtshalber schon in das Auto oder auf die Bank im Vorraum des Fitnessstudios setzen sollte.

Es wurde von Sekunde zu Sekunde schlimmer. Vor ihren Augen flimmerte die Umgebung, wie in Auflösung befindlich. Ein Flackern zog durch alle Gegenstände und Menschen, die sie sah. Es war, als wenn alles Reale schmelzen und sich wie heiß werdendes Kerzenwachs zu einem klumpigen See aus Materie verwandeln würde.

Sie war irritiert und schaute zunächst wieder auf die Passanten. Plötzlich wanderte ihr Blick zurück zu einem kaum auffallenden Pfad, der seitlich des Hauses in dichtes Gebüsch führte – stand dort im Schatten der Sträucher nicht gerade ein Muskelprotz mit Glatze? War solch eine Person ihr nicht früher schon einmal aufgefallen? Wann war das? Vera hatte das Gesicht genau vor Augen, sie konnte an der Stelle aber nichts Auffälliges mehr erkennen. Sie schloss die Augen und schüttelte leicht den Kopf. *Ein Déjà-vu, aber so deutlich und realistisch?* Es ging ihr zum Glück nach wenigen tiefen Atemzügen zusehends besser.

Dann hörte sie ihren Namen. Endlich winkte Paula ihr aus der Tür kommend zu. Ihr lebenslustiges Lachen auf dem Gesicht signalisierte Vera, dass ihnen ein geselliger Abend bevorstand, und ihr Gemütszustand erhellte sich wieder. Sie stiegen gemeinsam ein und Joscha fuhr los.

»Potsdamer Platz, schlagt ihr vor? Den Irish Pub kenne ich noch gar nicht, bin gespannt«, sagte er.

Paula neigte sich nach vorn, sodass ihr Kopf fast zwischen den beiden Vordersitzen klemmte. »Ja, eine neue Kneipe. Das habe ich heute auf der Arbeit erfahren … soll gemütlich sein, mit guter Musik.«

Mittlerweile waren sie zweimal abgebogen und hatten ihr Ziel bereits vor Augen.

»Und ganz frisch … eröffnet … hat der … Pub …«, Paula sprach nach einer längeren Pause immer leiser werdend weiter und verstummte dann. Sie blickte dabei geistesabwesend aus dem Wagenfenster. Vera wunderte sich, dass sie nichts mehr von ihr hörte und schaute sich nach hinten zu ihr um. Sie bemerkte, dass Paula auf einen parallel zur Fahrbahn unter zierlichen Bäumen verlaufenden Fußweg starrte.

Es war mittlerweile fast dunkel, die Gegend war menschenleer und wirkte beängstigend. Paula zeigte nach rechts. »Ist dort drüben auf dem Gehweg nicht eine Frau erschlagen worden? Oder war das woanders?« Sie grübelte. »Hm … Ich glaube, ich vertue mich – habe wohl nur schlecht geträumt.«

Wenig später standen die Drei vor der Eingangstür und quälten sich durch mehrere Menschengruppen, die sich zwischen der Tür und der Theke gebildet hatten. Es war laut – Unterhaltung, Gelächter, Klimpern von Gläsern; und darüber lag das Gegröle von Flogging Molly.

Vera wippte mit dem Kopf im Takt und sah zu, wie Joscha drei Kilkenny bestellte. Hier in freundschaftlicher Gesellschaft ging es ihr gut – der Schwindel, die Kopfschmerzen und die merkwürdigen Gefühle waren verflogen. Sie nahm einen kräftigen Schluck und war der Meinung, dass sich die Welt wieder eingerenkt hatte und die Zeit im Lot war.

6 Max

Genf, europäische Konföderation, August 2307

Er starrte mit leeren Augen ins Nichts. Obwohl sie geöffnet waren, nahm er seine Umwelt kaum wahr. Die Welt, die Gedanken, die Realität schien neblig und grau, alles verschwamm in seinem Bewusstsein wie ein trostloser, trüber Brei. Er grübelte und suchte nach konkreten Gedanken – der Realität – konnte aber keinen Ankerpunkt für seine Empfindungen entdecken. *Wer bin ich? Wo bin ich? Warum sind meine Gedanken so verschwommen und unklar? Sind meine Erinnerungen doppelt? Zwei Menschen, zwei Leben in meinem Kopf?*

Kurzzeitig sah er sich in einem durch Neonlicht hell erleuchteten Labor sitzen, dann wieder auf einer durch die Abendsonne in gemütlich oranges Licht getauchten Wiese stehen, direkt neben einer Herde grauer Kühe. Diese Erinnerungen hatte er schon vorher häufiger – immer nur für kurze Augenblicke, dann verblassten sie wieder und sein Geist fischte im Trüben nach Informationen. Er fühlte sich desorientiert und hilflos – ängstlich.

Plötzlich wurde es um ihn herum heller und er versuchte jetzt mit aller geistiger Anstrengung, das, was er sah und empfand, zu verarbeiten und einzuordnen. Er wurde sanft, wie im Segelflug, bewegt. Dann abrupt Stillstand. Er kippte zunächst leicht nach vorn, sein Oberkörper fiel daraufhin wieder zurück und lehnte erneut weich an. Direkt vor ihm nahm er ein großes Fenster wahr; Helligkeit, die in den Augen schmerzte; Geräusche, Gebrabbel rundum – alles unverständlich; von der Decke helles Licht; rechts ein kleiner Beistelltisch mit tristem Deckchen und einer Wasserflasche, Gläser; dann lauter werdende Sprache.

Er ließ den Blick nach unten gleiten, ohne den Kopf zu bewegen – nur die Augäpfel kullerten bedächtig in ihren Höhlen. Seine Arme lagen jeweils auf einer gepolsterten

Lehne, seine Beine schienen in der Luft zu schweben. Er sah die Oberkante von Rädern mit grauen Gummireifen.

Er spürte Hände auf seine Schultern gleiten, ihn liebevoll streichelten, behutsam mit leichtem Druck bis in den Nacken massierten. Seine Augen wanderten nach links und dann rechts zu seinen Schultern, wieder ohne den Kopf zu stark zu verdrehen. Er sah die schlanken Finger, die ihn liebkosten. Dann hörte er wieder jemanden leise und geduldig sprechen. *Gilt die Stimme mir? Eine Frau ... die mich anspricht?*

»Maxi ...«

Bin ich gemeint? Bin ich Maxi?

»Max, schau, die schönen Berge im Hintergrund. Nicht weit ist unsere Alm. Herrlich, nicht?«

Die Stimme schien von hinten zu kommen. Sie beruhigte ihn. Seine Angst legte sich ein wenig, die Desorientierung blieb erhalten. Er drehte dann den Kopf nach rechts, aber nicht so weit, um hinter sich blicken zu können. Er nahm erneut das Tischchen wahr, daneben stand ein Mann, der aus dem Fenster in die Ferne blickte. *Ich sitze. Ich sitze in einem Rollstuhl. Ein Fremder neben mir – oder kenne ich ihn?*

Eine Unterhaltung begann.

»Guten Tag, Boris Hradek, mein Name.« Der Mann blickte jetzt rüber zu der Person, die hinter dem Rollstuhl stand und die Hände auf den Schultern von Max sanft vor- und zurückbewegte. »Ich vermute, Sie haben mit Ihrem Mann gesprochen – aber ja, die Aussicht auf die grüne Landschaft ist atemberaubend.« Er hatte sich weiter nach links gedreht und sah nun interessiert zu der Frau und den Mann im Rollstuhl.

Hradek ... Boris Hradek. Den Namen kenne ich doch.

»Guten Tag. Mein Mann ist vor vier Tagen in der Mittagshitze auf unserer Alm kollabiert. Er ist erst heute in der Früh aus dem Koma erwacht. Aber ich habe mich noch gar nicht vorgestellt ... Hildegard Bickel.«

Sorgenvoll sah sie kurz in Richtung ihres Gesprächspartners und ging dann auf die Seite des Rollstuhls, in dem ihr Mann Max saß. Sie blickte ihn an und streichelte seine Wange.

Die Frau ... diese Hildegard, schaut mich an, als wenn sie sich um mich sorgt. Die dunklen Augenringe, die strähnigen Haare fallen ihr über die Augen. Liebe Augen.

»Was ist denn passiert? Ein Arbeitsunfall, oder war es einfach nur die Hitze?« Der Mann auf der rechten Seite zog einen der drei Stühle vor dem Tisch zu sich heran und setzte sich. Er blickte erst der Frau, dann Max in die Augen.

»Eigentlich nicht. Er ist die Arbeit in der Sonne gewohnt. Mein Mann ist einfach umgekippt. Vorher hat er wirres Zeug geredet – die Ärzte vermuten einen Schlaganfall. Aber sie stellen nichts fest. Zum Glück ist er wieder wach. Ich habe an seinem Bett gewacht und darf ihn jetzt zum ersten Mal mit dem Rollstuhl in den Aufenthaltsraum fahren. Nur kurz.« Sie gab ihrem Mann daraufhin einen Kuss auf die Stirn. »Und Sie? Haben Sie eine Handverletzung?«

Hradek hob die in weißem Verband eingehüllte linke Hand in die Luft. »Unter anderem. Ich habe bei der Arbeit die Kuppe meines Zeigefingers verloren. Das war eigenartigerweise auch vor vier Tagen gegen Mittag, wie bei Ihrem Mann, aber ich bin schon auf dem Wege der Besserung.«

Er ließ mitleidsvoll seinen Blick zwischen den beiden schweifen und rückte näher an den Tisch heran. »Wenn das allerdings alles wäre, wäre ich schon wieder in meinem Labor im CERN. Ich bin nach dem Unfall in eine Ohnmacht gefallen – für einige Minuten. Ich bekomme das Schwindelgefühl nicht los. Die behalten mich noch ein, zwei Tage hier. Aber auch das wird schon wieder. Übrigens ... Ihr Mann kommt mir bekannt vor – ein früherer Arbeitskollege hätte ich getippt, kann allerdings nicht sein, wenn sie beide eine Alm bewirtschaften.«

»Nein, sicher nicht.« Hildegard Bickel schüttelte den Kopf und sah ihn dann mit nachdenklichem Gesicht erstaunt an. »Was ein Zufall. Zweimal Ohnmacht, aber Sie sehen aus, als wären Sie wieder auf dem Damm. Alles Gute wünsche ich Ihnen.« Während sie leise und bedächtig sprach, fasste Hildegard Bickel die Griffe des Rollstuhls und zog ihn vorsichtig nach hinten.

Solange der Rollstuhl gedreht wurde, blickte Max in das Gesicht von Boris Hradek und spürte, wie vertraute Augen ihn ebenfalls musterten. *Boris Hradek heißt er, ich kenne ihn – ganz sicher. Aber woher? Ich bin so schrecklich müde.* Max schloss die Augen und überlegte weiter, wo er Boris und Hildegard einordnen sollte.

Während sie den Rollstuhl am Tisch vorbeizog und dann in Richtung des Flures steuerte, verabschiedete sie sich noch von Boris Hradek. »Ich drücke Ihnen die Daumen, dass Sie schnell aus der Klinik kommen und wieder an die Arbeit können. Alles Gute!«

Hradek nickte ihnen nach und sah dann wieder gedankenverloren auf das Bergpanorama.

7 Honsak

Berlin, Mittwochmorgen, 14. August 2024

Sechs Uhr dreißig morgens. Melanie Honsak lag seit etwa fünfzehn Minuten wach im Bett. *Noch ein wenig liegen bleiben oder aufstehen?* Es war so wohlig warm unter der Bettdecke, und für den heutigen Arbeitstag stand bisher nichts Aufregendes oder Dringliches auf der Agenda. Der Vorhang des Schlafzimmerfensters ließ in der Mitte das sparsame Licht des anbrechenden Tages hindurch.

Vereinzelt pochten Regentropfen gegen die Fensterscheibe. Also noch einmal umdrehen.

Fünf Minuten später öffnete sie wieder vorsichtig ihre Augen. Sie stand auf und schleppte sich ins Bad. Der Blick in den großen Spiegel ließ sie erschrecken. *Scheiße, wie seh denn ich aus ... ich muss dringend zum Friseur. Und die Farbe war auch schon kräftiger.* Ihre modisch kurz geschnittenen, jetzt aber wild abstehenden Haare, waren auffällig gefärbt, wobei die Rottönung langsam zu verblassen schien. Sie sah im Spiegel, wie sich ihr Kopf schüttelte.

Nachdem sie sich ausgiebig begutachtet und mehrfach mit beiden Händen durch die Haare gestrichen hatte, tapste sie unter die Dusche.

Das Abbrausen tat gut. Sie legte ihr weiches, übergroßes Badetuch um und hastete in die Küche, um ihr wichtigstes morgendliches Ritual zu beginnen – Kaffee aufzusetzen. Sie stellte sich neben den Barhocker am Essbereich und betrachtete mit immer noch müden Augen, wie die dunklen Tropfen in die Kanne plätscherten. Ihr Handy vibrierte kurz und verstummte wieder. Sie schaute auf die Anzeige und erkannte, dass sie bereits zwei Anrufe verpasst hatte. Dann wählte sie.

»Melanie, danke für den Rückruf. Holst du mich heute Morgen ab?«

»Mache ich, Ilkay.« Sie legte sich wieder ihre Haare nach hinten und wirbelte sie ein wenig auf. Das heiße Wasser gluckste unregelmäßig und gab beim Durchlaufen des Kaffeepulvers einen irre gemütlichen Duft ab.

»Kaffee kaufe ich dann kurz vorher für uns beide. Soll ich noch mehr mitbringen ... Schrippe, Rosinenschnecke?«

»Keinen Kaffee, den stelle ich heute. So eine Schnecke aber – gerne.« Die Brühmaschine hatte ihr letztes Glucksen von sich gegeben und war still. Der Duft nach heißem Kaffee war jetzt noch intensiver. »Bin in zwanzig Minuten bei dir.«

Honsak stand auf und füllte mit einem Strahlen im Gesicht zwei Becher voll. *So kann man es aushalten. Hoffentlich passiert auf der Arbeit mal wieder etwas. So ruhig wie die letzten Tage hatten wir es lange nicht mehr in Berlin, fast langweilig.*

Zehn Minuten später stand sie angekleidet im Flur und schaute wieder in den Spiegel. Sie gelte ihre Haare wie immer vor dem Verlassen der Wohnung wild zu allen Seiten und machte sich mit den heißen Bechern in der Hand auf den Weg.

Die Straßen waren an diesem frühen Morgen noch nicht so verstopft, wie sie es in einer halben Stunde sein würden. Daher war sie pünktlich in dem Stadtteil, in dem ihr beruflicher Partner wohnte. Melanie sah Ilkay hinter einer Ampel am anderen Ende der Kreuzung stehen. Sie winkte ihm aus dem Auto heraus zu und sah, wie er es lächelnd erwiderte. Als die Ampel auf Grün sprang, dauerte es nicht lange, und sie hatte ihn eingesammelt.

»Morgen, Ilkay. Hier, für dich!« Melanie hielt ihm einen Becher hin, während sie beschleunigte und sah kurz in sein müdes, aber freundliches Gesicht.

»Danke, Mel. Das ist ja ein Service. Können wir jetzt jeden Morgen so machen.«

»Denkste. Außerdem ... nenn mich nicht Mel. Das war mal in meiner Jugend, aber jetzt ...«, dabei warf sie einen kurzen, genervten Blick nach rechts.

»Jaja, Frau Honsak. Mach ich nie wieder. Was liegt heute an? Hoffentlich kommt mal ein netter Fall rein ... Mord, Entführung oder irgendwas in der Art.«

In dem Augenblick ringte ihr Handy wieder – dieses Mal lauter als noch nach dem Duschen und jetzt zudem über die Fernspreceinrichtung des Autos. Am Bordcomputer wurde ›Dr. Dierkes‹ angezeigt.

Sie klickte die Annahme am Lenkrad. »Herr Dierkes, schönen guten Morgen. Wichtige Arbeit für uns?

»Frau Doktor Honsak, guten Morgen. Wenn man es so bezeichnen will, ja. Zumindest braut sich da etwas zusammen.«

Sie blickte nach rechts zu Ilkay und zog die Augenbrauen hoch. Ganz leise kam ihr ein »Oho« über die Lippen. Ilkay grinste sie an. Dann wieder lauter: »Was braut denn da, Herr Dierkes?«

»Über den Verfassungsschutz ist gestern etwas Interessantes hereingekommen ... direkt vom FBI aus den Staaten. Eine Warnung ... unkonkret allerdings.«

Jetzt war Honsak hellwach und sah wieder kurz Polat an – dieses Mal ernst und konzentriert. »Ich lausche ... und Polat hört mit. Der sitzt hier bei mir im Wagen. Wir sind unterwegs zur Dienststelle.«

»Gut. Dann brauche ich es nicht doppelt zu erzählen. Morgen Herr Polat.« Während Dierkes weiter redete, hörte Melanie von Polat: »Guten Morgen, Herr Doktor«, und konzentrierte sich wieder auf die Ausführungen des Chefs.

»Das FBI redet von Drohungen eines mächtigen Drogenkartells aus Boston, Massachusetts. Juarez Kartell heißt es, glaube ich. Da scheinen Mord- und Entführungspläne im Umfeld des Konzerns ISF zu bestehen ... das Unternehmen hat übrigens auch einen Standort hier bei uns in Berlin. Auch hier soll es angeblich Anschlagspläne geben ... und zwar mit Unterstützung einer russischen Mafia-Gruppierung. Machen Sie und Polat sich da mal schlau. Wie zuvor erwähnt, noch nichts Konkretes ...«

»Spannend, Herr Dierkes. Wir sind gleich im Büro – ich recherchiere dann ein wenig und höre mich beim Verfassungsschutz um. Vielleicht können wir schon mal präventiv aktiv werden.«

»Sehr gut, machen sie das.« Danach war nur noch das Freizeichen zu vernehmen.

Polat nickte. Er blickte besorgt zu Honsak. »Organisierte Kriminalität haben wir hier genug. Da hab ich keinen Bock drauf, aber egal … ist unser Job.«

»Dafür sind wir da. Besser frühzeitig mitmischen als hinterherlaufen. Übrigens arbeitet der Halberstadt bei ISF. Kennst du den noch? Das war im Umfeld des Siegel-Mordes im vergangenen Jahr.«

»Klar. Der hatte doch den Rechtsradikalen gerettet, als der unter den Lastwagen geraten war. Jetzt erstmal auf ins Büro.«

Als die beiden Kommissare in ihrem spärlich eingerichteten Dienstzimmer angekommen waren, führten beide diverse Gespräche. Das Thema ›Gefährdung durch Bostoner Drogenmafia‹ war mittlerweile in den Datenbanken, allerdings noch annähernd inhaltslos. Honsak fragte sich gespannt, ob an dem Thema etwas dran ist und ob sie bald mit Action rechnen könnten.

8 Joscha

Berlin, Mittwochnachmittag, 14. August 2024

Am Mittwoch, dem Tag nach seinem letzten Schwindelanfall und seinen real wirkenden Träumen, war Joscha wieder der Alte und er hatte seine Probleme fast vergessen. Die Ablenkung am Vorabend im Irish Pub hatte ihm gutgetan und es ging ihm deutlich besser als an den vorherigen Tagen; bis auf die leichten Kopfschmerzen, die er seit dem Morgen hatte – er schob diese aber auf die getrunkenen irischen Biere und den Whiskey. Er arbeitete weiterhin intensiv mit Marcel an ihrem Projekt und hatte häufig die ausgefallene Boston-

Reise im Sinn. Zu gern hätte er dort vor Ort mehr zum Stand der Forschung im Hauptstandort erfahren – so musste er, wie gestern mit seinem Kollegen Ramesh besprochen, mit telefonischer Auskunft leben.

Gegen Spätnachmittag war es dann so weit – Joschas Notebook meldete einen Zoom-Anruf; der Name Ramesh Kumari blinkte unter dem Bild mit dem freundlich schmunzelnden Gesicht seines Kollegen. Er setzte sein Headset auf, drückte eine Taste und legte sofort los.

»Ramesh, mein einziger Freund und Kollege. Was gibt es für Neuigkeiten?«

»Interessante!«

Dann war es erst einmal still. Zu gern hätte Joscha jetzt den Gesichtsausdruck von Ramesh gesehen. Er schaltete seine Videofunktion ein, in der Hoffnung, dass sein Gegenüber es ihm nachtat. Fast parallel sah er dann tatsächlich die strahlend weißen Zähne im lächelnden Gesicht seines Kollegen in Boston – es war kaum von dem statischen Foto zu unterscheiden, das zuvor den Bildschirm zierte – nur dass durch die Kamera zusätzlich spärliche Bewegung zu erkennen war. Das Lächeln verflog aber sofort und machte einem ernsten, fast ängstlichen Ausdruck Platz.

»Wir haben den Durchbruch geschafft!«

Joscha bemerkte, dass Ramesh nervös wirkte und auf seinem Stuhl wippelte. Sein Gesicht verschwand mehrmals zur Hälfte aus dem Sichtbereich der Laptopkamera. Im Hintergrund erkannte er dabei jeweils eine größere Gruppe Menschen.

»Wir haben ja bereits seit Wochen Daten in den Kristallspeicher schreiben können, aber seit ein paar Minuten konnten wir sie erstmalig korrekt auslesen … auch dank der Hilfe von Marcel. Also ein ähnlicher Status, wie du ihn mir von eurem DNA-Speicher berichtet hattest. Allerdings haben wir eine Anomalie festgestellt.«

Er sah sich nun zu beiden Seiten um, wobei Joscha dann

nur die dunklen Wangen sah, und beugte sich dann weit nach vorn.

»Sag schon, Ramesh ...«, drängte Joscha, der seinen Mund jetzt auch knapp vor dem Mikrofon und der Kamera positioniert hatte, aber trotzdem durch seine Anspannung laut sprach, »was ist los, was habt ihr rausgefunden?«

Rameshs Stimme wurde dünner. Er sah direkt in die Kamera. »Die Geschwindigkeit lässt noch zu wünschen übrig, wie bei euch auch. Das bekommen wir aber sicher optimiert. Allerdings ... wir haben beim Zurücklesen der Datei etwas Merkwürdiges entdeckt ... das beunruhigt uns hier alle ...«

»Ramesh, erzähl schon, was ist ...«

»Joscha, kaum zu glauben, aber da war eine weitere Datei, die mit dem Zeitstempel vom August 2307 gespeichert ist und die einen merkwürdigen Text beinhaltet – sehr merkwürdig ...« Danach rutschte er nach hinten, um die Umgebung für Joschas Sicht freizugeben. Er drehte seinen Laptop samt Kamera ein wenig nach rechts und links, sprach aber weiter. »Siehst du die ganzen Leute in Anzügen hinter mir? Das FBI interessiert sich für den Sachverhalt. Die haben alles beschlagnahmt, wir haben zunächst Arrest.«

War da nicht auch eine Datei mit falschem Zeitstempel bei Marcels erstem Test? Aber wir konnten die Datei nicht korrekt auslesen. Merkwürdig, dachte Joscha. *Und das FBI mischt sich ein? Was soll das?* »Was ist denn das für eine merkwürdige Datei, Ramesh? Und warum das FBI? Was bezwecken die?«

»In dem kurzen Text geht es um eine vermeintliche Warnung vor den katastrophalen Auswirkungen des Klimawandels, den wir angeblich bald nicht mehr aufhalten können, und um die fürchterlichen Folgen von Machenschaften autokratischer Regierungen. Laut dem Text haben Wissenschaftler im CERN die Informationen

2307 in unserem Speicher abgelegt und in die Zeit zurückgeschickt. Angeblich konnten wir die Daten durch unsere neue Technologie genau jetzt entdecken. Völlig verrückt ... Ich weiß nicht, was ... was ich davon halten soll.«

Joscha spürte eine starke Verunsicherung in der Stimme seines Gegenübers und sah ihn nun den Kopf schütteln. Plötzlich tauchte hinter Ramesh eine Person auf – nur das schwarze Sakko war zunächst für Joscha zu erkennen, dann fuhr eine Hand vor dem Gesicht von Ramesh her.

»Das ist untersagt. Stopp ...« Die barsche Stimme war Joscha unbekannt.

Dann brach die Verbindung ab und Joscha sah auf seinem Bildschirm nur noch das ›Beendet‹ Zeichen. Es war still. Er nahm sein Headset ab und hörte dann die gewohnte Geräuschkulisse des Großraumbüros.

Er schaute nachdenklich nach unten auf den Boden und presste seine rechte Hand an den Mund. Dann drehte er sich zu seinem Sitznachbarn hin und sprach leise zu ihm.

»Marcel, du hast doch am Freitag diese merkwürdige Datei mit dieser falschen Erstellungszeit bei deinem ersten Test ausgelesen. Ich hatte das komplett verdrängt. Konntest du mittlerweile den Inhalt einsehen?«

Der wuchtige Teddybärkopf sah weiterhin auf seinen Bildschirm, wendete sich dann langsam in Richtung Joscha und schüttelte zweimal von links nach rechts. Dann blickte Marcel wieder gebannt auf seinen Monitor und antwortete gelangweilt, während er weiter in die Tasten tippte. »Nein, nicht wirklich. Nach den beiden Worten ›*Nachricht von*‹ waren nur ein paar kryptische Sonderzeichen zu sehen, dann war Schluss. Ist komplett zerstört, die Datei – nicht zu gebrauchen.«

»Können wir sie rekonstruieren, korrigieren?«

»Nein, habe schon alles versucht. Vergiss es, nichts zu machen.« Er atmete einmal laut hörbar aus und starrte weiterhin nur auf seinen Bildschirm.

Schade, keine weiteren Hinweise. Was das wohl für ein merkwürdiger Fehler war? Sicher ein Bug im Dateisystem, dachte Joscha und konzentrierte sich auf seine restlichen Aufgaben, die er sich für den heutigen Arbeitstag vorgenommen hatte. Er wollte nicht wieder als letzter das Büro verlassen.

9 Joscha

Berlin, Mittwochabend, 14. August 2024

Inzwischen hockte Joscha zu Hause auf der Wohnzimmercouch und starrte den Fernseher an. Die Tagesschau brachte kaum Neuigkeiten – zudem war das Weltgeschehen in diesen Monaten für ihn nichts, was gute Laune verbreiten konnte. Seine Frau saß am Esstisch und schaute lächelnd auf ihr Handy. *Wahrscheinlich wieder Hundevideos, auch nicht besser als die Nachrichten,* dachte er. Dann packte er die nur noch drittel volle Bierflasche und trank sie in einem Zug aus. »Vera! Neues Bier, aber schnell.« Noch bevor sie ihn ansah, sprang Joscha allerdings auf und schlenderte zum Kühlschrank. »Willst du auch eine?«

Sie sah nur ganz kurz auf. »Puh ... nee. Ich mache mir gleich eine Schorle. Danke.«

Wieder auf dem Sofa stellte er die kurz nach dem Öffnen bereits halb leere Flasche auf den Tisch und zappte durch die Sender. Seine Gedanken kreisten allerdings um die Neuigkeiten, die Ramesh ihm mitgeteilt hatte. Die Berichte im TV rauschten an ihm vorbei. *Was ist da nur los in Boston? Hat das Auswirkungen auf unsere Arbeit und warum höre ich von Jack in der letzten*

Zeit so wenig? › Ding – Ding‹ – sein Handy spielte den WhatsApp-Ton ab, den er allerdings nicht wahrnahm. Erneut ›Ding – Ding‹! Seine Gedanken waren inzwischen zu Marcel gewechselt – *schafft er den DNA-Speicher auf Serienreife zu bringen? Ich muss mich stärker einbringen und wir sollten mit Ramesh stärker kooperieren.* Wieder ›Ding – Ding‹.

»Joscha, dein Handy! Das ploppt ununterbrochen. Das nervt! Stell mal auf lautlos.«

Joscha schüttelte unmerklich den Kopf und sah auf seine Benachrichtigungen:

* drei Nachrichten in zwei Chats

Zwei von Kumpel Henning im Fussballchat – beide gerade belanglos – eine von Ramesh:

* J06Bn%0jO<&X

Ein dickes Fragezeichen rotierte in Joschas Kopf. *Was soll diese kryptische Zeichenkette? Und dann noch mitten in der Nacht, in Boston müsste es zwei Uhr morgens sein.* Er trank das Bier aus und wanderte erneut zum Kühlschrank. Auf dem Rückweg hörte er wieder den bekannten Handy-Ton. Er schaute in Richtung seiner Frau, die ihn mit zusammengekniffenem Mund ansah. Seine Gedanken waren weiterhin bei Themen rund um seine Arbeit.

»Ich stelle den Ton ab, jaja.« Wieder zurück auf dem Sofa sah er, dass dieses Mal eine E-Mail von Ramesh eingetrudelt war – verschlüsselt. *Was will Ramesh mir mit den Zeichen sagen, verdammt nochmal? Und jetzt eine Mail hinterher – auch noch kodiert! Wie merkwürdig das alles.*

Die Mail konnte er nur am Firmennotebook öffnen, das wusste er. Nur dort war das Schlüsselmaterial zur Decodierung von Firmeninformationen.

Als er sein Notebook auf dem Couchtisch abgestellt und geöffnet hatte, schaltete sich Vera wieder ein: »Hallo! Joscha! Um die Zeit wird nicht mehr geschuftet. Denk an deine Gesundheit.« Sie stand jetzt auf, stellte sich hinter seinen Platz auf dem Sofa und strich ihm durch die Haare.

Joscha schaute ihr kurz in die Augen und schüttelte den Kopf. »Ramesh scheint Probleme zu haben. Ich muss nur kurz die Mail lesen …«.

Vera schüttelte ebenfalls den Kopf, allerdings vorwurfsvoll und ging in die Küche. »Soll ich dir noch ein Bier mitbringen? Vielleicht schaltest du nach der nächsten Flasche ja mal ab.«

Joscha nickte in Gedanken und konzentrierte sich weiterhin auf seine Mail von Ramesh, die er inzwischen geöffnet hatte. Die Beleuchtung im Wohnzimmer war schwach – mit zusammengekniffenen Augen las er den Text:

Lieber Joscha,

das FBI untersucht hier in den Büroräumen all unsere Unterlagen, Projekte, Tätigkeiten. Alle Mitarbeiter stehen zudem unter Hausarrest und uns sind zurzeit die Möglichkeiten der Kommunikation genommen. Ich hatte noch mein Zweithandy im Schreibtisch, mit dem ich dich nun kontaktiere. Falls die Agents das Ganze hier übertreiben und eventuell eine Nachrichtensperre verhängen, möchte ich dir von unserem streng geheimen Projekt berichten, welches du eventuell bei deinem Besuch in Boston zu Gesicht bekommen hättest, wenn du zu uns gekommen wärst.

Es geht um die nächste Stufe einer künstlichen Intelligenz – eine KI mit Bewusstsein, ein wichtiger Schritt zur Superintelligenz.

MICA, so nennen wir unser System, das auf RIPE aufbaut – das KI-System kennst du ja bereits und arbeitest mit uns daran. Ich habe dazu ein kurzes Video aufgenommen, knapp bevor die FBI-Agents hier einen auf dicke Hose gemacht haben. Bitte behandle alles vertraulich – hochvertraulich!

*Liebe Grüße
Ramesh*

Joscha griff zur vollen Bierflache, die Vera ihm inzwischen auf den Tisch gestellt hatte. Ungläubig klickte er dann den Anhang ›LabOmega-2024-08.avi‹ an.

Was er dann sah, erstaunte ihn wenig, denn er kannte Rameshs Faible für Security: ›Bitte geben Sie das Kennwort ein: ‹.

Ungläubig glotzte er auf den Bildschirm. Er presste die Lippen aufeinander und dachte nach. Keinen Herzschlag später griff er sein Handy und öffnete die letzte WhatsApp von Ramesh und sah jetzt zum zweiten Mal die wirre Zeichenkette. *Wie bekomme ich die Zeichen jetzt am schnellsten in die Eingabe am Notebook? Kopieren kann ich nicht vom Handy auf den Rechner. Auf abschreiben hab ich keinen Bock! Und sind das Nullen oder O's?*

Es dauerte aber nicht lange, da fing er an zu tippen. Schnell und konzentriert. Dann Enter. ›Falsches Kennwort. Bitte versuchen Sie es erneut: ‹. *Es müssen doch alles Nullen sein.* Er probierte es wieder – gleiches Ergebnis. *Dritter Versuch, Null, Null, O ... Yes!* Er ballte die Faust.

Das Video startete. Joscha sah, wie Ramesh kurz in das Objektiv blickte, dann stellte er die Sicht auf einen langen Flur ein und das Bild begann stark zu wackeln.

Offensichtlich hatte Ramesh das Video mit seinem Smartphone aufgenommen und wanderte durch einen Flur im ISF Bürogebäude in Boston. Nur karge Beleuchtung erhellte die Wände, viele Details waren für Joscha nicht zu erkennen. Er regelte die Helligkeit des Videos hoch, besser wurde das Ergebnis jedoch kaum.

Der Fokus wurde nach links geschwenkt und heftete ganz kurz auf einer Tür mit der Aufschrift ›Laboratory Alpha‹. Dann wurde er sofort wieder geradeaus gerichtet. Der Weg durch den Flur wurde fortgeführt – zwanzig Meter etwa. Dieses Mal drehte die Sicht nach rechts. Wieder eine Tür. ›Laboratory Omega‹ zeigte das Schild darüber. Die Schrift war in dünnen, großen Lettern in wahrscheinlich eine Aluminiumplatte gelasert. *Lab Omega, davon habe ich doch schon was gehört. In Zusammenhang mit Hochsicherheit. Geh da rein, Ramesh. Mach schon!*

Joscha konzentrierte sich auf das Video. Ramesh blickte nun wieder kurz in die Linse und zeigte auf das Schild über der Tür. Dann richtete er sein rechtes Auge auf den Iris-Scanner aus. Ein Piepen. Nichts tat sich. Sekunden später ein klackendes Geräusch. Ramesh drückte die Tür auf. Nur seine Hand war auf dem Türknauf zu sehen. Dann kam das Innere des Labors zum Vorschein.

Das ist es also. Das ist Lab Omega. »Mein Gott, geh schon da rein, Ramesh ... leg los. Und lass die Handykamera an.« Joscha brabbelte jetzt leise in sein Notebook und fing an, auf seinen Fingernägeln zu kauen.

»Alles klar bei dir, Joscha?«

Er sah zur Seite und bemerkte, wie seine Frau ihn anstarrte – mit großen Augen. Er bemerkte gleichzeitig, dass sein Gesicht heiß wurde.

»Sorry. Ramesh hatte mir eben was geschickt. Bin gleich wieder zurück im Privatleben. Nur noch dieses Video.«

Während er sprach, schaute Joscha unentwegt auf den Bildschirm und sah jetzt, dass die Kamera, das Handy von Ramesh, in den Raum getragen wurde – in Lab Omega. Endlich!

Die Umgebung war in sanft leuchtendes Rot getaucht. Alles schimmerte, angestrahlt von vermutlich ringsum unter der Decke angebrachte Stripes, in warmen Rottönen. Die Wände waren durch vom Boden, bis unter die Decke reichenden Glasscheiben verblendet, die allerdings jeweils etwa drei Meter Platz zur Betonwand ließen. Als sich die Kamera auf eine der Scheiben richtete, erkannte Joscha Unmengen an Technik dahinter – Computer-Racks, Switches, sauber verlegte Verkabelung. Lämpchen blühten in wilden, unregelmäßigen Takten auf und verblassten. Auch sie schimmerten Rot.

Dann ein Schwenk bis knapp unter die Decke. Ein Schild. *Wieder aus Aluminium – wahrscheinlich.*

MICA
MInd Controlled Artificial intelligence

Die Buchstaben ›M‹, ›I‹, ›C‹ und ›A‹ waren in großen Lettern geschrieben und unterstrichen. Sie bildeten das Wort oder den Namen ›Mica‹. Joscha schien innerlich zu brennen. *Weiter, Ramesh – weiter. Das kann nicht alles sein. Zeig mir das ganze Lab.*

Langsam drehte sich die Perspektive in Richtung Raummitte. Joscha wippelte jetzt hektisch auf dem Sofa und biss wieder auf seinen Fingernägeln. Nun konnte er die ungefähren Ausmaße abschätzen – etwa zehn mal zehn Meter. Die Wände sahen an den ins Bild drehenden Stellen überall identisch aus – orange-rot-glimmendes Glas, dahinter flackernde Lämpchen von der in den Räumen verbauten Technik. Bedingt durch die nur schwache Beleuchtung lag ein geisterhaftes Leuchten über dem glänzenden, reflektierenden Boden und auf dem gesamten Raum. Auf Joscha wirkte es, als würde Ramesh auf einem glühenden Lavastrom treiben.

Dann – wurde der Bildschirm schwarz.

»Schluss jetzt. Es reicht mir.« Die Stimme von Vera war harsch. Er sah ihren Zeigefinger vom Power-Knopf seines Laptops verschwinden und in Richtung ihrer Stirn wandern. »Wenn du es nicht schaffst das Ding abzustellen ... ich schaffe das!« Dann tapste sie schnaubend in die Küche.

»Liebling, ich arbeite doch gar nicht. Das ist nur ein Video von Ramesh. Dauert nicht mehr lange. Ich schau das jetzt noch zu Ende, ok?« Er war ihr in die Küche gefolgt, umarmte Vera von hinten und legte seinen Kopf sanft auf ihre Schulter.

»Spinnst du?«, ihre Stimme klang immer noch nicht beruhigter. »Das sah aus wie im Puff – nur rote Beleuchtung. Von Ramesh hab ich nicht viel gesehen. Will gar nicht wissen, wer sich da später in der Raummitte gerekelt hätte.«

»Also, Schatz. Jetzt is mal Schluss! Das war eins der Labore in Boston.« Joscha überlegte, was in dieser Situation besser war: Eskalation oder Schlichten. Zweiteres, dachte er. »Komm, noch ist es hell. Wir gehen eine Runde.« Danach würde er wieder seine Ruhe haben, war Joscha klar. Nach einem gemeinsamen Spaziergang würde er genug Zeit für die gerade wirklich spannenden Themen haben.

Vera drehte sich zu ihm und erwiderte seine Umarmung. »Ich möchte dich hier nicht mit einem Herzinfarkt liegen haben. Du hast dir vorgenommen, kürzerzutreten. Und auch mehr auf mich zu achten!«

Während des halbstündigen Abendspaziergangs fiel es Joscha unendlich schwer, sich auf die Themen seiner Frau zu konzentrieren, zu sehr hafteten die Gedanken an Ramesh und Lab Omega in seinen Hirnwindungen. Er gab ihr zumeist nur kurze Antworten und hoffte immer wieder, dass er an den richtigen Stellen nickte.

Wieder zu Hause angekommen schellte das Telefon – Vera bekam einen Anruf von Paula. *Top, Zeit für den Rest des Videos*, dachte Joscha und verzog sich mit seinem Notebook in sein Arbeitszimmer.

Die eigentlich kurze Startzeit des Rechners kam ihm unendlich lang vor. Er klickte mit der Maus immer wieder auf den Desktop, natürlich ohne etwas zu beschleunigen. *Wie geht das Video weiter? Was wird gleich noch im Labor zu sehen sein?*, fragte er sich immer wieder. Unerträglich erschien die Wartezeit. Als das System endlich vollständig hochgefahren war, startete er das Video zum zweiten Mal.

Erneut erschien die Kennwortabfrage. Joscha rutschte auf seinem Schreibtischstuhl hin und her. Dann pustete er laut aus, packte mit einer fixen Bewegung sein Handy und suchte nochmals die kryptische Zeichenkette, die Ramesh ihm kommentarlos gesendet hatte. Seine Augen wanderten beim Abtippen zuckend zwischen beiden Bildschirmen. Er drückte Enter. ›Falsches Kennwort. Bitte versuchen Sie es erneut:‹, las er halblaut vor. *Wieder dieses blöde Null- und O-Problem. So ein Mist! Null, Null, Oh, hatte ich mir doch eben gemerkt, sollte ich dann auch eintippen.* Er hackte aufs Neue einige Zeichen in die Tastatur – und wurde belohnt. Das Video startete – allerdings von vorn. Joscha klickte mitten in die Anzeige und murmelte: »Laufzeit drei Minuten, zweiunddreißig. Die Hälfte könnte passen.«

Er klickte den Fortschrittsbalken etwa in der Mitte an und sah, wie das verwackelte Bild in Lab Omega eindrang. *Gut ... das hab ich schon gesehen, fast die Stelle, wo es eben abgebrochen war. Jetzt aber in die Labormitte, Ramesh, los.*

Wieder kam ihm die Assoziation an Lava in den Sinn, so glühend wirkte das Umfeld. Die Kamera bewegte sich wieder ruckelnd und glitt, von seinem Träger unruhig geführt, über die Glasfassaden. Dann drehte sich das Bild langsam nach innen, in Richtung Raummitte. Joscha verschlug es den Atem. Auf seinen Armen fühlte er Tausende von Ameisen. Als er nur einen Sekundenbruchteil peripher auf seinen rechten Arm schaute, sah er, dass sich die feinen Härchen wie von Elektrizität angezogen aufgerichtet hatten.

In der Mitte des Raumes stand ein Objekt aus Glas – oder durchsichtigem Kristall. Auch dieses leuchtete in den alles umgebenden orange-rot Tönen. Wie ein menschengroßes Aquarium stand es im Mittelpunkt des Labors. Die transparenten Wände endeten vom Boden ausgehend etwa auf Kniehöhe. Im Inneren schwappte eine bläuliche Flüssigkeit, die unter der überall wirkenden rötlichen Beleuchtung fast violett schimmerte. Nicht höher als zwei handbreit bewegte sich die Füllung mit kleinen, kräuselnden Wellen in dem Aquarium ähnlichen Gefäß. Und darin, in der Flüssigkeit, lag ein menschlicher Körper. Das Video übertrug die jetzt kaum zu vernehmende plätschernde Geräusche und Joscha drehte die Lautstärke ein wenig auf.

Zunächst erkannte er nur blanke Füße – die Sohlen, große Zehen, den Übergang zu behaarten Unterschenkeln.

Die Kameraperspektive änderte sich ein wenig – wahrscheinlich wurde das Handy nun tiefer gehalten. Weitere Details des Körpers kamen in das von der Linse erfasste Blickfeld. Die massigen Oberschenkel, die mit einem Tuch abgedeckten Lenden, dann ein üppiger Bauch. *Nackt. Der Körper ist nackt. Was ... was soll das alles bedeuten?*

Die Kamerafahrt ging weiter. Langsam richtete sie sich auf den Oberkörper aus. Nebel, dünner Nebel lag über dem ... dem Sarkophag? In die Perspektive drehte sich nun hinter dem runden Bauch der Kopf – geschlossene Augen, eine Glatze, rundliche Wangen – bekannte

Gesichtszüge? Der schwimmende Körper zuckte permanent – nur leicht. Ganz sanfte Bewegungen, wie durch Mikro-Stromstöße ausgelöst, ließen ihn in stetigen Bewegungen in der Flüssigkeit treiben. Der Kopf und der obere Bereich des Bauches lagen über der Oberfläche – in der rot-pulsierenden, dampfenden Luft des Labors. *Jack? Ist das etwa Jack? Heilige Scheiße! Was ist hier los?*
Die Kameraperspektive änderte sich erneut. Ein Zoom. Genau in Richtung des Kopfes. Joschas Anspannung erhöhte sich explosionsartig. *Das darf doch nicht wahr sein! Drähte, Verkabelung, eine Schnittstelle. Seitlich an dem Kopf. An Jacks Kopf? Ist er etwa per Interface an die KI angeschlossen? Ist das der nächste Evolutionsschritt, der so geheim gehalten wird? Eine KI mit Bewusstsein?*

Der Zoom stoppte und die Kamera richtete sich ruckartig auf die Verkabelung aus und verfolgte diese augenscheinlich. Wieder stockte Joscha der Atem.

Dann hörte er einen leisen Ton, nicht aus dem Video, sondern von seinem Rechner – ›Pitsch!‹. Der Bildschirm war schwarz.

Der Akku ... das Notebook ist aus. So eine Scheiße!

Er sprang auf und rannte in die Küche. Dort musste das Notebooknetzteil liegen, denn dort saß Joscha hin und wieder mit seinem Rechner.

»... und dann arbeitet der auch noch um diese Zeit ...«, hörte er Vera ins Telefon flüstern. Sie sah ihn mit großen Augen an, als er in die Küche eintrat, ein Kabel packte und fluchtartig mit dem gesuchten Gerät in der Hand wieder verschwand.

Joscha steckte beide Verbindungen an. Der Rechner startet und erneut klickte er wild mit der Maus, ohne eine Beschleunigung des Bootvorgangs zu erzielen.

Er öffnete das Video heute zum dritten Mal. *Jetzt wieder dieses blöde Kennwort,* dachte er, *Null, Null, O – merken und eingeben.*

Die Kennworteingabe poppte allerdings nicht auf. Er las stattdessen: ›Die Datei ist vom Autor als nur zweimal zu öffnen angelegt. Bitte wenden Sie sich an den zuständigen Eigentümer.‹

Nach drei weiteren Versuchen klatschte Joscha das Notebook mit einer schnellen Bewegung zu und starrte mit leerem Blick auf die kahle Wand. Jetzt war der Abend gelaufen. War Ramesh morgen früh zu sprechen? Er nahm sich vor, ihn zu kontaktieren, sobald er aufwachte. *Hoffentlich ist er erreichbar und nicht unter FBI-Arrest. Ich muss dringend mehr zu all den spannenden Themen erfahren.* Vor allem die neuen Möglichkeiten der augenscheinlich mit Bewusstsein angereicherten KI klangen für ihn bahnbrechend.

Da er Vera immer noch telefonieren hörte – und das konnte dauern, wusste er – schlenderte er hoch ins Bad.

Joscha war unwohl bei dem Gedanken an die merkwürdigen Nachrichten von Ramesh. *›Drohungen vom Drogenkartell; FBI mischt sich ein; ein geheimnisvolles Lab Omega, mit einer lebenden Person an die KI angeschlossen – mit Jack?; mysteriöse Datei vom CERN aus dem Jahre 2307, Überwindung der Zeit‹. Ich bin gespannt, was es mit den Geschichten auf sich hat und wie das weitergeht. Da bleibe ich dran, morgen muss ich als Erstes Ramesh ansprechen*, dachte er, und schlief unruhig ein.

ISBN 978-3-8187-1433-8